조선을 만든
위험한 말들

조선을 만든
위험한 말들

권경률 지음

앨피
Long
Playing
Book

조광조는 왜 언로에 목숨을 걸었을까?

"양사兩司를 파하고 언로言路를 다시 여소서!"

중종 10년(1515) 사간원 정언(정6품) 조광조趙光祖가 임금에게 양사兩司 (사헌부와 사간원)의 대간臺諫(대관과 간관)을 전원 파직해 달라고 청하였다. 대간은 조선의 공식적인 언로言路를 책임지며 임금과 대신들을 견제하는 관직이었다. 조정은 발칵 뒤집어졌다. 갓 출사한 신출내기 언관言官이 감히 상관들을 전부 내치라고 아뢰다니.

참으로 위험한 말이다. 중종반정 이후라지만 아직 연산군이 조선에 심어 놓은 사화士禍의 공포가 사람들의 심장을 짓누르며 침묵을 강요하고 있었다. 임금 앞에서 이토록 과감하게 말하는 것은 목숨을 걸지 않고는 할 수 없는 일이었다. 그렇다면 조광조는 왜 언로에 목숨을 걸었을까? 이 책은 바로 이 질문에서 출발했다.

●●●

이 책《조선을 만든 위험한 말들》은 조선시대 언로를 재조명하고 있다. 조선이라는 나라의 말문을 열어 보려는 시도이다. 이는 조선 특유의 성리학적 지배 질서를 이해하려는 나름의 접근법이다. 조선을 만든 사람들의 가슴속에는 성리학적 지배 질서, 즉 '도덕정치'에 대한 열망이 꿈틀거리고 있었다. 이를 실현하려면 언로가 살아 움직여야 한다.

언로는 임금 앞에서도 과감하게 말하는 절의節義에 바탕을 두고 있다. 위험을 무릅쓰면서 나라의 잘못을 비판하고 바로잡는 것이 언로이다. 언로가 통하면 나라가 잘 다스려지고, 언로가 막히면 어지러워져 망한다는 게 그네들의 믿음이었다. 조선은 1392년 건국 이래 180여 년간 끊임없이 언로를 새로이 열며 '도덕의 나라'를 완성해 나간다.

그러나 이황과 이이가 이뤄 낸 도덕정치의 '완성판'은 정도전과 세종이 추구한 '초판'과 큰 차이가 있다. 세조와 연산군 등이 왕권 강화를 명분으로 일으킨 정변과 사화가, 훈구파와 사림의 첨예한 대립 속에 범람한 특권과 반칙이 언로의 성격을 변질시켰기 때문이다. 언로는 그 자체로 권력이 되어 갔고 더 이상 민의를 대변하지 못했다.

●●●

이 책은 또한 조선인의 어록을 실마리 삼아 사람 이야기를 풀어 나간다. 조선 사람들의 말문을 여는 것이다. 언로를 뼈대로 삼되 사람 이야기로 살을 붙였다. 그네들의 체온과 울림을 말로써 생생하게 전달하고자 했다. 하면 할수록 어려웠지만, 또 하면 할수록 재미있었다. 하면 할수록 막막했는데, 또 하면 할수록 진심이 드러났다.

도학자 서경덕과 조식은 조선 선비의 묵직한 매력을 발산한다. '서얼' 유자광, '여자' 황진이, '도둑' 임꺽정은 언로를 갖지 못한 자의 한이 어떻게 표출되는지 보여 준다. 정도전과 이성계, 이방원과 신덕왕후, 권근과 하륜과 길재, 신숙주와 성삼문, 서경덕과 황진이, 조식과 이황 등 숙명적으로 얽힌 인간관계도 제각기 드라마틱한 재미를 준다.

나의 이야기를 하기 전에 그들의 이야기가 듣고 싶었다. 그 목소리를 경청하려고 날마다 귀를 기울였다. 그 말들을 되뇌며 뉘앙스를 곱씹었다. 역사 인물과의 소통에서 기본은 존중이다. 1년 남짓 작업하는 내내 누구의 인생도 함부로 재단하지 말자고 다짐했다. 그것이 자신의 체온과 울림을 내준 그분들에 대한 최소한의 예의라고 믿는다.

● ● ●

끝으로《조선을 만든 위험한 말들》은 나의 첫 번째 역사 이야기다. '역사 스토리텔러'로서 말문을 여는 것이다. 회사원, 개인사업자, 협회 임원, 계약직 공무원, 국회의원 비서관, 카피라이터, 스피치라이터, 대필작가, 기자, 칼럼니스트……. 나이 서른에 안정된 직장을 버리고 나와 지금까지 거쳐 온 직업만 열 가지다. 어느 날 문득 내가 가짜라는 생각이 들었다. 그리고 10여 년 넘게 잡종으로 살았다. 어디에도 뿌리내리지 못하는 경계인의 삶이었다.

이제 나는 역사 이야기에 뿌리를 내리고자 한다. 가짜가 아닌 나를 찾아서 초심으로 돌아간 것이다. 어린 시절 내가 가장 좋아했던 책은 어머니가 사 준 '한국전기전집'이었다. 책이 해질 때까지 열 번이고, 스무 번이고 읽으며 청소년기를 보냈다. 대학에서도 역사를 전공했다. 지금 돌이켜 보니 역사학은 단순히 과거지사를 캐는 학문이 아니었다. 역사 무대에서 나의 자화상을 발견하고, 과거 속에 흐르고 있는 현재를 보는 법이 거기 숨어 있었다.

긴 여행에서 돌아와 역사에 말 걸고 이야기를 끄집어내는 일을 시작했다. 뒤늦게 이게 내 길이구나, 깨달으면서 진한 행복감을 맛보고 있다. 조금이나마 인생을 배우고 시작한 일이기에, 지금 이 순간의 소중함에 감사하며 글 한 줄의 절실함을 견지해 나갈 것이다. 폭넓게 읽고 깊이 생각하고 천천히 숙성시키면서 진짜 나의 역사 이야기를 쌓아 가려 한다. 역사 지식을 뽐내기보다 독자들과 함께 삶과 시대를 음미하며 시나브로 공감하고 싶다.

● ● ●

내가 역사 이야기로 거듭날 용기를 갖게 된 건 사십 줄에 만나 기꺼이 인생의 길잡이가 되어 준 아내와 늦둥이 아들 덕분이다. 내 가족이 나날이 더 고맙고 사랑스럽다. 더불어 묵묵히 졸고를 기다려 주고 정성 가득한 책으로 탈바꿈시킨 앨피출판사에도 감사의 마음을 전한다. 드디어 독자와 대면할 시간이다. 심장박동이 점점 커지는 요즘이다. 떨리는 마음을 본문에 나오는 어록 한 대목으로 다잡으며 가만히 옷깃을 여민다.

"신하의 도道는 의義를 따르는 것이지, 임금을 따르는 게 아 닙니다."

— 《성종실록》 24년(1493) 10월 27일

2015년 겨울

권경률

'도덕의 나라'를 향한 대장정

조선은 성리학적 지배 질서를 표방한 나라다. 이는 대부분의 한국인이 알고 있는 사실이다. 하지만 그 뜻을 이해하는 사람은 많지 않다. '성리학적 지배'란 구체적으로 무엇을 의미하는가? 이에 대해서는 율곡 이이가 모범답안을 제시해 놓았다.

> "신이 생각건대, 성현의 학문은 '수기치인修己治人'에 지나
> 지 않습니다."
> — 이이, 《성학집요聖學輯要》 '통설統說' 편

이이는 '수기치인修己治人'이 곧 성리학이라고 생각했다. 성현의 가르침은 결국 '자신을 닦아 사람을 다스리는 것'으로 귀결된다는 뜻이다. 성리학적 지배 질서는 '수기치인'을 빼고는 논할 수 없다. 최고 통치자인 임금의 수기치인은 '도道'를 구하고 '덕德'을 길러서 백성을 올바른 길로 교화하는 데 있다. 성리학에서 '도'는 세상 만물의 이치고, '덕'은 인간이 마땅

히 행해야 할 바다. 따라서 성리학적 지배 질서는 곧 '도덕의 나라'를 만드는 것이다.

조선은 중국처럼 임금이 절대적인 권력을 휘두르지 못했다. 태종과 세조, 연산군 등 몇몇 왕을 제외하고는 임금과 신하가 협의해 나라를 다스렸다. 이 또한 '수기치인'과 관련이 있다. 임금의 소명은 도덕을 닦아 백성을 교화하는 것이다. 나라의 대소사를 챙기며 백성을 편안하게 하는 일은 어진 신하에게 맡겨야 한다.

이 통치체제가 원활하게 굴러가려면 아랫사람이 윗사람을 가감 없이 비판하고, 윗사람은 그 비판을 겸허한 자세로 수용하는 시스템이 필요하다. 이것이 바로 언로言路, 곧 신하가 임금에게 자유로이 말할 수 있는 길이다. 언로는 수기치인의 성리학적 지배 질서를 이끄는 원동력이었다. 조선은 건국 이래 180여 년간 끊임없이 언로를 새로이 열며 성리학적 지배 질서를 완성해 나간다.

> "재상은 임금과 가부可否를 상의하고, 간관은 임금과 시비
> 是非를 다툰다."
> — 정도전, 《경제문감經濟文鑑》〈간관諫官〉

재상 중심의 중앙집권제를 설계한 정도전은 조정의 공식적인 언로인 대간을 재상에 버금가는 요직으로 삼았다. 반면 그를 죽이고 왕권강화에 몰입한 태종 이방원은 대간도 과실이 있으면 죄를 주겠노라, 엄포를 놓으며 사실상 언로를 무력화시켰다.

"여염閭閻의 세민細民까지 모두 가부可否를 물어서 아뢰게
하라."
                                    – 《세종실록》 12년(1430) 3월 5일

　성군聖君 세종대왕은 이용후생利用厚生, 즉 백성이 편하게 쓰고 넉넉하
게 살도록 하는 데 힘썼다. 그는 아버지 태종이 닫은 언로를 다시 크게
열었다. 세법稅法을 새로이 제정하려고 무려 14년간 17만 명의 의견을 물
었다. 뿐만 아니라, 원하는 것이 있어도 표현하지 못하는 백성을 어여삐
여겨 한글까지 창제했다.

"어찌 (임금보다) 공론公論을 두려워하는가? 공론이란 무엇
을 말하는가?"
                                    – 《세조실록》 12년(1466) 8월 29일

　그러나 세종의 아들 문종이 일찍 세상을 떠나고, 그 외동아들 단종이
세조에게 쫓겨나며 판도가 바뀌었다. 세조 옹립에 공이 있는 훈구勳舊대
신들이 왕권을 위협하며 반칙을 일삼고 특권을 누렸다. 언로가 막힌 선
비들은 성리학의 실천적 윤리관으로 관심을 돌렸다. 유교 예법이 중시되
고 가부장적인 서열 질서가 등장했다.

"신하의 도道는 의義를 따르는 것이지, 임금을 따르는 게 아
닙니다."
                                    – 《성종실록》 24년(1493) 10월 27일

　세조의 손자인 성종은 훈구파를 견제하고자 삼사를 정비하고 사림을

등용했다. '사림士林'은 절의를 숭상하는 선비들을 일컫는 말이다. 그들은 도덕을 닦으며 불의를 비판했다. 그 목소리가 시대정신을 이룰 때 그들은 정치 세력으로 등장한다. 하여 사림은 그 자체로 언로의 성격을 띤다. 그들은 사대부들의 말길(言路)인 동시에 민의를 대변하는 매체였다.

> "임금이 모든 관원들에게 패牌를 차도록 하였는데 그 패에, '입은 화를 부르는 문이요, 혀는 자신을 베는 칼이다'라고 하였다." — 이긍익, 《연려실기술燃藜室記述》〈연산조고사본말燕山朝故事本末〉

성종의 아들인 연산군은 절대왕권을 추구하며 언로를 틀어막았다. '무오사화戊午士禍'(1498)와 '갑자사화甲子士禍'(1504)는 언로를 겨냥한 서슬 퍼런 공포정치의 산물이었다. 중종 대에 '불멸의 선비' 조광조와 기묘사림이 추진한 개혁은 폐주가 강요한 이 침묵의 사슬을 끊고 성리학적 지배 질서, 즉 도덕의 나라를 본격적으로 구현하려는 신호탄이었다.

> "사단의 발동은 순수한 이理인 까닭에 언제나 선하고, 칠정의 발동은 기氣와 겸하기 때문에 선악이 있다." — 이황, 《퇴계집退溪集》, 이황이 기대승에게 보낸 편지, 1559년 1월 5일

퇴계 이황은 송대宋代 이후 성리학의 확장과 변주를 부인하고, 다시 주자朱子의 성스러운 학문으로 돌아가려는 '주자학 근본주의'로 백가쟁명의 16세기 조선 성리학을 표준화시켰다. 그는 기대승과의 '사단칠정四端七情

논쟁'을 통해 이理를 신격화함으로써 역대 사림이 주장해 온 도덕적 의리에 종교적 권능을 부여하는 데 성공했다. 그는 언로를 임금조차 함부로할 수 없는 신성한 권력으로 만들어 도덕의 나라를 완성하는 데 결정적인 공헌을 했다.

> "신이 생각건대, 신하의 악惡은 사당私黨(사사로운 당)보다 더
> 심한 것이 없고, 임금이 몹시 미워하는 것도 그보다 더 심
> 한 것이 없습니다." — 이이, 《성학집요聖學輯要》 '위정爲政' 편

그러나 막상 신진사림으로의 정권교체가 이루어지자 율곡 이이와 그의 동료들은 들뜬 논의 속에 갈피를 잡지 못하고 흔들렸다. 동서분당東西分黨은 이미 예고돼 있었다. 이이는 나라와 백성을 위해 거듭 과감한 시무책時務策을 간했지만, 교만에 빠진 선조는 비판적인 언로가 왜 중요한지 깨닫지 못했다.

바야흐로 당쟁과 전란戰亂의 소용돌이가 도덕의 나라를 덮쳐 오고 있었다.

1부

조선의 탄생

"장자방이 도리어 한고조를 쓴 것"

고려는 고질적인 내우외환 속에 가쁜 호흡을 몰아쉬고 있었다.

'내우(內憂)'는 토지제도의 문란과 이에 따른 신분 질서의 붕괴였고,

'외환(外患)'은 동아시아 질서가 바뀌면서 남북으로 들이닥친 외적이었다.

그야말로 풀 한 포기 움켜쥐고 벼랑 끝에 매달린 형국이었다.

길이 끊길 지점이 보이자, 다른 길을 여는 사람들이 나타났다.

그들은 성리학을 내걸고 이 땅에 도덕의 씨앗을 뿌렸다.

씨앗은 백성의 희망을 머금고 500년을 이어 갈 새 나라를 탄생시켰다.

하늘이 내린 성인(聖人)이 백성을 어여삐 여겨 언로를 크게 열었다.

01

"이 군대로 무슨 일인들 못하겠습니까?"
此軍何事不可濟

1383년 가을, 역성혁명을 꿈꾸던 삼봉三峰 정도전鄭道傳(1342~1398)이 동북면도지휘사 이성계를 만나고자 함흥을 방문한다. 가슴속에 새로운 나라의 청사진을 품고 있었지만, 과연 실현할 수 있을까 회의하고 또 회의했을 터. 그런 그에게 이성계 부대의 날선 창검과 엄한 군령은 분명 황홀한 희망을 안겨 주었을 것이다. 역성혁명을 이루려면 그만 한 힘이 있어야 했다. 이성계와 그의 군사력이면 해볼 만했다. 정도전은 넌지시 이성계의 마음을 떠 보았다.

"아름답습니다. 이 군대로 무슨 일인들 못하겠습니까?"美

이성계는 짐짓 딴청을 부렸지만, 속으로는 일전에 꾼 꿈을 떠올리며 무릎을 쳤을지도 모른다. 이성계 설화에는 그가 꾸었다는 꿈 이야기가 나온다. 남의 집에 들어가서 서까래 세 개를 등에 짊어지고 나오는 꿈이 었다. 무학대사의 해몽에 따르면, 그것은 '임금 왕王'을 의미한다고 했다. 서로 눈빛 교환을 마친 이성계와 정도전은 후일을 기약하고 헤어졌다. 역성혁명易姓革命(왕조 교체 도모)의 기운이 북쪽 땅에서 뭉게뭉게 피어올 랐다.

"백성은 지극히 약하지만 힘으로 위협할 수 없다"

전근대사회에서 토지제도의 문란은 곧 경제 파탄을 뜻했다. 사회 가 안정적으로 굴러가려면 경제, 즉 부富의 축적과 분배가 원활하게 이뤄 져야 한다. 중세 사회에서 부의 원천은 백성이 경작하는 토지였다. 나라 에서는 그 토지의 일부를 공전公田으로 삼아 국가재정을 충당하고, 관리 들에게는 따로 과전科田을 지정해 주어 일정 기간 수조권收租權(조세 징수 권)만 행사하도록 했다. 그런데 고려 후기 개경을 중심으로 형성된 권문 세족權門勢族들이 백성의 땅을 빼앗아 토지겸병을 일삼으면서 졸지에 자 작농에서 소작농으로 전락한 백성들은 빈곤의 악순환에 시달렸다.

토지겸병土地兼倂은 나라와 백성의 토지를 불법적으로 사유화하는 것을 말한다. 권문세족은 수조권을 멋대로 남용해 사전私田을 늘려 나갔다. 관리가 사직하거나 세상을 떠나면 그 땅을 나라에 반환해야 하는 제도가 유명무실해져 한 집안에서 대대로 조세를 징수했다. 토지 한 건에 대해 여러 곳에서 이중 삼중으로 징수하는 경우도 많고, 징수하는 조세의 양도 나라에서 정한 소출의 10분의 1이 아니라 그 이상이었다. 백성들에게는 너무나 가혹한 착취였다. 이렇게 사유화한 땅이 전국적으로 광대하게 퍼져 있었다. 하천을 경계로 삼거나 아예 주군州郡을 통째로 삼킬 정도였다.

사태가 이 지경으로 치닫자 신분 질서도 붕괴되기 시작했다. 먹고살기 힘들어진 백성들은 권문세족의 노비로 전락했다. 어쩔 수 없이 노비가 되기도 했지만 스스로 자청하는 이들도 적지 않았다. 노비는 국가에 대한 의무를 질 필요가 없으니 이중 삼중 착취당하지 않아 최소한 먹고살 수는 있었다.

신분 질서의 붕괴는 국가재정의 고갈을 불러왔다. 권문세족의 토지겸병이 공전까지 침해하는 데다 조세를 납부해야 할 백성들이 노비가 되니 국고가 텅텅 빌 수밖에 없었다. 심지어 소수의 권문세족을 제외한 중하급 관리들은 급료도 제대로 지급받지 못하는 지경에 이르렀다. 이에 조정에서는 노비변정도감奴婢辨正都監을 설치하고 노비들의 신분을 다시 자작농으로 돌려 놓는 사업을 벌였다. 이름은 조금씩 달랐지만 원종, 충렬왕, 공민왕, 우왕, 공양왕 대에 이 기관이 설치된 기록이 남아 있다.

하지만 토지제도의 문란에 대한 근본 대책을 세우지 않는 한 신분 질서 붕괴와 국가재정 고갈을 막는 것은 불가능했다. 고려는 그렇게 안으로부터 무너졌다. 민심의 이반이 날이 갈수록 가속화되었다. 이러한 상황에서 역성혁명론이 고개를 드는 건 자연스러운 일이었다. 성리학을 수용한 신진사대부 가운데 일부가 새로운 나라를 꿈꾸기 시작했다. 그 대표적 인물이 바로 '최초의 조선인' 정도전이었다.

"힘이 부족함에도 큰소리 치기를 좋아했으니"

맹자孟子는 일찍이 "하늘은 큰일을 맡길 사람에게 먼저 뼈를 깎는 시련을 내린다"고 하였다. 몸이 수고롭고, 생활이 궁핍하고, 일마다 어긋나 봐야 절실하게 뜻한 바를 이뤄 낸다는 이야기다. 정도전의 인생이 그랬다.

정도전은 경상도 봉화의 향리 집안 출신이었다. 고려시대의 향리는 지방 호족으로 대개 중소 지주였다. 개경과 거리도 멀고 외진 지역인 봉화의 향리 집안이었으니 중앙의 주류 지배 세력이 볼 때는 촌놈에 불과했다. 그런 그가 개경의 이색李穡 문하에서 성리학을 공부한 것은, 아버지 정운경鄭云敬이 과거에 급제해 관리로 재직한 덕분이었다. 정도전은 "타고난 자질이 총명하고 명민했으며, 어려서부터 공부하기를 좋아해 널리 많은 책들을 보았"지만, 출신 성분 탓에 고려 조정에서 엘리트 관료로 자리 잡는 데에는 한계가 있었다.

그럼에도 당시 신진사대부新進士大夫를 육성하려는 공민왕의 의지에 따라 비교적 순탄하게 관직에 발을 들여놓았다. 공민왕은 권문세족의 전횡을 막고 개혁정책을 펼치고자 신진사대부를 우대했다. 1362년 문과에 급제한 정도전은 성균관 박사 등으로 재직하며 정몽주鄭夢周, 이숭인李崇仁 등과 함께 정치개혁에 앞장섰다. 그러나 1374년 공민왕이 갑작스레 세상을 떠나면서 정도전의 인생은 시련기에 접어든다.

우왕을 내세워 정권을 장악한 권신 이인임李仁任은 전 왕의 보호 아래 개혁을 주도한 그를 가만두지 않았다. 정도전은 북원北元 사신의 영접을 거부한 일이 빌미가 되어 1375년 전라도 나주로 유배를 떠난다. 이 일은 정도전이 역성혁명을 꿈꾸게 된 결정적 계기가 되었다. 유배지에서 그는 백성들의 비참한 삶을 직접 목격했다. 농사라고 지어 봐야 여기저기 다 빼앗기고 굶주림에 시달리는 사람들, 노상 왜구에게 생명을 위협받아도 나라의 보살핌을 받지 못하는 민초들의 실상이 그의 마음을 흔들었다.

정도전은 유배지인 나주에서 '민民'을 발견하고 성찰의 나날을 보냈다. 그것은 알을 깨고 새로운 세계로 나아가는 과정이었다. 유배 시절 그가 지은 산문에는 당시 심경의 변화가 잘 나타나 있다. 정도전은 작품 속 노인의 입을 빌려 자신을 돌아본다.

> 그러면 그대의 죄를 내가 알겠다. 그 힘이 부족함을 헤아리지 않고 큰소리 치기를 좋아했으며, 그 시기가 마땅치 않음을 알지 못하고 바른말 하기를 좋아했군. 현재를 살면서 옛날을 그리워하고 지위가 아래에 있으면서 윗사람들에게 거슬렸으니, 이것이 죄를 얻은 연유가 아니겠는가?
>
> — 정도전, 《삼봉집三峰集》 〈답전부答田父〉

유배지에서 그는 흙투성이 농민들을 가르치려다가 오히려 그들에게서 깨달음을 얻고 고마워하게 된다. 이때부터 정도전은 새로운 나라를 그리기 시작했다. 정직하게 땅을 일구는 농민들이 자신이 땀 흘린 만큼 먹고살 수 있는 나라. 그것이 정도전이 꿈꾼 조선이었다.

"신하가 군주를 죽이는 것은 불의가 아니냐?"

1377년 유배가 풀린 정도전은 고향 봉화를 찾았다. 그러나 시련은 끈질기게 그를 따라붙었다. 경상도 일대를 휩쓴 왜구 때문에 이곳저곳 거처를 옮겨야 했던 것이다. 1381년에야 거주 제한이 완화되어 삼각산(북한산) 아래 옛집으로 돌아갔으나 여전히 관직은 주어지지 않았고 먹고 살 길은 막막했다. 학당을 열어 호구지책으로 삼는 것도 권문세족의 횡포로 여의치 않았다. 결국 정도전은 오늘날의 부평, 김포 일대를 떠돌며 지인들의 도움에 의지하여 살아가는 신세가 되었다.

거듭되는 시련 속에서도 그는 《맹자孟子》 한 질을 끼고 살았다고 한다. 과거 정도전이 부모의 상을 당해 낙향할 때 절친 정몽주가 선물한 서책이었다. 정도전은 이 책을 곱씹으며 적지 않은 영감을 얻은 듯하다. 아이러니하게도 미래의 '정적' 정몽주가 건넨 《맹자》에서 역성혁명의 이념적 모티프를 찾은 셈이다.

제나라 선왕이 맹자에게 "신하가 군주를 죽이는 것은 불의가 아니냐"고 물었다. 그러자 맹자는 "만약 어짊과 올바름을 해치는 자라면 군주가 아니라 한낱 사내일 뿐"이라고 대답했다.

— 《맹자孟子》〈양혜왕하梁惠王下〉

맹자는 민심에 반하는 군주라면 쫓아내도 된다고 주장한다. 못난 군주들이 득실거리는 중국의 전국시대戰國時代를 살았던 맹자였으니 넌더리가 났을 법도 하다. 이 때문에 《맹자》는 조선시대에 금서禁書가 되기도 한다. 이 '불온서적'을 탐독하며 정도전은 백성의 마음을 얻어 보위寶位(임금의 자리)를 바로잡을 생각을 한다.

백성은 지극히 약하지만 힘으로 위협할 수 없고, 지극히 어리석지만 지혜로써 속일 수 없다. 그들의 마음을 얻으면 복종하게 되고, 그들의 마음을 얻지 못하면 배반하게 된다. 그들이 복종하고 배반하는 간격은 털끝만큼의 차이도 나지 않는다. …… 백성의 마음을 얻는 방법은 오직 인仁뿐이다.

— 정도전, 《조선경국전朝鮮經國典》〈정보위正寶位〉

1383년 이성계를 찾아갔을 때, 정도전의 머릿속엔 이미 새로운 나라의 밑그림이 서 있었을 것이다. 정도전은 변방 출신의 전쟁영웅을 역성혁명의 '얼굴마담'으로 낙점하고 본격적인 땅고르기 작업에 착수한다. 이제 그가 할 일은 이성계를 중심으로 세력을 키우고 민심을 모으는 것이었다.

이성계를 만난 이듬해인 1384년, 정도전은 기나긴 유배와 방랑에 종지부를 찍고 다시 조정에 출사한다. 이성계의 추천으로 그가 맡게 된 직책은 성균관 대사성. 인재를 발굴하여 제 편으로 끌어들일 수 있는 자리였다. 이윽고 정도전은 조준趙浚, 남은南誾, 윤소종尹紹宗 등 역성혁명파를 형성했다.

"백성의 마음을 얻는 것은 오직 인仁뿐"

1388년 위화도 회군을 계기로 조정을 장악한 이성계는 정도전, 조준 등의 건의를 받아들여 토지개혁을 단행한다. 애초 그들이 내세운 원칙은 '계민수전計民授田'(백성의 수를 헤아려 땅을 골고루 나눠줌)과 '경자유전耕者有田'(농사짓는 사람이 땅을 소유함)이었다. 하지만 이것은 어디까지나 민심을 모으기 위한 구호였을 뿐, 실제 노림수는 권문세족이 불법적으로 점유한 사전을 혁파함으로써 주류 지배 세력의 물질적 토대를 허무는 것이었다.

1390년 역성혁명파는 개경 한복판에서 종래의 토지 문서를 모두 불태워 버렸다. 그리고 이듬해, 드디어 과전법科田法이 시행되며 경기도 일대 토지의 수조권이 현직 관리, 즉 사대부에게 돌아갔다. 나머지 지방의 토지는 모두 공전으로 편입되었다. 이로써 권문세족은 주류 지배 세력으로서의 힘을 잃었고, 사대부가 나라의 새로운 주축이 되었다. 더불어 고갈된 국가재정을 채워 나갈 여건도 마련되었으니, 역성혁명파의 정략적 의도가 완벽하게 관철된 것이다.

비록 처음 내세운 '계민수전'에서 후퇴하기는 했지만, 백성들로서도 쌍수 들고 환영할 만한 일이었다. 이중 삼중으로 무거운 조세를 뜯길 일이 없으니 최소한 먹고살 수는 있게 된 것이다.

오늘날 우리가 쓰고 있는 '이밥'이라는 말이 이때 생겨났다. '이성계 덕분에 먹게 된 쌀밥'이라는 뜻이다. 역성혁명파는 토지개혁을 이성계의 이름으로 시행했다. 민심이 이성계에게로 쏠렸음은 물론이다. 정도전이 꿈꾼 이상국가가 드디어 꿈틀거리며 모습을 드러냈다.

02

"장자방이 도리어 한고조를 쓴 것"

子房乃用漢高

정도전이 송현방(남은의 안가)에서 술을 마시다가 이방원 일파에게 불의의 습격을 받은 것은 태조 7년(1398) 8월 26일의 일이다. 사병 철폐로 방원을 옥죄다가 '왕자의 난'으로 역습을 당한 것이다. 결국 그날이 정도전의 제삿날이 되고 말았다. 《태조실록》에 수록된 부음 기사에 정도전의 죽음을 설명해 주는 구절이 나온다.

> 한고조가 장자방을 쓴 것이 아니라, 장자방이 도리어 한고 조를 쓴 것이다. 不是漢高用子房 子房乃用漢高
>
> ─ 《태조실록》 7년(1398) 8월 26일 '정도전의 졸기'

언젠가 정도전이 취중에 했다는 말을 인용한 것이다. 장자방은 유방을 주군으로 택하고 한나라 창업을 배후조종한 인물로서, 여기서 장자방은 정도전 자신이요 한고조 유방은 이성계로 볼 수 있다. 중국의 한나라 건국에 빗대 본인의 통치관을 드러낸 것이다. 정도전의 이러한 소신은 반대파에게 처형의 명분이 되었을 터. 왕권을 옹호하는 측에서 역심의 근거로 쓰기에 안성맞춤이었다.

"임금의 자질에는 어리석은 자질도 있다"

정도전과 이방원의 악연은 1392년 '정몽주 암살 사건'으로 거슬러 올라간다. 고려를 허물고 새로운 나라를 세우려는 역성혁명파와 고려 왕조를 유지하려는 온건개혁파의 대립이 격화되는 가운데 이방원이 고려의 마지막 충신 정몽주를 격살한 것이다. 정도전으로서는 방원의 돌출 행동이 못마땅했을 것이다. 정몽주와의 사적인 관계를 떠나, 이는 애초 그가 그린 그림과 어긋나는 사태였기 때문이다. 정도전은 온전한 '사대부의 나라'를 설계했다. 그런데 정몽주의 죽음으로 반대파 사대부가 이탈해 버리면 개국을 하더라도 원하는 그림이 나오지 않는다.

사대부라고 다 똑같은 사대부가 아니다. '사대부士大夫'는 고려 후기에 성리학을 배운 사족士族 집단을 말하는데, 학문적 공통점이 있긴 하지만 출신 성분이나 사회경제적 배경은 다양했다. 예컨대 이색과 조준은 넓은 토지를 보유하고 고위직을 배출해 온 권문세족 가문이었던 반면, 정도전·하륜 등은 지방의 중소 지주 향리 집안이었다. 또, 이방원은 독자적인 땅과 백성을 거느린 변방의 군벌이었다. 이들이 정치적 소신에 따라 이합집산을 하여 역성혁명파와 온건개혁파의 구도를 이룬 것이다.

온건개혁파는 전통적인 지배 세력을 대신해 역성혁명에 제동을 걸고 나섰다. 특히 정도전의 오랜 벗이자 사대부의 지도자였던 정몽주는 역성혁명파의 가장 큰 걸림돌이었다.

그는 온화한 인품과 깊은 학식, 그리고 검증된 능력을 바탕으로 백성의 두터운 신망을 얻고 있었다. 1392년 3월, 이성계가 해주에서 낙마 사고로 부상을 입자 정몽주는 공양왕의 재가를 받아 정도전 등 역성혁명파를 잡아들였다. 이들을 제거하여 이성계의 권력 기반을 무너뜨리려 한 것이다. 역성혁명파는 절체절명의 위기를 맞았다.

하지만 정몽주가 미처 계산하지 못한 변수가 있었으니, 바로 젊고 야심만만한 이방원의 존재였다. 방원은 부상당한 아버지를 가마에 태워 서둘러 개경으로 돌아왔다. 그리고 얼마 후, 정몽주는 선죽교에서 이방원이 보낸 자객들에게 암살당한다.

마지막 버팀목을 잃은 고려 왕조는 그해 7월 이성계에게 왕위를 넘기고 문을 닫는다. '최초의 조선인' 정도전이 꿈꾼 나라는 이렇게 '최후의 고려인' 정몽주의 피를 먹고 탄생했다. 우여곡절 끝에 새로운 나라가 들어서긴 했지만 사대부의 분열은 극단으로 치달았다.

"임금이 할 일은 한 사람의 재상을 결정하는 것뿐"

온건개혁파 사대부들은 조선을 위해 일해 달라는 정도전의 요청을 거부하고 뿔뿔이 흩어졌다. 72명의 선비가 두문동(지금의 황해도 개풍군)에 들어가서 평생 나오지 않았다는 설화가 전할 만큼 철저하게 등을 돌렸다. 조선을 인정하지 않고 '두문불출杜門不出'한 것이다. '부조현不朝峴'과 '갓걸재' 등의 지명에 얽힌 전설도 같은 맥락이다. 수많은 고려 유신들이 새 조정에 출사하지 않고 갓을 걸어둔 채 고개 넘어 산중으로 숨어 버렸다.

정도전은 이 난국을 타개할 길은 조선이 사대부의 나라임을 확실히 보여 주는 것뿐이라고 판단했다. 조선 건국 초기에 역성혁명파 사대부들은 도평의사사都評議使司라는 회의 기관을 통해 국정 현안을 결정했다. 실권은 사대부들이 쥐고 임금은 이를 재가할 따름이었다. 《태조실록》 등을 보면, 이 무렵 왕은 신하들에게 어서 결정 사항을 고하라고 할 뿐 논의하거나 제동을 거는 대목이 거의 나오지 않는다.

정도전이 설계한 조선은 당대의 통치 관념에 비춰 봤을 때 파격적인 면이 적지 않았다. 대표적인 것이 '재상정치', 즉 재상 중심의 중앙집권제이다.

> 임금이 할 일은 한 사람의 재상을 논의하여 결정하는 데 있다. 재상은 위로는 왕을 받들고 밑으로는 백관을 통솔하여 만민을 다스린다. 임금의 자질에는 어리석은 자질도 있고 현명한 자질도 있으며, 강력한 자질도 있고 유약한 자질도

정도전은 정치가 이전에 성리학자였다. 정도전이 지은 《조선경국전朝鮮經國典》 중 총론 격인 〈정보위正寶位〉 항목을 보면 그가 바람직한 임금의 전형으로 제시한 '인군仁君'에 대한 설명이 나온다.

인군은 천지가 만물을 생육시키는 원리를 자기의 마음으로 삼아서 '불인인지정不忍人之政', 즉 백성의 고통을 참지 못하는 정치를 행한다. 그것은 맹자가 주창한 '불인인지심不忍人之心', 즉 남의 불행을 참지 못하는 마음에 뿌리를 둔다. 이렇게 되면 백성이 인군을 마치 부모처럼 우러러보고 나라는 오래도록 부유하고 편안해진다.

정도전의 정치철학을 뜯어보면 후대 성리학자들이 구체화한 도덕정치의 원형이 엿보인다. 임금이 자신을 닦아 백성을 다스리는 '수기치인修己治人'의 뜻이 배어 있다. 하지만 정도전의 도덕정치는 이황 등의 것과 연원이 달랐다. 그의 도덕은 이기론이나 심성 수양과는 또 다른 차원의 것이었다. 그것은 인仁, 즉 백성에 대한 사랑에서 출발했다. 고려 왕조의 도덕적 파탄이 초래한 백성의 고통을 '민본民本'의 새로운 도덕으로 극복하고자 한 것이다. 정도전이 생각한 사대부는 도덕적 인간을 지향하는 민본의 주체였다.

도덕정치를 하려면 무엇보다 패도를 방지해야 한다. '패도覇道'란 인仁

이 아닌 힘을 숭상하고, 의로움義보다 이익에 집착하는 통치를 말한다. 정도전은 패도로 이어질 가능성이 큰 왕정王政을 견제할 장치를 마련하고자 했고, 그래서 나온 것이 재상정치였다.

유가儒家에서는 예로부터 '내성외왕內聖外王'을 이상적인 군주로 여겼다. 안으로는 수양이 깊은 성인이요, 밖으로는 어질고 밝은 임금이 나라를 다스려야 한다는 것이다. 하지만 이런 임금은 맹자의 말마따나 500년에 한 명 날까 말까이다.(《맹자》〈진심하盡心下〉) 그래서 법가法家인 한비자韓非子는 가뭄에 콩 나듯 온다는 그분을 기다리는 동안 백성들은 무능하고 포악한 정치에 죽어 나간다고 논박했다.

정도전은 이상적인 군주상으로 인군仁君을 제시하되, 그이만 바라봐서는 안 된다고 했다. 임금은 세습되는 자리다. 이따금 좋은 왕이 나올 수도 있지만 "임금의 자질은 한결같지 않아서" 얼마든지 도덕정치를 저버릴 수 있다. 그래서 임금은 상징적인 통치자에 머물게 하고 실제 권력은 재상에게 넘겨 국정을 운영하도록 권력 구조를 설계한 것이다. 어찌 보면 오늘날의 입헌군주제와 유사한 통치체제라고 볼 수 있다.

> 천하의 정화政化(나라를 다스리고 백성을 교화함)와 교령教令(임금의 명령)이 모두 재상에게서 나온다. 국가의 치란治亂(다스려짐과 어지러움)은 물론 천하의 안위安危(편안함과 위태로움)가 여기서 비롯되니, 진실로 그 사람을 가볍게 고르지 못하는 것이다.
>
> — 정도전, 《경제문감經濟文鑑》〈재상지직宰相之職〉

"천하가 모두 임금에게 간쟁하다"

그렇다면 재상의 자리에는 어떤 사람을 앉혀야 할까? 정도전은 사대부 가운데 가장 뛰어난 자를 가려서 뽑아야 한다고 했다. 그가 구상한 재상 중심의 중앙집권제는 임금 한 사람의 비범함에 기대지 않고 다수의 재능으로 짜인 통치체제였다. 단, 이 체제가 원활하게 돌아가려면 '언로言路'를 열어야 했다. 언로란 재상이 사대부의 뜻을 반영하는 말길이자, 백성의 마음을 대변하는 수단이었다.

태조 4년(1395), 정도전은 《경제문감經濟文鑑》을 편집하고 수정해 임금에게 올렸다. 이 책에는 나라를 다스리고 관직을 운용하는 지침이 담겨 있었다. 그는 특히 간관諫官, 즉 임금의 잘못을 간하는 벼슬에 대해 역사와 경전을 두루 인용하며 정성 들여 설명했다. 성리학자로서 언로에 대한 사상을 드러낸 것이다.

> 옛적에는 간하는 데 정원이 없었으므로 언로가 더욱 넓었다. 삼대三代의 경우, 위로는 백관百官(벼슬아치)으로부터 아래로는 백공百工(장인)에 이르기까지 간하지 않는 자가 없었고, 만약 간하지 않으면 그에 따른 벌을 주었다. 이는 천하가 모두 간쟁諫諍한 것이다. 그러다가 후세에 간관의 직을 둠으로써 오히려 언로가 막히었다. 간관이 된 자는 간할 수 있으나, 간관이 아닌 자는 간할 수 없었다.
>
> — 정도전, 《경제문감經濟文鑑》〈간관諫官〉

유가의 성현들은 요순과 삼대(중국의 하·은·주 시대) 등 상고의 정치를 되살려야 할 모범으로 보았다. 공자부터 주자까지 한결같은 복고주의 전통이다. 언로 또한 마찬가지다. 벼슬아치부터 장인까지 누구든 임금을 비판하는 말을 자유롭게 할 수 있는 것이 유가에서 생각하는 이상적인 언로였다. 정도전도 천하가 모두 임금에게 간쟁하던 시대를 상기시키며 언로를 넓혀야 한다고 촉구했다.

하지만 상고의 정치는 어디까지나 이상일 뿐이라는 점을 정도전도 잘 알고 있었다. 요순시대 임금이 다스리는 영토는 일개 성읍 수준이었고, 백성도 기껏해야 수천 명에 불과했다. 나라가 커지고 사회가 복잡해지면 정치도 바뀔 수밖에 없다. 관료제 국가의 등장은 필연이었고, 언로 역시 간관의 책무로 축소되었다. 누구나 간쟁할 수 있었던 시대에 비하면 언로가 좁아진 것이다.

정도전은 이를 아쉬워하면서도 간관의 책무에 큰 의미를 부여하여 어떻게 해서든 언로를 활성화시키려 했다. 그는 나라의 큰 청사진부터 백성의 소소한 이해관계까지 직무에 얽매이지 않고 관여할 수 있는 것은 오로지 재상과 간관뿐이라고 하였다. 간관은 비록 지위는 낮지만 그 책무는 재상과 동등하다고 여겼다.

> 천자가 '안 된다'고 하더라도 재상은 '됩니다' 할 수 있으며, 천자가 '그렇다'고 하더라도 재상은 '그렇지 않습니다' 할 수 있으니, 묘당廟堂(조정의 가장 높은 곳)에 자리 잡고 앉아서 천자와 더불어 가부可否를 상의할 수 있는 자가 재상이다.

> 천자가 '옳다'고 하더라도 간관은 '옳지 않습니다' 할 수 있
> 으며, 천자가 '꼭 해야겠다'고 하더라도 간관은 '절대 해서
> 는 안 됩니다' 할 수 있으니, 전폐殿陛(궁궐 계단의 섬돌)에 서
> 서 천자와 더불어 시비를 다툴 수 있는 자가 간관이다.
>
> — 정도전, 《경제문감經濟文鑑》〈간관諫官〉

이런 의미에서 간관은 재상을 견제하는 위치에 있다고도 볼 수 있다. 재상정치가 야기할 수 있는 폐단을 언로로써 막고자 한 것이다. 이는 임금에 대해서도 마찬가지다.

> 옛날 어느 간관이 있었는데 임금이 이르기를,
> "짐은 그대가 재상의 뜻을 그대로 봉행하지 않았으면 좋겠다."
> 하였더니 대답하기를,
> "신은 재상의 뜻을 그대로 봉행하지 않을 뿐 아니라, 또한
> 폐하의 뜻도 그대로 봉행하지 않으려 합니다."
> 하였으니, 장하다. 그 말이여! 간관들이 모두 이 사람만 같
> 다면 기강이 떨쳐지지 않을 리가 없을 것이다.
>
> — 정도전, 《경제문감經濟文鑑》〈간관諫官〉

간관은 항상 임금을 지근거리에서 따라 붙으며 '삐딱선'을 타야 한다고 정도전은 생각했다. 그래야 임금이 사사로운 마음을 먹을 틈도, 불의한 무리가 임금을 현혹할 기회도 생기지 않을 것이다. 정도전에게 조금만

더 시간이 주어졌다면 재상이 앞장서고 언로가 뒷받침하는 민본의 도덕 정치가 실행에 옮겨졌을까?

하지만 장자방과 달리 정도전은 비참한 최후를 맞이했다. 장자방은 한 나라 건국 후 속세를 떨치고 적송자赤松子(중국의 전설적인 신선)를 좇아 장 가계로 숨어 버렸다. 반면 정도전은 정치적 이상을 몸소 실현하려 했고 결국 표적이 되었다. 군왕 중심의 중앙집권제를 추구한 이방원은 그를 용납하지 않았다.

삼봉 정도전이 죽은 후 조선은 사대부의 언로를 열고 도덕의 나라를 완성하기까지 180년을 더 기다려야 했다.

"석 자 칼로 사직을 편안케 한다"

> (태조 이성계가 조선을 창업하기 전에) 일찍이 시 한 구절 짓기
> 를, "석 자 칼로 사직을 편안케 한다(三尺釰頭安社稷)"고 하니,
> 당시의 문사들이 대구를 만들지 못하였다. 이때 최영이 되
> 받아 짓기를 "한 가닥 채찍으로 천지를 평정한다(一條鞭末定
> 乾坤)"고 하자, 사람들이 모두 탄복하였다.
>
> — 이긍익, 《연려실기술燃藜室記述》〈태조조고사본말太祖朝故事本末〉

'바투'라는 몽골어가 있다. '용감하여 상대가 없는 사나이'라는 뜻이다.
이 단어는 이름에 많이 쓰였는데, 칭기즈칸의 손자로 킵차크한국을 창업한 바투가 대표적이다. 전장에서 종횡무진 활약하는 무적의 용사에게도 '바투'라는 칭호를 붙였다.

고려 후기 역사 기록에 나오는 '발도拔都'는 바투를 음차한 단어이다. 당시 몽골어는 오늘날의 영어처럼 동아시아에서 공용어로 쓰였다. 그 무렵 바투 혹은 발도로 불린 인물들이 적지 않게 등장한 것은 이 때문이다. 1380년 운봉에 집결한 왜구를 이끌었던 아지발도阿只拔都는 '무적의 소년 용사'였을 테고, 1382년 동북면을 노략질한 여진족의 수장 호발도胡拔都는 '무적의 오랑캐 용사'쯤 되었을 것이다.

그런데 영웅적인 무용으로 이들을 제압한 장수가 있었으니 바로 조선을 세운 임금, 태조 이성계李成桂(1335~1408)이다. 그는 (군대를 지휘하는) 석 자 칼로 외적을 평정하고 사직을 편안케 하였다. 생존의 기로에 선 백성들에게는 그야말로 든든한 버팀목이자 최영과 더불어 고려를 지키는 양대 수호신이었다.

"한 가닥 채찍으로 천지를 평정한다"

14세기 중반에 접어들며 동아시아 정치 질서는 급격한 변화에 휩싸였다. 대륙의 지배자인 원나라는 명나라에 패퇴하여 중국 땅에서 쫓겨났고(1368), 이에 앞서 열도의 무사정권 가마쿠라 막부 역시 천황 세력의 공격을 받아 와해되었다.(1333) 힘의 공백이 생긴 것이다. 산의 주인인 호랑이가 자리를 비우면 이리 떼가 제 세상인 양 설친다. 당시 고려를 둘

러쌴 만주와 동남 해안이 그런 상태였다.

1360년경 원나라가 내부 권력투쟁과 각지의 폭동으로 흔들리는 틈을 타 만주 벌판에 홍건적 무리가 출현했다. 그중 산동 일대에서 일어난 홍건적의 한 지파가 근거지를 옮겨 고려의 북쪽 변경을 어지럽히기 시작했다. 1361년 겨울 압록강이 얼어붙자 그들은 기다렸다는 듯 고려 땅으로 밀고 내려와 개경까지 점령했다. 홍건적의 파죽지세에 공민왕은 안동으로 피난을 갔고 고려의 국위는 땅에 떨어졌다.

공민왕의 반원反元정책도 외침의 빌미가 되었다. 1362년에는 원나라 장수이자 만주의 군벌인 나하추가 홍원洪原 일대를 짓밟았고, 1364년에는 원나라에 의해 고려왕으로 봉해진 덕흥군이 최유를 앞세워 평안도로 쳐들어왔다. 변경 지역에 거주하던 여진족도 이때다 하며 들고일어났다. 여진족은 삼선, 삼개의 지휘 아래 한때 함주(함흥)를 함락시키는 등 기세를 올렸다. 고려의 북방에는 전운이 짙게 드리웠다.

남방도 사정이 어렵기는 마찬가지였다. 가마쿠라 막부가 건재할 때에는 잠잠하던 왜구가 혼란기를 맞아 고삐 풀린 망아지처럼 날뛰었다. 삼남(영남·호남·충청) 지방을 쑥대밭으로 만든 것도 모자라, 개경의 턱 밑인 강화도까지 침입해 고려 조정의 간담을 서늘하게 만들었다. 왜구를 피해 농민들이 내륙으로 이주하면서 비옥한 해안 지대는 황폐해졌고, 해상교통의 단절로 조운漕運(배로 물건을 실어 나름)이 끊겨 개경은 경제적으로 큰 곤경에 처했다.

당시의 왜구는 단순한 해적이 아니었다. 중앙의 통제에서 벗어난 지방 영주들이 대거 합류하여 위세가 하늘을 찔렀다. 1380년에는 2만여 명의 군사를 실은 500척이 넘는 대규모 선단이 진포(군산)에 닻을 내리기도 했다. 운봉(남원) 일대에 집결한 왜구는 한반도의 곡창인 호남을 거의 손에 넣을 뻔했다.

남북에서 외적들이 국토를 유린하고 있는데도 고려 조정은 속수무책이었다. 잔주먹도 계속 맞다 보면 심한 내상을 입는다. 당시 고려가 그 짝이었다. 게다가 토지제도의 문란으로 국가재정이 부실하여 정규군조차 제대로 관리하지 못하고 있었다. 보급도 못 받고 사기가 떨어질 대로 떨어진 군사들은 전장에서 힘을 쓰지 못했다.

고려 조정에서는 사병 집단을 거느리고 있거나 조직할 수 있는 세력가에게 도움을 청했다. 그 가운데서 동북면의 군벌 이성계는 독보적인 존재였다. 그는 말 잘 타고, 활 잘 쏘는 당대 최고의 바투였다. 남북의 바투들과 어우러져 싸운 이성계의 무용담은 설화로 구전되었는데, 특히 아지발도와의 대회전은 박진감 넘친다.

> 나이가 어리지만 무예가 뛰어난 왜장 아지발도는 두꺼운 갑옷과 투구를 쓰고 있어서 화살을 쏘아도 잡을 수가 없었다. 날이 완전히 밝을 무렵 아지발도가 황산으로 올라오자 퉁두란이 화살을 쏴서 아지발도의 투구를 맞추었다. 아지발도는 말에서 떨어지면서 입을 벌렸다. 이때 이성계가 아지발도의 목구멍에 활을 쏘아 죽였다.
>
> — 한국학중앙연구원, 《한국구비문학대계》〈아지발도 이야기〉

전쟁은 혼자 하는 게 아니다. 이성계가 바투 중의 바투로 군림한 데에는 본인의 출중한 무예뿐 아니라 그가 거느린 군대의 힘이 컸다. 그가 이끈 사병 집단은 고려와 여진의 혼성 부대로 대대손손 이성계 집안에 충성해 왔다. 여기에는 집안 내력이 크게 작용했다.

이성계의 고조부 이안사는 원래 전주에 살았는데 지방관과 시비가 붙어 다투다가 일족을 이끌고 원나라에 투항했다. 그는 두만강 하류인 알동의 천호千戶로서 다루가치에 임명되었다. 다루가치 관직은 이성계의 증조부 이행리, 조부 이춘, 부친 이자춘에게 대물림되었다. 이성계 집안은 알동에서 의주, 의주에서 함주로 근거지를 옮기며 세력을 키웠다. 이 일대에 섞여 살던 고려인과 여진인이 이성계 집안의 세력 기반이었다. 그들은 농사와 목축으로 부를 축적하고 강력한 정예군을 거느렸다. 고려 출신의 원나라 군벌로 단단히 자리 잡은 것이다.

20대 초반까지 이성계는 혈통만 고려인이었지 정체성은 원나라 사람에 더 가까웠다. 이성계가 고려 사회에 진입한 것은, 1356년 아버지 이자춘李子春이 공민왕을 도와 원나라의 쌍성총관부를 축출하면서이다. 이자춘은 시대 흐름을 잘 읽는 사람이었던 모양이다. 원나라의 국력이 쇠퇴하는 가운데 공민왕이 반원정책을 펼치자 고려 편에 섰고, 이로써 이성계의 인생도 반전을 맞는다.

이자춘이 세상을 떠나면서 집안의 당주가 된 이성계는 본격적으로 고려 무장의 길을 걷기 시작한다.

"위화도 회군까지 기다릴 것도 없었도다"

장수로서 이성계의 활약은 눈부셨다. 1361년 공민왕의 명으로 그가 맡은 첫 소임은 독로강 만호萬戶 박의의 반란을 진압하는 일이었다. 동북면 상만호上萬戶 이성계는 강계까지 쫓아가 박의 일당을 척결했다. 또한 그해 겨울에는 홍건적 10만 대병에 함락된 개경 탈환 작전에도 참여했다. 이성계는 2천여 군사로 개경에 가장 먼저 입성해 홍건적 수장을 활로 쏴 죽이는 전공을 세웠다.

1362년에는 원나라 장수 나하추가 고려 땅으로 쳐들어왔다. 쫓겨난 쌍성총관 조소생의 부추김을 받은 것인데, 이는 이성계 집안과도 무관하지 않은 일이었다. 조정으로부터 동북면병마사에 제수된 이성계는 여러 차례의 전투 끝에 함흥평야에서 나하추군을 격퇴했다. 이 승전은 그가 무장으로서 독자적인 명성을 얻는 계기가 되었다. 정도전이 태조 2년(1393) 〈납씨곡納氏曲〉을 지어 바치며 "공을 이룸이 이 거사에 있었으니 이를 천년 만년 전하리다"라고 노래할 만큼 특별한 의미가 있었다.

1364년 여진족 삼선과 삼개가 함주를 점거했을 때 이를 물리친 것도 이성계였다. 1370년에는 지용수 등과 함께 만주로 쳐들어가기도 했다.(1차 요동정벌) 이성계는 욱일승천의 기세로 전공을 쌓아 나갔다. 전장에서 승승장구하면서 벼슬길도 활짝 열렸다. 밀직부사(정3품) 등 중앙 정계의 요직이 연이어 내려졌다. 외적의 침입이 나라와 백성에게는 큰 괴로움이었지만, 무장 이성계에게는 출세의 발판이 된 셈이다.

이성계의 활동 무대는 북방에 그치지 않았다. 공민왕 사후에는 남방으로 내려와 왜구를 상대했다. 1377년에는 지리산에서 절벽 위로 말을 달려 혼비백산한 적들을 추풍낙엽처럼 베었고, 1378년에는 강화도를 유린하고 개경으로 진군하던 왜구를 최영과 협공하여 궤멸시켰다. 이성계의 기마 군단은 왜구에게 공포의 대명사로 떠올랐다.

왜구의 도발은 계속 이어졌다. 1380년 왜구 2만 대군이 500대의 함선에 나눠 타고 진포에 나타났다. 다행히 최무선이 화포 공격으로 수군을 격파하긴 했지만(진포대첩), 내륙으로 진출한 왜구가 문제였다. 고려 조정은 아홉 명의 장수를 파견해 뒤를 쫓았으나, 사근내 전투에서 대패하며 사기가 땅에 떨어졌다.

이제 고려의 마지막 희망은 이성계였다. 양광·전라·경상도순찰사 자격으로 운봉에 다다른 이성계는 일단 왜구의 동향을 파악했다. 험악한 황산 일대에 주둔하면서 배후를 기습하려는 적들의 의도를 읽고, 이성계는 이를 역이용했다. 스스로 선봉장이 되어 적의 기습 경로를 치고 들어간 것이다.

왜구는 필사적으로 저항했다. 특히 적장 아지발도는 신의 경지에 이른 기마창술로 고려군을 위협했다. 하지만 고려에는 무신 이성계가 있었다. 싸움의 결말은 앞서 이야기한 대로다. 지휘관을 잃은 왜구는 오합지졸로 전락하여, 살아서 본국으로 도망친 자가 고작 70여 명에 불과했다고 한다. 거의 도살 수준이었다.

역사는 이 쾌거를 '황산대첩荒山大捷'이라고 기록했다. 황산대첩은 이성계를 북방과 남방을 아우르는 '전국구 스타'로 격상시켰다. 그가 후일 조선의 건국자가 될 수 있었던 것도 그 뿌리를 따져 보면 황산대첩으로 얼은 무명武名 덕분이었다. 선조 8년(1575)에 세워진 황산대첩비를 보고 조선 후기의 문신 정약용은 이런 시를 남겼다.

> 이 거사로 한밤중 골짝에 있던 배 이미 자리 옮겨
> 위화도 회군 때까지 기다릴 것도 없었도다
> 此擧夜墼舟已徙
> 不待威化回軍時 　　　　　　　　　　　　　　　　　　 – 정약용, 〈독황산대첩비讀荒山大捷碑〉

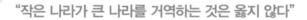

"작은 나라가 큰 나라를 거역하는 것은 옳지 않다"

하지만 이성계의 명성은 여전히 최영에 가려져 있었다. 출신 성분도 한몫했다. 최영의 집안은 왕건의 고려 개창을 돕고 대대로 고관대작을 배출해 온 개경의 문벌 귀족이었다. 반면 이성계는 한때 원나라에 붙어먹은 변방의 촌뜨기에 불과했다. 최영을 넘어서기에는 기득권의 벽이 너무 높았다.

이성계도 이를 모를 리 없었다. 그는 경처京妻(개경의 아내) 강씨(훗날의 신덕왕후)의 도움을 받아 차근차근 중앙 정계 진출의 교두보를 구축했다. 고려 후기 지방의 세력가는 본처인 향처鄕妻(고향의 아내) 외에 개경에 경처를 두는 경우가 많았다. 이 풍습은 지방 출신 사대부와 무인이 중앙으로 진출하는 통로 역할을 했다.

경처 강씨의 집안은 몽골 지배기에 요직을 두루 섭렵한 권신 가문으로, 이성계의 큰아버지 이자흥과도 사돈 관계였다. '부원배附元輩'(원나라를 등에 업고 출세한 무리)라고 욕을 먹던 집안끼리 결탁한 셈이었는데, 어쨌든 이 '혼인동맹' 덕분에 이성계는 변방의 촌티를 벗고 주류 사회 입성에 성공한다.

역사에 큰 획을 긋는 변화는 늘 변방에서 시작된다. 그리고 변방의 촌뜨기들이 북을 치며 중심으로 행군할 때 북소리를 먼저 알아듣는 사람들이 있으니, 정도전을 비롯한 사대부들이 그랬다. 이성계의 출신 성분과 군사력, 그리고 영웅담은 역성혁명파 사대부들에게 매력적으로 다가갔다.

정도전이 역성혁명의 수장으로 이성계를 택한 것은, 무엇보다 그가 외침으로부터 백성을 구출하며 영웅으로 떠올랐기 때문이다. 하지만 역성혁명은 무력과 유명세만으로는 부족하다. 정치에 눈을 뜨지 않으면 어려운 일이다. 그런 점에서 이성계의 이른바 '사불가론四不可論'은 곱씹어볼 만하다.

> 하나, 작은 나라가 큰 나라를 거역하는 일은 옳지 않다.(以小逆大) 둘, 요동 정벌을 틈타 왜구가 침입할 우려가 있다.(倭乘其虛) 셋, 여름철 농번기에 군사 동원은 적절치 않다.(夏月發兵) 넷, 장맛비에 활의 아교가 녹으면 무기로 쓰기 어렵다.(署雨弩弓)
> — 《태조실록》 〈총서總書〉

1388년 명나라의 철령위 설치에 맞서 최영과 우왕이 요동 정벌을 결정하자, 이성계는 '사불가론'을 내세우며 반대했다. '사불가론'은 일리가 있었지만 모순도 적지 않았다. 먼저 이성계 본인이 여름철 장맛비에 전투를 치러 본 장수였다. 또 왜구의 침입은 일상적인 일인 데다 최영도 충분히 대비하는 사안이었다.

그렇다면 전쟁영웅 이성계는 왜 그답지 않은 신중론을 펼쳤을까? '사불가론'은 매우 정략적인 주장이었다. 그 뒤에는 친명파 사대부들의 입김이 있었다. 정치는 세력이다. 지지세력이 필요했던 이성계는 그들의 입장을 충실하게 대변했다. 이는 그가 장군에서 정치인으로 변신하는 과정을 상징적으로 보여 주는 사례다.

그럼에도 최영과 우왕은 요동 정벌을 감행했다. 좌군도통사 이성계는 연일 비가 내리는 위화도에서 머뭇거리고 있다가 마침내 오랜 전우였던 최영에게 칼끝을 돌렸다. 위화도에서 회군한 반란군은 파죽지세로 개경을 점령했다. 우왕은 왕좌에서 쫓겨났고, 최영은 유배를 떠났다가 곧 처형되었다.

> 내 평생 탐욕을 품었으면 무덤에 풀이 자랄 것이고, 결백하다면 풀이 나지 않을 것이다.   – 성현, 《용재총화傭齋叢話》

최영의 죽음은 비장했다. 아버지에게 '황금 보기를 돌같이 하라'는 유훈을 물려받은 최영이었다. 그는 참수를 앞두고 '권세를 탐했다'는 죄목에 이렇게 항변하며 최후를 맞는다. 고려 사람들은 최영의 죽음을 애도했다. 오가는 사람이 모두 눈물을 훔쳤고, 길가의 시신을 향해 말에서 내려 절하였다.(이익,《해동악부海東樂府》) 실제로 최영의 무덤에는 오랜 세월

풀이 자라나지 않았다고 한다.

"가짜를 폐하고 진짜를 세우다"

"웃으세요. 무장의 칼은 칼집에 감추지만, 정치인의 칼은 웃음 속에 감추는 겁니다."

조선 건국 과정을 다룬 KBS 드라마 〈정도전〉(2014)에서 극중 이인임이 이성계에게 건넨 조언이다. 과연 정치인으로 변신한 이성계는 웃음 속에 칼을 감추고 정적들을 차례로 제거했다. 이인임과 최영이 가장 큰 표적이었다. 이들을 쓰러뜨리고 수문하시중(종1품)에 오른 이성계는 중앙 정계의 실력자가 되었다. 사대부들이 대거 그의 곁으로 모여든 시기도 이 무렵이다.

이후 고려는 이성계 측의 역성혁명 프로그램에 따라 멸망의 길을 걸었다. 우군도통사 조민수와 이색 계열이 우왕의 아들인 창왕을 옹립하긴 했지만, 이내 '폐가입진廢假立眞'(가짜를 폐하고 진짜를 세움)을 내세운 이성계 측의 반격에 밀려났다. 폐가입진은 우왕과 창왕이 공민왕(진짜)이 아닌 신돈(가짜)의 핏줄이라는 세간의 소문을 공식화한 것이다. 1389년 허울뿐인 왕위는 공양왕에게 돌아갔다.

이 와중에 최영의 족당族黨이 우왕의 밀지를 받아 이성계를 살해하려다가 들통이 났다. 이 사건은 주모자들의 죽음으로 끝나지 않았다. 무장 변안열 등 그나마 이성계에게 대항할 힘이 있던 세력마저 깡그리 몰락했다. 정몽주가 고군분투했지만 대세를 뒤집기에는 역부족이었다. 토지개혁은 새 나라의 출범을 예고했고, 정몽주는 역성혁명의 마지막 희생양이 되었다.

1392년 7월, 이성계는 마침내 개경 수창궁에서 국새를 인수하고 왕좌를 차지한다. 변방의 촌뜨기가 조선의 창업자가 된 것이다. 20대까지만 해도 그는 고려 출신의 원나라 사람, 즉 경계인이었다. 이 변방의 정체성은 그가 고려 왕조를 전복하고 역성혁명을 일으키는 크나큰 원동력이 되었다.

04
"산하는 의구한데 사람은 어디 있느뇨?"
山河依舊人何在

정종 2년(1400) 8월 태조 이성계는 왕(방과)과 세자(방원)가 마련한 연회에 참석했다. 이 자리에서 태조는 고적한 마음을 시구에 담아 지난날을 회고한다.

> 밝은 달이 발簾에 가득한데 나 홀로 서 있도다　明月滿簾吾獨
>
> 산하는 의구한데 사람은 어디 있느뇨　　　　山河依舊人何在
>
> 　　　　　　　　　　　　　－《정종실록》 2년(1400) 8월 21일

창업자의 회한이 뚝뚝 묻어나는 구절이다. 눈에 보이지는 않지만 '용

의 눈물'이 반짝이며 맺혀 있는 듯도 하다. 전장을 누비던 영웅 이성계에게 큰 뜻을 심어 준 역성혁명 동지들은 어디로 가고, 이토록 쓸쓸하게 홀로 남게 된 것일까?

"달이 가득한데 나 홀로 서 있도다"

무장과 재상 시절 승승장구했던 것과 달리, 임금 이성계에게 펼쳐진 길은 가시밭길에 가까웠다. 무엇보다 개경을 중심으로 반反이성계 정서가 위험수위에 이르렀다.

당시 도성에서는 '성계탕'이라는 음식이 유행했다. 태조 이성계가 돼지띠라는 점에 착안해 돼지고기로 끓인 탕을 이렇게 부른 것이다. '조랑떡국'도 마찬가지다. 떡국을 만들 때 떡을 칼로 가지런히 썰지 않고 손으로 수제비를 뜨듯 둥글게 떼어 넣었다. 마치 이성계의 목을 비틀 듯, 떡을 비틀어 넣은 것이다.

이 같은 미움은, 역성혁명 과정에서 고려 왕조의 기득권 세력이 거의 몰살당하다시피 한 데서 비롯되었다. 이인임, 최영, 우왕, 정몽주 등이 혼자 죽었겠는가? 정치에서 숙청은 당사자뿐 아니라 그 일가와 측근들의 떼죽음으로 이어진다. 게다가 토지개혁으로 경제적 기반을 강탈당한 개경의 권문세족과 지주층이 한 둘이 아니었다. 당시 개경에 거주한 사람 치고 주변에 역성혁명의 불똥을 맞지 않은 이를 찾기가 어려울 지경이었다.

도성 저잣거리에서 성계탕이 부글부글 끓고 있는데 나라가 제대로 돌아갈 리 만무했다. 이런 상황에서 태조가 마음대로 할 수 있는 일은 거의 없었다. 국초國初의 과업이 산더미 같았지만 민심이 따르지 않으니 식물 임금이나 마찬가지였다. 어떻게든 민심을 달래는 수밖에 없었다. 무엇보다 개경을 중심으로 한 구세력의 반발을 무마해야 했다. 요즘으로 치면 '국민통합'이 절실한 시국이었다.

향처鄕妻 한씨에게서 얻은 장성한 아들들이 아니라 경처京妻 강씨 소생의 막내아들 방석을 세자로 책봉한 것도 태조의 처지를 더욱 어렵게 했을 것이다. 이 결정에는 신덕왕후 강씨의 부추김도 있었겠지만 누구보다 태조 본인의 의지가 크게 작용한 것으로 보인다. 공신들은 대부분 역성혁명에 크게 기여한 다섯째 아들 방원을 지지했다. 그러나 이성계는 사사로이 고집을 부렸다. 그동안 공신들의 말에 귀 기울이던 모습과는 영 딴판이었다.

세자 책봉은 태조 즉위 20여일 만에 전격적으로 이뤄졌다. 정몽주를 격살하여 민심을 잃은 방원은 애초부터 이성계의 후계자 목록에서 빠졌을 것이다.

권력을 쥔 정치인은 과거의 공에 연연하기보다는 난국을 타개할 현실적인 선택을 하게 마련이다. 이 무렵 이성계에게 중요했던 것은 새 왕조에 협력하도록 구세력을 달래는 일이었다. 그러려면 경처 강씨의 소생 중에서 세자를 고르는 게 바람직했다.

그렇다면 왜 막내아들 방석이어야 했을까?《실록》에 나온 것처럼 방석이 어질고 총명해서? 나라에서 편찬한 역사 기록은 결과에 꿰맞춰서 인물을 묘사하는 경우가 많다. 나이 어린 왕자를 세자로 책봉한 데에는 이성계의 욕심이 작용했다고 보는 편이 타당할 듯하다.

권력을 잡으면 휘두르고 싶은 게 사람 마음이다. 정도전이 주창한 재상정치에 동의하긴 했지만 태조라고 해서 정국의 주도권을 쥐고 싶은 마음이 왜 없었겠는가. 게다가 창업군주였으니 자신의 힘으로 조선을 반석위에 세우고 싶었을 것이다.

그런 측면에서 보면 머리 굵은 세자는 선뜻 내키지 않았을 터. 협력자보다 적이 더 많은 개국 초기에 세자를 중심으로 친위 세력이 형성되면 등 뒤의 칼이 될지도 모를 일이다. 자의든 타의든 정변의 주역으로 떠오를 가능성이 크다. 자기도 모르게 부왕을 죽이고 왕좌를 차지한 오이디푸스의 비극은 동서고금을 막론하고 재현될 수 있으니, 이렇게 보면 어린 왕자가 적격일 수도 있다.

"눈에 보이는 곳을 모두 우리 땅으로 삼는다면"

그러나 불행히도 이 선택은 이성계의 역성혁명 프로그램에 오점을 남긴다. '용의 눈물'은 단순히 개인적인 회한이 아니었다. 자식과 공신들을 잃은 슬픔뿐 아니라 대업의 기회를 상실한 아쉬움도 컸을 것이다. 역성혁명 2막으로 추진한 요동 정벌 계획이 두 차례의 왕자의 난 (1398 · 1400)으로 인해 좌절되었으니 말이다.

눈에 보이는 곳을 모두 우리 땅으로 삼는다면 若將眼界爲吾土

서거정이 채록한 태조 이성계의 시이다. "눈에 보이는 곳을 모두 우리 땅으로 삼는다"니 그의 야망이 얼마나 컸는지 짐작할 만하다. 이성계는 군령 하나로 대군을 수족처럼 부리고, 남북을 오르내리며 외적을 물리친 불세출의 영웅이었다. 무장으로서 홍건적, 원나라, 여진족, 왜구 등 동아시아의 바투들을 모두 제압했다. 한때 원나라 사람이었던 그에겐 대륙 기질이 다분했다. 새로운 나라를 창업한 마당에 명나라의 주원장까지 꺾고 대륙의 패자覇者가 되고 싶은 마음이 어찌 없었을까.

태조는 집권 초기인 1394년, 한양漢陽(서울)으로 천도하며 반이성계 민심의 본거지인 개경에서 벗어난다. 그리고 정도전과 함께 요동 정벌을 추진하여 국론을 하나로 모으려 했다. 국초의 어지러운 정국을 무마하는 데 전쟁만큼 효과적인 수단은 없다. 여기에는 명나라와의 험악한 외교 관계도 한몫했다.

앞서 정도전은 1392년 겨울에 정조사正朝使(새해 축하사절)로 명나라에 다녀온 바 있다. 주원장은 정도전이 사신으로 오는 길에 여진족 장수들을 회유했고 뒤이어 국서에 자신을 희롱하는 문구를 넣었다며 그를 넘기라고 요구했다. 그리고 이성계가 이를 거부하자 조선의 사신들을 죽이는 만행까지 서슴지 않았다.

이에 정도전과 이성계는 오히려 공세로 전환해 요동 정벌을 계획하고 본격적인 준비에 돌입했다. 진법에 따라 군사훈련을 실시하고 온 나라에 영을 내려 군량을 확보했다. 이성계의 요동 정벌은 고려 말 최영이 추진하던 요동 정벌과 달리 차근차근 현실화되었다. 이 과정에서 정도전은 왕족과 공신들의 사병을 혁파하여 정식 군대에 편입시키려 했다. 사병혁파는 중앙집권제 국가로 나아가는 필수적인 조치였다. 그러나 당시 사병을 거느리고 있던 왕자들은 어린 세자의 스승인 정도전이 자신들을 제거하려는 음모라며 이 조치에 강력하게 반발했다.

특히 방석의 세자 책봉에 가장 불만이 컸던 이방원이 총대를 메고 앞장섰다. 방원은 1398년 8월 태조가 병석에 눕자 기다렸다는 듯이 군사를 일으켜 정도전, 남은 등 개국공신은 물론이고, 배다른 형제인 세자 방석과 방번까지 살육했다. 이것이 '1차 왕자의 난'이다. 이성계는 이 '패륜극'에 노발대발했지만 이미 엎질러진 물이었다. 실권을 잡은 방원은 신의왕후神懿王后 한씨 소생 중 연장자인 방과에게 일단 세자 자리를 양보했고 (장남 방우는 1393년 사망), 태조도 이를 인정할 수밖에 없었다.

"하라고도, 말라고도 할 수 없는 일"

하라고도, 말라고도 할 수 없는 일이다. 이미 선위했는데
무슨 말을 하겠는가!
— 《정종실록》 2년(1400) 11월 11일

정종 2년(1400) 11월, 임금(방과)이 왕위를 방원에게 물려주자 태조

는 이 말을 남기고 궁궐을 떠나 동북면으로 향한다. 방원에 대한 뼛속 깊은 증오와 경멸이 묻어난다. 동북면은 이성계가 나고 자라 신화를 일군 곳이다. 어쩌면 그는 이곳에서 재기를 도모하려 했는지도 모른다. 동북면에서는 조선인은 물론이고 여진족까지 그를 경외하고 따랐다. 태종 2년(1402) 12월에 터진 안변부사 조사의의 난은 그 징표가 아니었을까?

동북면의 민심이 심상치 않자 태종 이방원은 태조에게 여러 차례 차사差使(특사)를 보내 환궁을 권유했다. 여기서 비롯된 말이 '함흥차사咸興差使'이다. 이방원이 보낸 차사들이 모두 이성계에게 죽임을 당하여 돌아오지 못했고, 이로써 떠난 뒤 감감무소식인 경우를 일컬어 '함흥차사'라 했다는 것인데, 이는 사실과 다르다. 역사 기록을 보면 차사들 중 이성계에게 죽은 인물은 없었다. 개국공신 성석린, 예문관 대제학 이직, 청원군 심종, 환관 김완 등이 문안을 드리고 무탈하게 돌아왔다. 다만, 장군 박순, 송류 등이 조사의의 반군을 회유하다가 목숨을 잃었는데, 이 일이 돌아오지 않는 함흥차사로 와전된 듯싶다.

아무튼 태조의 재기 노력은 수포로 돌아갔다. 그만큼 태종의 왕권은 견고했다. 조사의의 난이 실패로 끝난 1403년 태조는 한양으로 환궁한다. 그 후 이성계는 그가 쓴 시구에 나오는 대로 옛 동지들을 그리워하며 고독한 말년을 보냈다. 태종은 아버지를 위해 잔치를 베풀고 후궁을 얻어 주는 등 정성껏 봉양하면서도 감시 또한 게을리하지 않았다. 상왕인 방과조차 이성계를 만나기 어려울 정도였다.

태종 8년(1408) 5월, 풍질에 걸려 병석에 누워 있던 태조가 세상을 떠났다. 죽기 전에 자신을 함흥에 묻어 달라는 유언을 남겼으나 태종은 아버지의 뜻을 따르지 않았다. 대신 함흥의 흙과 억새를 가져와 무덤을 덮었다. 지금도 경기도 구리시에 있는 건원릉에는 억새풀이 무성하다. 권력무상權力無常! '용의 눈물'은 대륙을 도모하려 한 원대한 꿈의 좌절을 의미했다. 혁명은 그 눈물과 함께 미완으로 남았다.

05

"대간에게 과실이 있다면 어떻게 죄줄 것인가?"

臺諫苟有過失 罪之如何

태종 8년(1408) 11월 9일, 당대 최고의 학자로 정평이 나 있던 권근權近이 임금에게 나아갔다. 그는 왕이 내린 어명을 받들어 대간의 임무에 관한 규칙을 중국의 옛 제도를 참고하여 아뢰었다. '대간臺諫'은 감찰을 수행하는 대관臺官과 간쟁을 담당하는 간관諫官을 합쳐서 부르는 말이다. 그들은 조정의 기강을 확립하고 임금의 잘못을 비판하면서 나라의 공식적인 언로를 책임졌다.

이는 동아시아의 오랜 전통이었다. 중국 주나라에 기원을 둔 대간제는, 한나라 때 제도로 확립된 뒤 송나라에 이르러 꽃을 피웠다. 우리는 고려시대부터 대간을 두었는데 대관은 어사대御史臺에 속했고, 간관은 낭사郎舍에서 활동했다. 조선에서는 사헌부司憲府와 사간원司諫院이 대간의 본산이었지만, 권근이 대간의 임무에 관해 고할 무렵에는 아직 그 틀이 완성되지 않은 상태였다.

권근의 보고를 받은 태종 이방원李芳遠(1367~1422)은 의미심장한 전교를 내린다.

> "나의 뜻은 이게 아니다. 대간에게 과실이 있다면 어떻게 죄 줄 것인가, 하는 항목이 옛 법에 있는가 없는가. 그것을 예 조와 권근으로 하여금 송나라 제도를 참고하여 아뢰라고 하였다. 그 명이 잘못 전해진 것이다. 그러나 말한 바가 대 단히 좋으니, 내 항상 좌우에 두고 법칙으로 삼고자 한다."
>
> – 《태종실록》 8년(1408) 11월 9일

대간의 임무보다 처벌에 관심이 있다는 말이다. 태종은 나라의 비판적인 언로를 통제할 근거를 중국의 옛 제도에서 찾고자 했던 것이다. 그는 군왕 중심의 중앙집권제를 추구한 임금이다. 신하들의 발언권이 커지는 것을 용납하기가 어려웠다. 하지만 대사헌大司憲(사헌부의 수장)을 지낸 바 있는 권근은 간곡하게 임금을 만류했다.

> "신이 엎드려 생각하옵건대, 과감하게 말하여 숨기지 않는 것은 신하의 굳센 절개요, 너그러이 용납하여 어기지 않는 것은 인군의 두터운 덕입니다. 그러므로 언로의 책무를 가진

자는 그 말이 비록 과하다 하더라도 반드시 너그러이 용납해야 합니다. 만일 오늘 지나친 말이라 하여 죄를 주면, 내일 곧은 말을 드리려는 자가 반드시 두려워하고 꺼려서 감히 진언進言하지 못할 터이니 이는 언로가 막히는 것입니다."

- 《태종실록》 8년(1408) 11월 9일

그러면서 권근은 태종에게 참고하라며 책을 한 권 올렸다. 정도전의 《경제문감經濟文鑑》이었다. 역사적 사례를 들어 대관과 간관의 임무를 밝히고 그 중요성을 강조한 책으로, 권근도 교정에 관여한 바 있었다. 정도전을 죽인 장본인에게 《경제문감》을 들이민 것은 언로에 대한 권근의 소신이 분명히 드러나는 대목이다.

언로를 넓혀 사대부의 절개를 장려하는 것은 성리학의 가르침이자, 조선의 건국정신이었다. 성리학자인 권근은 이 원칙에 충실했다. 왕권을 강화하려는 임금과 절개를 지키려는 신하들은 언로를 둘러싸고 그렇게 팽팽한 긴장 관계를 형성했다. 그러나 군왕 중심의 중앙집권제에 대한 태종 이방원의 의지는 완고하고 집요했다.

"영웅호걸이란 하나같이 속이 시커먼 자들뿐"

옛날의 영웅호걸이란 하나같이 낯가죽이 두껍고 속마음이

청나라 말엽의 지식인 이종오李宗吾는 중국의 역사와 고전을 연구하다
가 문득 깨달음을 얻었다. 신해혁명이 시작된 1911년, 그는 저서 《후흑
학厚黑學》을 내놓는다. 말 그대로 낯가죽이 두껍고 속마음이 시커먼 자가
출세한다는 내용의 이 책은 일약 당대의 베스트셀러로 떠올랐다. 반청혁
명 조직에서 활동한 이종오는 봉건사회를 통렬히 풍자할 의도로 썼겠지
만 동시대인들에게는 처세서로 읽히지 않았을까.

중국 역사에서 이종오가 '후흑'의 대명사로 거론한 인물은 한고조 유방
이다. 항우가 그의 부친을 인질로 잡은 다음 삶아 죽이겠다고 위협하자,
유방은 오히려 태연하게 그 국 한 사발을 나눠 달라고 대꾸했다. 또한 유
방은 그토록 원하던 천하를 얻고 난 다음 신명을 바쳐 공헌한 공신 한신
과 팽월을 가차 없이 죽여 버렸다. 강동의 부형들을 뵐 면목이 없다며 스
스로 삶을 마감한 항우는 《후흑학》의 관점에서 보면 제왕의 자질이 떨어
진다 하겠다.

그렇다면 조선의 역대 임금들 중 가장 낯가죽이 두껍고 속마음이 시커
먼 인물은 누구일까? 아마도 태종 이방원이 아닐까? 그가 왕위에 오르는
과정은 후흑의 진수를 보여 준다. 이방원은 정몽주를 격살했으며, 태조 7
년(1398)에는 왕자의 난을 일으켜 배다른 동생인 세자 방석과 정도전 등
개국공신들을 무참하게 도륙하고 부왕 이성계를 왕좌에서 끌어내렸다.

이종오는 제왕의 조건으로 후흑을 제시하면서 반드시 '인의도덕仁義道德'
의 탈을 뒤집어써야 한다는 단서를 달았다. 권력을 쟁취하는 과정에서 빚

어진 악업을 어떤 식으로든 포장하라는 것이다. 권력자의 민낯을 노골적으로 드러내면 역풍을 맞기 십상이다. 인의도덕을 가장하기 어렵다면 최소한 위엄이라도 유지해야 한다.

태종 4년(1404) 2월, 왕이 사냥하다가 말에서 떨어지는 사고가 발생했다. 다행히 몸이 크게 상하지는 않았지만 체신이 말이 아니었다. 태종은 좌우를 둘러보며 사관史官이 알지 못하게 하라는 명을 내렸다. 사관은 역사 기록인 사초史草를 작성하는 사람이다. 곧, 자신의 평판을 위해 역사까지 왜곡하려 한 것이다. 이러한 태도는 한때 혁명 동지이자 아버지의 부인인 신덕왕후를 격하하는 모습에서도 잘 드러난다.

태종 16년(1416) 8월 어느 날, 왕이 신하들과 더불어 예법을 논하였다. 이날의 토론 주제는 다름 아닌 '계모繼母'였다. 먼저 태종이 운을 뗐다.

"계모란 무엇을 말하는가?"

유정현이 이에 답하였다.

"어머니가 죽은 뒤에 계승하는 여인이 계모입니다."

그러자 임금이 되물었다.

"그렇다면 정릉(신덕왕후 강씨)이 내게 계모가 되는가?"

왕의 의중을 헤아린 유정현은 고개를 저었다.

"그때에 신의왕후가 승하하지 않았으니, 어찌 계모라고 할 수 있겠습니까?"

원하는 답이 나오자 임금은 기다렸다는 듯이 정릉을 깎아내렸다.

"정릉은 내게 조금도 은의恩義가 없었다. 내가 어머니 집에서 자라났고 장가를 들어서 따로 살았으니, 어찌 은의가 있겠는가? 다만 부왕이 애중愛重하신 의리를 생각하여 제사를 어머니와 다름없이 하는 것이다." – 《태종실록》 16년(1416) 8월 21일

'정릉貞陵'은 부왕 이성계의 둘째 부인인 신덕왕후神德王后 강씨의 능 이름이다. 이성계의 첫째 부인 신의왕후神懿王后 한씨 소생인 이방원은 자신이 신덕왕후에 대해 은의恩義, 즉 은혜와 의리가 없다고 애써 강조한 것이다. 그는 정말 신덕왕후와 은의를 따질 일이 없었을까?

왕자의 난은 이방원에게 양날의 검이었다. 일단 권력을 손에 쥐기는 했지만 도덕적 지탄 또한 거셌다. 그러잖아도 건국 초라 나라가 불안정한데 권력자가 명분을 잃었으니 혼란이 가중될 것은 불을 보듯 뻔했다. 이때 이방원이 수습책으로 꺼내든 것이 신덕왕후에게 책임을 전가하는 것이었다.

"정릉은 내게 조금도 은의가 없었다"

신덕왕후는 고려에서 재상을 지낸 강윤성의 딸로 태조 이성계의 경처였다. 고향에 조강지처 한씨가 두 눈 시퍼렇게 뜨고 있는데도 이성계가 강씨를 새 아내로 맞이한 것은 그녀의 집안 배경 때문이다. 앞서도 이야기했듯이 변방의 무장 출신이 고려의 주류 사회로 진입하려면 든든한 뒷배가 필요했다. 강씨 집안은 개경에서도 내로라하는 권문세족이었

다. 이성계는 중앙 정계에서 후원자가 되어 줄 가문과 일종의 혼인동맹을 맺은 셈이다.

고려는 태조 왕건 때부터 혼인동맹을 적극적으로 활용했다. 지방의 호족 세력을 끌어들여 제 편으로 만드는 데 혼인만큼 효과적인 수단이 없었다. 고려 후기에 지방의 세력가들이 향처 외에 경처를 따로 얻은 것도 같은 취지라고 볼 수 있다.

문제는 이것이 유교 예법에 어긋난다는 점이었다. 고려에서는 관행적으로 이뤄졌지만, '도덕의 나라' 조선은 다르다. 태종은 그 틈을 파고들어 신덕왕후에게서 '국모' 자격을 빼앗는다. 그래야만 왕자의 난을 자격 없는 여인이 부당한 방법으로 세자 책봉에 관여했기 때문에 벌어진 참사로 몰아갈 수 있었다. 태종 16년(1416)에 벌어진 예법 논의에는 이런 정략적 의도가 깔려 있었다. 이방원은 유교 예법을 소급 적용해 신덕왕후를 격하시킴으로써 잃어버린 도덕적 명분을 되찾고자 했다.

그러나《태종실록》에 실린 태종의 주장은 설득력이 떨어진다. 우선 태종과 신덕왕후 사이에 은의가 없다는 주장부터 사실이 아니다. 오히려 둘 사이에는 은의를 따질 일이 적지 않았다. 태조 이성계가 왕위에 오르기까지 신덕왕후가 기여한 공로는 상당히 컸다. 그녀의 집안은 변방의 무장 이성계가 중앙 정계의 실력자들과 교분을 맺도록 돕고, 위화도 회군 이후에는 그가 실권을 장악할 수 있게 뒷받침했다. 신덕왕후 본인도 소매를 걷어붙이고 나섰다. 다음은 후일 먼저 세상을 뜬 왕후를 추모하고자 절을 지으면서 태조가 권근을 불러 회고하는 대목이다.

> "내가 임금이 되기 전에 신덕왕후의 내조가 실로 많았다. 여러 가지 중요한 정무를 처리할 때도 충고하고 돕기를 부지런히 하였다. 이제 뜻밖에 세상을 떠나니 경계하는 말을 들을 수 없고 어진 정승을 잃은 것 같아서 매우 슬프다."
>
> — 서거정 외, 《동문선東文選》〈흥천사조성기興天寺造成記〉

"어진 정승을 잃은 것 같다"는 태조의 말에서 알 수 있듯이, 신덕왕후는 동지이자 참모로서 대업에 동참했다. 심지어 이방원의 정몽주 암살에도 깊숙이 개입한 것으로 보인다. 그녀의 사위인 이제李濟가 모의에 가담하였으며, 또한 선죽교의 비극을 알고 이성계가 불같이 화를 내자 방원이 강씨에게 변명해 달라고 청하는데, 이는 강씨가 개입하지 않았다면 있을 수 없는 일이다. 후일 태종은 신덕왕후에 대해 은의가 없다고 했지만 역성혁명 과정만 놓고 본다면 생모 한씨를 능가하는 은의를 입었다고 봐야 할 것이다.

역성혁명 과정에서 동지적 관계였던 강씨와 방원의 사이가 틀어진 계기는 조선 개국 직후 이뤄진 세자 책봉 문제였다. 당시 태조의 맏아들인 방우는 역성혁명에 반대해 은거한 상황이었다. 방원은 적장자가 왕위를 이어받지 못할 경우 역성혁명에 공이 큰 왕자가 대신해야 한다는 논리를 내세웠는데, 그의 논리대로라면 강씨가 낳은 아들들에게 우선순위가 있다고 볼 수도 있다. 방원이 정몽주를 척살하고 양위를 성사시켰다지만, 그것은 이성계가 이미 실권을 잡은 다음의 일이다. 신덕왕후와 강씨 집안은 '촌뜨기' 무장에 불과했던 이성계에게 날개를 달아 줬다는 점에서 그 공을 따지자면 앞자리에 선다 해도 부족함이 없었다.

신덕왕후는 태조 5년(13%6)에 예기치 않은 죽음을 맞았다. 세자 방석과 정도전을 제거하고 왕위에 오른 태종은 1408년 태조가 세상을 떠나자 신덕왕후를 격하하는 작업에 착수한다. 도성 안에 있다는 이유로 그녀가 묻힌 정릉을 파헤쳐 옮기고, 능 주변의 석물을 실어다 돌다리를 만들어버렸다.

《태종실록》에 나오는 대화에서는 예법 운운하며 제사를 생모와 다름없이 올린다고 했지만 이는 거짓이었다. 실상은 왕비의 제례에서 신덕왕후를 제외시키고 후궁의 예로 제사 지냈다. 물론 그것은 앞서 밝힌 대로 개인적인 화풀이만이 아닌, 고도의 계산이 깔린 정치 행위였다.

신덕왕후가 명예를 회복한 것은 조선 현종 대의 일이다. 그녀의 신원伸冤에 앞장선 인물은 서인 영수 송시열宋時烈이었다. 그는 태종의 신하들이 예법을 잘 몰라 순리를 거슬렀다고 비판했다. 선대 임금의 잘못이라고 말하기는 곤란하니 죄를 신하들에게 뒤집어씌운 것이다. 결국 신덕왕후는 현종 10년(1669)에야 국모의 자리로 돌아왔다. 신의왕후는 조선 건국 전에 죽었으므로, 신덕왕후 강씨야말로 조선 최초의 국모인 셈이다.

태종 이방원은 재위 기간 내내 왕권 강화를 위해 무던히도 애쓴 임금이다. 육조직계제六曹職階制를 실시해 재상을 무력화시키는 한편, 처남과 사돈을 제거하면서까지 외척의 발호를 막았다. 그것은 신생국 조선을 반석 위에 올려놓으려는 결단이기도 했지만, 즉위 과정의 원죄 때문에 그만큼 왕권이 취약했다는 뜻도 된다.

많은 사람들이 태종이 왕권을 잘 닦은 덕분에 세종이 태평성대를 열

수 있었다고 말한다. 그러나 거꾸로 보면 세종이 민생을 돌보고 정치를 잘한 덕분에 태종이 욕을 좀 덜 먹게 된 것인지도 모른다.

06

"물가에서 탄식한들 무슨 소용인가?"

楚澤醒吟

초택성음楚澤醒吟이아 녀는 됴호녀(그대는 좋은가)

녹문장왕鹿門長往이아 녀는 됴호녀(그대는 좋은가)

명량상우明良相遇 하청성대河淸盛代예

총마회집驄馬會集이아 나 됴호이다(나는 좋구나)

– 권근, 〈상대별곡霜臺別曲〉 5악장

〈상대별곡霜臺別曲〉은 양촌陽村 권근權近(1352~1409)이 경기체가 형식으로 지은 노래다. 여기서 '상대霜臺'는 사헌부를 말한다. 사헌부는 서릿발 같은 규율로 나라의 기강을 잡는 조선의 감찰 기관이다. 권근이 정종 2년

(1399)에 이 기관의 수장인 대사헌을 맡았으니 〈상대별곡〉도 아마 이즈음에 만들어졌을 것이다.

궁중 연회에 쓰인 이 노래를 들먹이는 이유는, 고려 유신들을 향한 권근의 메시지가 담겨 있기 때문이다. 도읍 한양의 활기찬 모습으로 시작하는 〈상대별곡〉은 사헌부 관원들의 자부심을 드러내며, 새 나라의 순조로운 출발을 알린다. 마지막 5악장에 이르러 권근은 굴원과 맹호연의 고사를 비판적으로 인용하며 속내를 내비친다.

'초택성음楚澤醒吟'은 초나라 대부 굴원屈原이 상수湘水의 물가에서 탄식한 일화를 가리킨다. '녹문장왕鹿門長往'은 당나라 시인 맹호연孟浩然이 세상에 뜻이 없어 녹문산에 은거한 옛일을 이른다. 초택성음과 녹문장왕은 고려 유신들의 행태를 비유한다.

권근은 굴원과 맹호연에 빗대어 고려 유신들의 절의를 치켜세우면서도, 고려는 이미 망했는데 물가에서 탄식하고 산중에 은거한들 무슨 소용이냐고 묻는다. 이어서 지금 조선은 현명한 임금과 충성스러운 신하가 만나(明良相遇) 태평성대를 이루고(河淸盛代) 뛰어난 인재들이 모여들고 있으니(聽馬會集) 그대들도 함께하자고 권한다.

1392년 조선이 개국하자 고려 유신들은 뿔뿔이 흩어졌다. 그 가운데에는 하륜처럼 새 질서 수립에 깊숙이 관여한 부류가 있는가 하면, 길재와 같이 협력을 거부하고 초야에 묻혀 후진 양성에 힘쓴 이들도 적지 않다. 이색과 정몽주의 문하인 권근도 처음에는 조선 건국에 부정적이었지만 뒤늦게 출사하여 나라의 기틀을 다지는 데 일조한다.

고려 유신들의 엇갈린 행보는 후일 훈구파와 사림의 대립으로 이어진다. 이들은 신권臣權의 정통성을 놓고 자웅을 겨루며 새 나라의 면모를 한층 다양하고 풍성하게 만든다. 고려 유신 하륜과 길재, 그리고 권근의 족적은 이후 조선이라는 나라의 향방을 헤아리는 나침반이 된다는 점에서 재조명해 볼 가치가 있다.

"탁한 물을 거르면 구슬이 밝아진다"

호정浩亭 하륜河崙(1347~1416)은 태종 이방원의 책사이자 킹메이커로 널리 알려진 인물이다. 왕자의 난을 주도해 일등공신이 된 후 신하로서 부귀와 영화를 한껏 누렸다.

이상적인 국가를 꿈꾼 정도전과 달리, 하륜은 진즉부터 권력의 현실적인 향배에 관심이 많았다. 고려 말 이색에게 가르침을 받은 신진사대부이면서, 동시에 이인임의 조카사위로서 권문세족의 일원이었던 하륜은 어찌 보면 '경계인'이라 할 만하다. 이상과 현실의 경계에서 그는 온건개혁 노선을 걸었다.

하륜이 정도전과 대척점에 설 수밖에 없었던 이유는, 그의 수난사를 들여다보면 이해가 간다. 하륜은 고려 조정에서 세 번이나 쫓겨났다. 처음에는 신돈에게 미움을 받아서 파직되었고, 다음에는 최영의 요동 정벌을 만류하다 추방당했고, 이성계의 위화도 회군 직후에는 이색 계열로 몰려 눈 밖에 났다. 그는 급진적인 개혁이나 정책, 사건에 대해서는 어김없이 반기를 들었고, 이로 인해 겪는 시련을 묵묵히 감수했다. 정치관은 온건했지만, 흐릿하지 않았고 집요했다.

하륜의 온건개혁 노선의 중심에는 왕권이 있었다. 그가 반대한 사람들은 하나같이 신하로서 왕권을 위협한 자들이었다. 신돈, 최영, 이성계 등은 무력해진 고려 왕을 대신해 백성의 신망을 얻고 있었다. 하륜의 눈에 그들을 그대로 두면 고려가 무너질 수도 있어 보였다. 이는 그의 후견인이었던 이인임의 영향이었을 수도 있다. 이인임도 권력을 휘두르긴 했지만 어디까지나 고려라는 틀 안에서였고, 왕권은 신성불가침이었다.

그런 하륜이 조선 개국에 동참한 것은 의외다. 하륜은 역성혁명에 가타부타 입장을 드러내지 않고 지방관으로서 묵묵히 소임을 이어 갔다. 그는 이때 부역제도를 개편해 전국적으로 시행하는 데 기여한다. 하륜은 왕권이 제대로 서려면 정치개혁이 필요하다고 본 듯하다. 이러한 그의 생각을 엿볼 수 있는 학설이 《동문선東文選》에 실려 있다.

> 구슬은 맑은 물속에 있으면 밝고, 탁한 물속에 있으면 흐리다. 탁한 물을 걸러서 맑게 하면 원래 맑은 물속에 있는 것과 다름이 없다.
> — 서거정 외, 《동문선東文選》〈성자설性字說〉

여기서 구슬은 왕권, 물은 정치에 빗댈 수 있다. 구슬이 빛을 발하려면 물이 맑아야 한다. 탁한 물을 거르는 작업이 바로 정치개혁이다. 고려 말기의 난세를 지켜보던 하륜의 심경은 복잡했을 것이다. 개혁이 절실한데 왕권은 땅에 떨어졌고 역성혁명 세력이 득세했다. 현실적인 정치가였던 하륜은 조선의 개국을 받아들일 수밖에 없었다. 단, 개혁은 추진하되 왕권을 바탕으로!

　나라는 고려에서 조선으로 바뀌었지만 하륜의 소신은 꺾이지 않았다. 그러니 재상정치를 주장하는 정도전이 그의 눈에는 못마땅해 보였을 것이다. 세상에, 왕이 백성의 도구일 뿐이고 나라를 재상이 다스린다니. 신하의 권력이 왕의 권력을 능가하는 나라가 가당키나 한 말인가? 이것은 소신과 소신의 격렬한 충돌이었고, 같은 조정에 몸담을 수 없는 패역悖逆이었다.

　이때 하륜의 시야에 들어온 인물이 바로 왕자 이방원이었다. 권력의 향배에 밝은 하륜은 정도전에게 압박받고 있던 이방원에게 다가갔다. 그는 왕권을 바탕으로 한 조선의 새로운 비전을 제시하며 방원을 설득했다. 결국 이방원은 살 길을 찾아서 왕자의 난을 일으켰고, 마침내 군왕 중심의 중앙집권제를 실현했다. 이 과정에서 하륜은 이조·병조 등 여섯 관부가 왕에게 직접 보고하는 육조직계제六曹職階制 도입, 사병제도 혁파, 호패법 시행 등을 입안하며 자신의 오랜 소신을 펼쳤다.

　그 후 조선은 (잠시지만) 왕권 우위의 나라가 되었다. 사대부의 목소리가 움츠러들며 언로도 위축되었다. 그런 의미에서 하륜이 조선의 통치체제에 끼친 영향은 가볍지 않다. 비록 후대 사림에게 '권모술수의 대가'라는 비판을 받지만, 알고 보면 그는 소신을 굽히지 않고 일관되게 견지한 인물이었다.

"선비는 두 임금을 섬기지 않는다"

야은冶隱 길재吉再(1353~1419)는 목은 이색, 포은 정몽주와 함께 고려의 '삼은三隱'으로 불린 학자이다. 그는 고려 멸망 직전에 고향 선산으로 돌아가 학문과 후진 양성에 힘썼다. 조선 개국에 동참한 하륜과 정반대의 길을 걸은 것이다. 길재의 학통은 초야에서 면면히 이어지다가 후일 조선의 정계를 뒤흔든다. 도덕적 의리를 주창하며 조선의 언로를 본격적으로 연 사림 집단이 바로 길재의 후예들이다.

길재는 어린 시절에 유학 공부를 시작했지만, 문과에 급제하고 관직에 진출한 것은 나이 서른이 넘어서다. 성균관에 부임하자마자 태학 생도와 사대부 자제들이 배움을 청하러 몰려들었는데, 이는 당시 길재의 학문이 경지에 이르렀음을 말해 준다. 한 마을에 살던 이방원도 그의 집을 오가며 학문을 강론하고 연마했다. 그러나 얼마 지나지 않아 두 사람의 행보는 엇갈린다.

길재가 선산으로 귀향한 것은 1390년, 그의 나이 서른일곱 때이다. 위화도 회군으로 우왕이 쫓겨나고 창왕이 즉위하자, 그는 장차 나라가 망할 것을 직감한다. 길재는 늙은 어머니를 모셔야 한다는 핑계로 벼슬을 버리고 초야에 묻히는 길을 택했고, 그 후 여러 차례 관직에 임명됐지만 모두 거부했다. 뿐만 아니라 그는 우왕의 부고에 삼년상을 행하기도 했다.

> 오백년 도읍지를 필마로 도라드니
> 산천은 의구ㅎ되 인걸은 간 듸 업다

어즈버 태평연월이 꿈이런가 ᄒ노라

- 김천택, 《청구영언靑丘永言》

영조 때의 가인歌人 김천택金天澤이 채록한 이 시조는 길재가 남긴〈회고가懷古歌〉이다. "산천은 의구하되 인걸은 간 데 없다"는 구절은 앞서 소개한 이성계의 한시와 유사하다. 아마도 당시에 널리 쓰인 표현이거나 후대로 전해지다가 혼용된 경우일 것이다. 태조가 역성혁명 동지들을 그리워했다면, 길재는 고려의 충신들을 기렸다. 조선이 개국했지만 그는 고려 유신의 정체성을 잃지 않았다.

그럼에도 길재는 새 왕조로부터 배척당하기는커녕 융숭한 대접을 받았다. 정종 2년(1400) 가을, 세자 이방원은 그를 조정으로 불렀다. 그러나 길재는 "두 임금을 섬기지 않는다"는 뜻을 전하며 나아가지 않았다. 홍미로운 점은, 당시 권력의 정점에 서 있던 이방원의 태도다. 그는 오히려 길재의 절의를 갸륵하게 여기며 세금과 부역을 면제해 주었다. 또, 왕이 된 후에는 길재에게 풍족한 전원을 하사하여 옮겨 살게 했다.

태종이 길재를 후대한 대목은 음미해 볼 가치가 있다. 젊은 시절 학업으로 맺어진 인연도 작용했겠지만 그보다는 정도전을 의식했을 가능성이 크다. 정도전은 누가 뭐래도 역성혁명의 상징 인물이다. 그런 인물을 제 손으로 베었으니 뒷말이 무성할 수밖에 없다. 태종은 절의의 표상인 길재를 떠받듦으로써 간접적으로 임금을 갈아 치운 정도전을 깎아내리려 했다. 자신이 죽인 정몽주를 영의정으로 추증한 것도 같은 이유라고 볼 수 있다.

길재는 새 왕조의 은밀한 후원에 힘입어 학문에 매진할 수 있었다. 자연스레 그를 흠모하는 선비들이 구름 떼처럼 모여들었다. 길재는 성리학적 정통성에 입각해 도道를 밝히고 이단異端을 물리치라는 가르침을 후학들에게 남긴다. 그가 이야기한 도는 사실 거창한 게 아니다. 단순하게 보면, 자신처럼 선비로서 두 임금을 섬기지 않는 것이 도이다. 그러니 왕권 안정과 강화를 추진한 태종이 볼 때 얼마나 갸륵한가.

길재의 학통은 김숙자, 김종직, 김굉필, 정여창을 거쳐 조광조에 이르며 이른바 '사림'의 근간이 된다. 그들은 '성공한 쿠데타'인 계유정난癸酉靖難(수양대군이 김종서 등 대신들을 죽이고 단종에게서 실권을 빼앗은 정변)과 중종반정까지 '두 임금을 섬기지 않는다'는 관점을 고수하다 화를 입는다. 이렇게 사림의 언로를 탄압한 것이 바로 16세기 조야朝野를 휩쓴 '사화士禍'이다. 그러고 보면 조선의 사화도 길재와 같은 고려 유신의 절의와 무관치 않은 셈이다.

"산중에 은거함이 그대는 좋은가"

양촌 권근은 고려 유신의 또 다른 유형을 대표한다. 그는 여말선초麗末鮮初의 명망 높은 학자이자 문장가로서 성리학 연구와 대명對明 외교에 지대한 공을 세웠다. 그러나 길재처럼 고려에 절의를 지키지도, 하륜처럼 조선에서 소신을 펼치지도 않았다. 권근은 고려 유신을 향한 조선 왕조의 회유책에 동원되며 양반관료 체제의 산파 역할을 했다.

이색의 문하에서 공부한 권근은 성리학에 조예가 깊어 일찍부터 주목을 받았다. 그는 17세의 나이로 문과에 급제해 고려 조정을 주름잡았다. 왕조 교체기에 양촌이 저술한 《입학도설入學圖說》은 성리학 입문서로서 훗날 이황에게 영향을 끼치기도 했다. 또 조선에 출사한 후 명나라에 사신으로 갔을 때는 황제의 명으로 시를 지어 문명文名을 크게 떨쳤다.

문제는 권근이 새 왕조에 출사하는 과정이었다. 사실 그는 고려 말기에 윤이와 이초의 옥사에 연루되어 역성혁명 세력에게 찍힌 상태였다. 이 옥사는 이성계가 명나라 정벌 계획을 세우고 있다는 무고誣告에서 비롯되었다. 주원장이 노발대발하자 이성계 측은 무고의 장본인인 윤이와 이초는 물론 이색, 이숭인, 우현보 등 온건개혁파를 몽땅 옥에 가둬 버렸다. 권근도 이때 유배를 떠나 충주에 임시로 머물고 있었다. 여러모로 궁색한 처지에 빠진 것이다.

그런데 그런 권근에게 조선 왕조가 먼저 손을 내밀었다. 고려 유신들을 회유하려면 권근과 같은 거물급 지식인이 필요했기 때문이다. 한 마디로 이용 가치가 있었다는 건데, 권근은 그 손을 덥석 잡았다. 태조의 특별한 부름을 받자 그는 계룡산 행재소로 달려가 새 왕조의 창업을 칭송하는 노래와 함께 환조桓祖(태조의 아버지)의 비문을 지어 바쳤다.

앞서 살펴본 〈상대별곡〉도 같은 맥락에서 파악할 수 있다. 권근은 초야에 묻혀 사는 것보다 새 왕조에 이바지하는 것이 보람찬 일이라고 선전했다. 마치 일본 제국주의 치하에서 식민통치에 부역한 지식인들을 보는 것 같다. 물론 일제와 조선을 동일 선상에서 비교할 수는 없지만, 일부 고려 유신들의 눈에는 그의 행위가 변절로 비쳤을 것이다.

후대의 사림이 권근을 높이 평가하지 않은 것도 이 때문이다. 학문적으로 큰 업적을 남기고 중국에까지 문명을 떨쳤지만 선비로서는 귀감이 되지 못했다. 기묘사화로 목숨을 잃거나 고초를 겪은 길재의 후예들이 조선 후기까지 '기묘인己卯人'이라 불리며 숭상을 받았던 것과는 대조적이다. 성리학에서 학문적 업적이나 문명보다 중요한 것이 절의節義이다. 만약 절의를 꺾을 수밖에 없다면 그만 한 명분이 뒷받침되어야 한다.

공자는 교언영색巧言令色(남의 환심을 사기 위해 교묘히 꾸미는 말과 아첨하는 얼굴빛을 하는 것)을 경계하며 후학에게 언행일치를 당부했지만, 삶 속에서 이를 실천에 옮긴 이들은 많지 않았다. 여말선초의 지식인들도 대개 앞에서는 그럴듯한 말을 하면서 뒤로는 제 잇속만 챙기는 두 얼굴을 지녔다. 실제로 권근처럼 새 왕조에 출사한 '관학파官學派'는 머지않아 훈구대신으로 변신하며 탐욕의 수렁에 빠지고 만다.

"충녕은 관음전에 가서 잠이나 자라"
汝可就觀音殿好睡

> 세자가 흥덕사에 가서 신의왕후의 제사를 지내고 사람을 불러 바둑을 두었다. 이에 충녕대군이 간하였다. "존엄한 분께서 간사한 소인배와 어울려 노시다니 아니 될 일입니다. 더군다나 할머님 제삿날 이래서야 되겠습니까?" 그러자 세자가 꺼려했다. "너는 관음전에 가서 잠이나 자라."
>
> – 《태종실록》 1416년 9월 19일

《태종실록》에 기록된 세자 이제李褆와 충녕대군 이도李祹의 일화이다. 타락한 맏이는 할머니 제삿날 '딴따라'를 불러 잡기를 즐긴다. 고지식한

동생은 꼬장꼬장하게 원칙을 따지며 만류한다. 세자는 충녕을 꺼렸다. 심지어 관음전에 가서 잠이나 자라고 비아냥거렸다. 그리고 2년 후 두 사람의 운명은 뒤바뀐다.

당태종 이세민의 치세를 다룬《정관정요貞觀政要》는 '제왕학의 교과서'로 불린다. 하루는 이세민이 대신들에게 제국의 창업創業과 수성守成 중 무엇이 더 어려운지를 물었다. 신하들의 의견은 분분했다. 방현령은 창업의 지난함을 역설했고, 위징은 수성의 고충으로 반박했다. 당태종은 두 사람 다 일리가 있다면서도 이제 창업이 어느 정도 갈무리됐으니 수성에 주력하자고 당부하고, 나아가, 수성의 본질은 문치임을 대내외에 천명했다. '문치文治'란 문물과 제도로 나라를 다스리는 것을 말한다.

태종 이방원도 아마 이 책을 읽었을 것이다. 이세민과 이방원은 공통점이 많았다. 아버지를 도와 나라를 세웠고, 장자는 아니지만 보위를 물려받아 실질적인 창업군주 노릇을 했다. 태종 역시 당태종처럼 수성에 대비했다. 창업은 무武에 기대지만, 수성은 문文으로 일군다. 그렇다면 이방원의 아들들 가운데 누가 문치에 적합했을까? 태종의 선택은 적장자가 아닌 셋째 아들이었다. 그이가 바로 오늘날 대한민국 국민이 가장 존경하고 우러러 보는 역사 인물인 세종대왕 이도李裪(1397~1450)이다.

"양녕이 미친 척하며 왕위를 사양하니…"

태종 이방원에게는 네 명의 적자가 있었다. 양녕대군, 효령대군, 충녕대군, 성녕대군이 그들이다. 태종 4년(1404) 맏아들인 양녕이 세자에 책봉되긴 했지만, 불행히도 그는 부왕에게 문치의 재목으로 인정받지 못했다. 학문보다는 놀기를 좋아하는 세자를 임금은 근심스럽게 여겼다. 반면 셋째 아들 충녕은 어려서부터 책에 파묻혀 살았다. 비가 오나 눈이 오나 개의치 않고 밤을 새워 글을 읽었다. 심지어 병석에 앓아누워서도 독서를 고집하여 보다 못한 임금이 책을 감추라고 지시할 정도였다.

충녕의 학문이 깊이를 더할수록 양녕의 입지는 좁아졌다. 태종은 종친들이 모인 술자리에서 《서경書經》을 풀이하는 충녕에게 감탄하며 세자를 꾸짖었다. "너는 어째서 학문이 이렇지 못하느냐."《태종실록》 16년(1416) 7월 18일) 신하들도 마찬가지였다. 남재는 이방원과의 일화를 거론하면서 "군왕의 아들이라면 누군들 임금이 되지 못하겠습니까?" 하고 충녕을 치켜세웠다.《태종실록》 15년(1415) 12월 30일)

충녕을 향한 부왕과 신하들의 관심이 무엇을 의미하는지 세자가 몰랐을 리 없다. 하루는 매형 이백강의 집에서 연회가 열렸는데, 술에 취한 양녕이 누이 정순공주에게 하소연 아닌 하소연을 했다. "충녕은 보통 사람이 아닙니다."《태종실록》 14년(1414) 10월 26일) 아우에 대한 경계심이 어느 정도였는지 짐작할 수 있는 대목이다. 태종과 원경왕후도 이를 우려해 달래려 했으나 감정의 골은 깊어만 갔다.

세자 양녕의 위기는 어디서 비롯된 것일까? 공식적인 역사 기록을 들여다보면 대체로 그 원인을 양녕의 부적절한 행실에서 찾는다. 특히 여색에 대한 과도한 집착이 두드러진다. 그는 열네 살 때인 1407년 김한로의 딸과 혼인했다. 그런데 몇 년 후부터 이 여자 저 여자 집적대며 방탕

한 생활을 일삼는다. 봉지련, 초궁장, 칠점생, 어리 등 그와 스캔들을 일
으킨 여인들의 이름이 《실록》에 수두룩하다.

여색만 밝혔다면 그나마 나았을 텐데, 더 큰 문제는 그 여인들의 내력
이었다. 초궁장은 큰아버지 정종이 가까이 한 기생이었고, 칠점생은 매
형인 이백강의 첩이었다. 태종이 얼마나 낯부끄럽고 화가 났겠는가. 게
다가 어리는 원로대신 곽선의 첩으로, 양녕은 그녀를 취하기 위해 납치
소동까지 벌였다. 예나 지금이나 이런 말초적인 소식은 저잣거리에서 순
식간에 회자된다. 세자와 어리의 스캔들이 아마 장안을 발칵 뒤집었을
것이다.

그런데 양녕의 엽색 행각을 열거하다 보면 문득 의문이 떠오른다. 아
무리 여색을 밝히기로서니 한 나라의 세자가 어떻게 대놓고 저리 할 수
있을까. 어쩌면 보란 듯이 한 행동이 아닐까? 부왕에게 무언의 메시지를
던지며 시위를 하는 인간 이제의 목소리가 들려오는 듯하다. '이렇게까
지 하는데도 저를 내치지 않으실 겁니까? 아직 미련이 남으셨습니까? 제
가 더 망가지기 전에 결단을 내려 주십시오.' 세자이기 때문에 입에 담을
수 없는 마음의 소리다. 야사에는 그 내막이 이렇게 전해지고 있다.

> 양녕대군 제禔가 세자로 있을 때, 태종의 뜻이 세종에게 있
> 음을 알고 거짓 미치광이가 되어 사양하니, 태종이 드디어
> 그를 폐하고 세종을 세워 왕위를 전하였다.
>
> — 김시양, 《자해필담紫海筆談》

이런 생각은 조선 중기의 문신 김시양뿐 아니라 민간에 광범위하게 퍼져 있었다. 양녕이 색광色狂을 가장하여 폐廢세자를 자초한 이유가 부왕이 왕의 재목으로 충녕을 마음에 뒀기 때문이라는 것이다. 그는 정말 아버지의 뜻을 존중해서 세자 자리를 내려놓았을까? 아무리 충녕이 뛰어나고 아버지가 충녕을 아낀다고 해도 그것만으로 미래의 왕위를 포기한다는 것은 선뜻 수긍하기 어렵다. 여기서 양녕의 외숙 민무구 형제의 비극을 눈여겨볼 필요가 있다.

"영특한 왕자는 난을 일으킬 뿐"

태종 6년(1406) 임금이 갑자기 왕위를 세자에게 물려주겠다고 선언한다. 이른바 '전위傳位 파동'이다. 양녕의 입장에서는 난감한 노릇이었다. 열세 살, 아직 나이 어린 그가 덥석 보위를 받았다가는 불효, 불충으로 몰리기 십상이다. 태종의 선언은 황금 잔에 채운 독주였던 셈이다. 그런데 이 독배를 벌컥 들이킨 사람들이 있었으니, 원경왕후 민씨의 동생인 민무구閔無咎, 민무질閔無疾이었다.

당시 조정 대신들이 한목소리로 전위를 만류하는데, 민씨 형제만이 뜨뜻미지근한 반응을 보였다. 이참에 세자가 왕위에 올랐으면 하는 게 형제의 속마음이었던 것이다.

태종의 적장자인 양녕은 외가에서 어린 시절을 보냈다. 이 때문에 양녕과 외숙들은 친밀한 관계를 맺었고, 태종 4년(1404) 양녕이 세자가 되자 그들은 일약 권신으로 떠올랐다. 민씨 형제는 세자의 후원자를 자처하며 권력을 휘둘렀다. 신료들은 세자를 의식해 두 사람에게 굽실거렸다. 그러니 민씨 형제들로서는 태종의 전위 선언이 얼마나 반가웠겠는가. 양녕이 왕위에 오르면 민씨의 세상이 될 것 같았으리라. 형제는 떡 줄 사람은 생각도 않는데 김칫국부터 마셨다.

실제로 태종의 전위 표명은 민씨 형제를 잡기 위한 함정이었다. 왕권 강화를 위해 공신들의 사병을 빼앗은 태종이다. 이어서 그의 칼은 외척에게로 향했다. 왕은 손수 덫을 놓은 다음 몰이꾼들로 하여금 포위망을 좁히게 했다. 민무구, 민무질이 전위를 적극적으로 만류하지 않자 그 진의를 의심하는 목소리가 점점 커져 갔다. 특히 임금의 숙부이자 의정부 영사인 이화는 상소를 올려 민씨 형제를 탄핵했다. 이 상소에는 깜짝 놀 란 만한 고변이 담겨 있었다.

> "민무구 등이 주상께 아뢰기를, '세자 이외에는 왕자 가운데 영특한 자가 없는 편이 좋다'고 했습니다. 또 전하가 곁에 계신데도 감히 취산군 신극례를 부추겨 친아들(충녕)이 쓴 글씨를 찢었습니다. '영특한 왕자는 난을 일으킬 뿐'이라는 것이었습니다. 이는 (역심을 품고) 종지를 삭제하고자 한 것입니다."
>
> – 《태종실록》 7년(1407) 7월 10일

이게 무슨 말인가? 이화는 "민무구, 민무질이 종지를 삭제하려 했다"고 밝혔다. '종지宗支'는 '임금의 핏줄'을 뜻한다. 즉, 왕자를 죽이려 했다는 말이다. "세자 이외의 영특한 왕자는 변란의 소지가 있으므로 없는 편이 좋다"는 민무구 등의 언사가 그 근거였다. 만약 사실이라면 이는 역심을 품은 것이나 마찬가지다. 왕조 시대에 임금의 핏줄을 위협하는 것은 왕에 대한 도전으로 간주되었다. 사태는 일파만파 걷잡을 수 없이 번져 나갔다.

태종은 민씨 형제의 공신녹권功臣錄券을 빼앗고 각각 여흥과 대구로 유배 보냈다. 조강지처인 원경왕후와 장인 민제를 생각해 목숨만은 보존해준 것이다. 그러자 이번에는 신료들이 가만 있지 않았다. 탄핵을 주도한 이화와 민씨 형제의 정적인 하륜, 이숙번이 대간을 움직였다. 민무구 등은 물론이고 그들과 가깝게 지낸 인사들까지 극형에 처하라는 상소가 빗발쳤다. 그들로서는 어차피 세자의 눈총을 받게 된 이상 아예 죄인들을 죽여 화근을 제거하는 게 나았다.

1408년 장인 민제가 세상을 떠나자, 태종은 독한 마음을 먹었다. 그는 우선 민씨 형제의 죄를 정식으로 인정하는 교서를 반포했다. 죄목은 '협유집권挾幼執權!' 어린 세자를 끼고 권력을 잡으려 했다는 것이었다. 이듬해에는 조정 대신들을 불러 전위 파동이 왕자들을 보호하기 위한 고육지책이었다고 설명했다. 아무리 이방원이라 해도 처남들을 죽이기는 껄끄러웠을 터. 태종은 차근차근 극형의 명분을 두텁게 했다.

제주도로 이배된 민씨 형제에게 자결하라는 어명이 내려간 것은 1410년이었다. 양녕이 외간 여자에게 눈길을 돌리기 시작한 바로 그해였다. 어쩌면 양녕은 자신이 다음 순서가 될 것이라고 판단했는지도 모른다. 차라리 미치광이 짓이라도 해서 살 길을 도모한 것일까? 알 수 없는 일이다. 다만, 당시의 태종이라면 자식이라도 가차 없이 처결했을 가능성이 크다. 그야말로 저승사자가 아닌가.

"충녕은 보통 사람이 아닙니다"

이렇게 양녕이 엽색 행각을 이어 가는 동안, 충녕은 부지런히 학문을 연마했다. 스무 살 무렵에는 학식이 당대 최고의 학자들과 견줄 만한 수준에 이르렀다.

《태종실록》에는 1418년 1월 충녕이 아우인 성녕대군의 병세를 《주역周易》으로 풀이한 일화가 실려 있다. 태종은 넷째 아들 성녕의 병이 위독하자 길흉을 점치게 했다. 문신 청성군 정탁이 임금을 안심시키기 위해 《주역》에서 점괘를 뽑아 아뢰었는데, 충녕이 이를 정확하게 풀이했다. 사서 오경 가운데서도 《주역》에 정통한 이는 찾아보기 어려운데, 충녕은 막힘이 없었다. 임금은 물론이고 신하들까지 모두 충녕의 학식에 감탄했다. 양녕의 말마따나 보통 사람이 아니었던 것이다.

결국 태종은 문치의 시대를 열 수성의 제왕으로 충녕대군 이도를 낙점했다. 그해에 양녕은 폐세자되어 귀양을 떠났고, 충녕은 임금 자리를 물려받았다. 이는 태종이 한 일 가운데 가히 최고의 업적으로 꼽을 만하다. 그것은 시대가 요구한, 시대정신에 부합한 왕위 계승이었다.

08

"장차 책을 읽혀 쓸모 있게 하려는 것"

祗欲其讀書有實效也

(임금이) 집현전 부교리 권채와 저작랑 신석견, 정자 남수문 등을 불러 명하기를, "내가 너희에게 집현관을 제수한 이유는 나이가 젊고 장래가 있으므로 장차 책을 읽혀 쓸모 있게 하려는 것이었다. 그러나 각각 직무로 인하여 아침저녁으로 독서에 전념할 겨를이 없으니, 지금부터는 출근하지 말고 집에서 책을 읽어 내 뜻에 맞는 성과를 내도록 하라. 독서의 규범은 변계량이 지도할 것이다."

– 《세종실록》 8년(1426) 12월 11일

《세종실록》의 이 기록은 세종의 문치를 이해하는 데 유용한 대목이다. 세종은 학문에 뜻이 있는 신하들에게 출근하지 말고 집에서 책을 읽도록 했다. 이를 '사가독서賜暇讀書'라고 불렀는데, 세종 8년(1426)에 처음 시행되었다. 왕은 사가독서를 지시하면서 얻어야 할 성과와 규범도 함께 제시했다. 그 목적은 원문의 '실효實效,' 그러니까 실제 효과가 있도록 함이다. 돌려 말하면 쓸모 있게 만든다는 것이다.

학문적 열정과 식견이 뛰어난 왕이 이렇게 독서를 장려하고 나서면 신하들은 늘 긴장하며 공부할 수밖에 없다. 또한 왕이 쓸모 있는 인재를 양성하고자 했으니 신하들은 부지런히 자신의 쓸모를 계발해야 했다. 군신이 모두 학구열을 불태우며 자신을 연마하니 문치가 절로 무르익었다. 성리학적 도덕정치의 핵심 가치인 수기치인修身治國이 현실 정치에서 구현된 것이다.

수기修己는 '자신을 닦음'이다. 주자는 이를 수양을 통한 인간 개개인의 도덕적 완성으로 보았다. 치인治人은 '사람을 다스림'이다. 이는 단순한 지배가 아니라 올바른 교화를 뜻한다. 성리학적 지배 질서, 즉 도덕의 나라는 인간의 자기완성에서 비롯되는 것이다. 군주의 자기완성 정도만큼 나라가 바른 모습을 갖게 되는 원리다. 16세기 조선의 성리학자들이 주장한 수기치인도 대개 이 틀에서 벗어나지 않는다.

하지만 세종대왕이 추구한 수기치인은 달랐다. 우선 그는 군주뿐 아니라 신하들도 '수기'를 생활화해야 한다면서 끊임없이 닦달했다. 사가독서 제도를 도입한 것은 그래서다. 엄청난 독서가였던 세종이 볼 때 책을 제대로 읽는 것이야말로 자기 자신을 닦는 일이다. 또한 세종의 '치인'은

《서경書經》에서 말하는 이용후생利用厚生에 가깝다. 즉, 백성이 편리하게 쓰고 넉넉하게 사는 것을 다스림의 요체로 파악했다. 그러려면 '수기' 역시 백성에게 쓸모 있도록 해야 한다. 민생에 도움이 안 되는 도덕은 세종에게는 부도덕한 것이었으리라.

세종의 통치철학은 후대 성리학자들보다는 정도전에 가까웠다. 그것은 《논어》 〈헌문憲問〉 편에 나오는 '수기이안인修己以安人'을 떠올리게 한다. 자로가 군자君子에 대해 묻자, 공자는 "나를 닦아 백성을 편안하게 하는 것"이라고 답한다. 송대宋代 이후 성리학에서 말하는 수기치인의 원형이 담긴 대목이다. 세종은 주자의 해석에 개의치 않고 '공자님 말씀'을 독자적으로 실천에 옮겼다. 그리고 그의 수기치인은 역사상 전무후무한 찬란한 업적으로 입증되었다.

"출근하지 말고 집에서 책을 읽어라"

세종의 업적은 독보적이고 경이롭다. 오늘날 한글을 쓰는 사람이라면 누구나 그이에게 빚을 지고 사는 셈이다. 한글 창제뿐만이 아니다. 세종은 백성의 삶을 이롭게 하는 과학기술, 역법曆法, 농사법, 의약을 연구하고 이를 널리 보급했다. 공법貢法을 제정하여 조세의 형평을 기하고 백성의 부담을 덜어 주었다. 또한, 사군육진四郡六鎭을 개척하여 나라의 영토를 두만강과 압록강 유역까지 넓혔다.

그러나 업적을 중심으로 역사 인물을 보다 보면 그 진면목을 놓치기 십상이다. 우리가 주목해야 할 것은 불멸의 업적을 가능케 한 세종의 문치文治다. 그는 문치의 이상적인 모델을 정립함으로써 조선 왕조 500년의 기틀을 마련한 임금이다. 문물과 제도로 다스리며 새로운 나라의 통치 기반을 다졌다.

세종대왕이 이룩한 문치는 유교에 뿌리를 두고 있다. 성리학적 지배 질서를 놔두고 굳이 '유교정치'라는 용어를 쓴 데는 이유가 있다.

성리학은 주자가 유가 내성파內省派(공자 – 증자 – 자사 – 맹자)의 경전에 주석을 달고, 북송오자北宋五子(주돈이 · 정호 · 정이 · 소옹 · 장재)의 이학理學을 집대성하여 탄생시킨 '신유학新儒學'이다. 하지만 당시 조선 유학은 성리학을 도입만 했을 뿐 심화시키지는 못한 단계였다. 세종은 공맹과 주자의 가르침이 실현되는 통치를 추구했다. 그는 성리학적 지배 질서를 염두에 뒀겠지만, 실상은 포괄적 의미의 유교정치라고 볼 수 있다.

유교정치를 실현하려면 앞서 말했듯 수기修己, 곧 나라를 다스리는 임금부터 학문을 닦아야 한다. 하지만 임금 한 사람 '수기'한다고 유교정치가 이루어지는 것은 아니다. 손뼉도 마주쳐야 소리가 나듯 신하들의 호응이 필수다. 조선의 양반 관료들은 과거를 통해 유교적 소양을 시험받고 조정에 출사했다. 일단 기본은 갖춰진 셈인데, 세종은 그 정도로 만족하지 않았다.

세종은 신하들에게 더 높은 수준의 '수기'를 다그쳤다. 세종 2년(1420) 유명무실하던 집현전을 활성화시킨 이유가 여기에 있다. 이곳에 젊고 장래가 촉망되는 신하들을 모아 동서고금의 문물과 제도를 연구하게 하고, 그것을 유교정치의 데이터베이스로 삼았다. 집현전 관원들은 사가독서 등의 특전을 누리며 학문에 매진하였고, 그 성과는 조선 왕조의 기틀을 마련하는 데 귀중하게 쓰였다.

세종은 이를 바탕으로 유교 의례를 제정하는 데 심혈을 기울였다. '의례'는 의식에 쓰이는 예법을 말한다. 의식은 집단을 통합하고 구성원들의 소속감을 높인다. 예법은 위아래 서열을 구별하는 격식이다. 따라서 의례는 서열에 기초한 통합으로 사회질서를 구축하는 기능을 수행한다. 그것은 조선 사회의 유교적 토대를 쌓아 나가는 일이었다.

> 임금께서 이에 정척과 변효문에게 명하여 가례嘉禮 · 빈례賓禮 · 군례軍禮 · 흉례凶禮 등의 예禮를 선정하게 하였다. 조선에서 이미 시행하던 전례와 고사를 취하였고, 아울러 당唐 · 송宋의 옛 제도와 명나라의 제도를 뽑았는데, 그것의 버리고 취함과 줄이고 보탬은 모두 임금이 결단하였다.
>
> – 《세종실록》 〈세종오례世宗五禮〉 서문

당시 제정된 의례는 궁궐의 오례五禮와 민가의 사례四禮로 나뉘었다. 오례는 길례吉禮(종묘사직 등의 제사에 쓰이는 예법), 가례嘉禮(국혼 등을 치르는 예법), 빈례賓禮(외국 사신 등을 접대하는 예법), 군례軍禮(군사 의식 등에 쓰이는 예법), 흉례凶禮(국장 등을 치르는 예법)로 이뤄졌다. 사례는 관례冠禮(성인식 예법), 혼례婚禮(혼인의 예법), 상례喪禮(상중의 예법), 제례祭禮(제사 관련 예법)를 일컬었다.

세종은 유교 의례의 제정과 함께 아악雅樂(궁중음악)의 복원에도 힘을 쏟았다. 유교에서 '예禮'와 '악樂'은 불가분의 관계를 맺고 있다. '예'가 세상의 질서를 잡는 엄격함이라면, '악'은 그것을 부드럽게 풀어 세상을 조화시킨다. 정반대의 속성을 갖고 있는 예와 악이 서로 보완하면서 함께 가는 것이다. 특히 궁중에서 행하는 오례는 음악을 빼놓고는 진행이 불가능했다. 세종은 박연朴堧에게 이 일을 맡겼다. 박연은 젊은 시절에 피리, 비파, 거문고 등을 섭렵하느라 나이 마흔이 다 돼서야 문과에 급제한 인물이다. 그는 《주례周禮》에 근거하여 음률을 정비하는 한편 아악기와 아악보를 바로잡았다.

그런데 왕은 주나라 아악의 복원에 만족하지 않고 손수 민족 정서에 맞는 신악新樂을 창작하였다. 〈보태평〉,〈정대업〉,〈봉래의〉 등이 세종의 작품이다. 〈보태평〉과 〈정대업〉은 당악唐樂과 향악鄕樂을 바탕으로 한 종묘제례악이다.(현재 대한민국 무형문화재 1호) 〈봉래의〉는 《용비어천가》에 곡을 붙인 것으로 궁중무용의 반주에 쓰였다. 오늘날 국립국악원에서 연주하는 〈여민락〉은 〈봉래의〉 다섯 곡 중 하나다. 또, 세종은 음의 장단과 고저를 정확히 알 수 있는 동양 최초의 악보인 '정간보井間譜'를 창안하기도 했다. 이는 서양의 오선보에 필적하는 기보법으로 지금도 쓰이고 있다.

"여염의 세민까지 가부를 물어 아뢰게 하라"

다음으로 세종이 일궈 낸 문치는 언로를 확대하는 '소통정치'를 중시했다. 정치가 원활하게 굴러가려면 서로 막힘없이 통해야 한다. 세종은 집현전의 젊은 학자들과 의정부의 노련한 재상들을 양 날개 삼아 소통정치를 펼쳤다. 그는 토론에 능했고 경연經筵(임금과 신하가 학문을 강론하고 국정을 협의하는 일)을 즐겼다. 경전에 담긴 다스림의 지혜도 현실과 동떨어지면 한낱 탁상공론일 따름이다. 세종은 끊임없는 소통을 통해 경세經世의 이상을 실생활에 접목하고 공감대를 형성해 나갔다.

이를 위해 나라의 공식적인 언로인 대간뿐 아니라 다방면으로 언로를 넓혔다. 심지어 사대부를 넘어 일반 백성의 언로까지 직접 열어 줬다. 세법의 일종인 공법貢法을 제정하며 오늘날로 치면 전국적인 여론조사를 실시한 것이다.

조선 초기의 전세田稅(농지에 부과하는 세금)는 수확량의 10분의 1로 논밭의 등급(상·중·하)과 작황(풍작·평작·흉작)을 참작하여 거둬들였다. 문제는 수확량을 정확히 확인하는 것이었는데, 관리들이 나가서 조사하도록 했지만 비리가 많았다. 조사관들이 뇌물을 받고 멀쩡한 농지를 전세 부과 대상에서 누락시켜 은결隱結(불법 누락 토지)로 만들었다. 도처에 탈세 행각이 만연해 있었다.

탈세는 아무 힘 없는 백성보다 기득권을 가진 사대부들이 저지르기 쉬우며 그들과 결탁한 관리들도 바늘도둑이 소도둑 되는 식으로 점차 부패의 늪에 빠져들 가능성이 크다. 이런 실정을 알면서도 방관하면 민심이 흉흉해지고 국가재정은 파탄 지경에 이를 것이다. 이에 세종은 고대 중국의 우禹임금이 시행했다는 공법을 들고 나왔다. 관리들에게 전세를 매기게 하지 않고 기준에 따라 정해진 만큼만 내도록 한 것이다.

임금께서 좌우에 이르기를, "우리나라의 인구가 점점 번식하고, 토지는 날로 줄어들어 넉넉하지 못하니 슬픈 일이다. 만일 공법을 세우게 된다면, 반드시 백성에게는 후하게 되고, 나랏일도 간편해질 것이다. 우선 이 법을 행하여 1~2년간 시험해 보는 것이 옳을 것이다. 호조는 토지 1결結에 쌀 몇 두斗를 받을지 계산하여 보고하도록 하라."

– 《세종실록》 11년(1429) 11월 16일

세종은 과거시험의 책문策問(정책에 관한 질문)으로 공법을 제시할 만큼 이 문제에 열의를 보였다. 조선 왕조의 통치 기반을 안정시키려면 조세를 공정하고 적확하게 거둬들여야 한다고 판단한 것이다. 하지만 마구잡이로 칼을 휘둘렀다가는 사대부들의 반발을 초래할 수 있었다. 왕은 시간이 걸리더라도 충분히 여론을 수렴하여 공법을 제정하기로 했다.

(호조의 보고를 받고) 임금께서 명하기를, "서울의 육조와 관사, 각도의 감사와 수령, 전직 품관은 물론이고 여염閭閻의 세민細民에 이르기까지 모두 가부可否를 물어서 아뢰게 하라."

– 《세종실록》 12년(1430) 3월 5일

세종은 먼저 중앙과 지방의 전·현직 관리들에게 자문을 구하고, 뒤이어 여염(백성의 살림집이 많이 모여 있는 곳)의 세민, 즉 가난하고 비천한 농민들의 목소리에도 귀를 기울였다. 공법이 최종 확정된 것은 세종 26년

(1444)이다. 왕은 14년 동안 전국적으로 17만여 명의 의견을 묻고 이해관계를 조정하여 마침내 합의를 이끌어 냈다. 전분육등법田分六等法(논밭을 여섯 등급으로 구분)과 연분구등법年分九等法(작황을 아홉 단계로 구분)으로 기준을 세분화하여 정액으로 납세하도록 하되, 등급이 낮거나 작황이 나쁘면 세액을 대폭 감면해 주는 공법은 이렇게 만들어졌다.

"백성에게는 후하고, 나랏일은 간편하게"

마지막으로 세종이 추진한 문치는 능력 위주의 '용인술用人術' 덕분에 나아갔다.

여론 수렴은 동의를 얻는 과정이기도 하다. 공법 제정에 대한 여론 수렴 기간이 길었다는 것은 그만큼 동의를 얻기가 어려웠다는 뜻이리라. 공법 확정안을 보면 거친 농지를 일구는 백성에게는 세금 감면 등의 혜택이 돌아가지만, 기름진 논밭을 보유한 사대부들은 전세를 더 낼 소지가 있다. 또한 기준을 세분화한다는 것은 토지 실사가 함께 이뤄져야 가능한 일로서, 이렇게 되면 전세 부과 대상에서 고의로 누락시킨 은결도 사라질 터였다. 백성의 부담을 덜고 나라의 세수를 늘리는 개혁안이지만, 사대부들은 불만을 가졌을 것이다.

그럼에도 불구하고 공법이 제정된 것은 세종의 용인술 덕분이다. 그는 집현전의 젊은 학자들에게 공법의 근거를 찾도록 독려하는 한편, 의정부의 노련한 재상들로 하여금 사대부들을 다독이게 했다. 세종의 치세에는 황희, 맹사성, 유관 등 명재상들이 쏟아져 나왔다. 이들은 임금의 전폭적인 신뢰 속에 메신저 혹은 중재자로서 사대부들에게 다가갔다. 소통을 중시하는 세종의 통치 스타일을 감안할 때 없어서는 안 될 중요한 역할을 수행한 것이다.

특히 황희는 세종 13년(1431) 69세의 나이로 영의정의 자리에 올라 무려 18년간 소임을 다했다. 영의정은 '일인지하一人之下 만인지상萬人之上'의 어려운 자리다. 더군다나 그 나이에 그토록 오래 자리를 유지한 사례는 극히 드물다. 황희가 정승의 대명사로 불리는 것은 그래서다. 그러나 황희는 맹사성이나 유관처럼 청백리는 아니었다.

> 성품이 관대하다 보니 제가齊家에 단점이 있었으며, 청렴하지 못하다는 비난을 받았다.
>
> – 《문종실록》 2년(1452) 2월 8일 '영의정부사 황희의 졸기'

《문종실록》에 기록된 황희의 졸기를 보면 역리에게 뇌물을 받고, 죄를 범한 처남을 비호하고, 아들을 위해 청탁을 넣은 사실들이 열거되어 있다. 이 때문에 황희는 대간의 탄핵 상소에 시달려야 했다. 그럼에도 불구하고 세종은 그의 중재 능력을 높이 평가하고 끝까지 중용했다. 군신 간의 신뢰가 얼마나 두터웠는지 알 수 있는 대목이다.

세종은 사람을 씀에 있어 흠이 있더라도 능력이 있으면 감싸 주었다. 심지어 자신의 장인 심온沈溫에게 누명을 씌운 유정현도 용서하고 끌어안았다. 심온은 세종이 즉위하자마자 역모 혐의를 뒤집어쓰고 목숨을 잃었다. 심온의 아내와 딸 역시 세종의 비인 소헌왕후의 혈육임에도 관노로 전락했다. 이는 외척의 발호를 막고자 한 상왕 태종의 억지에서 비롯된 참극이었다. 이때 심온을 국문한 이가 바로 유정현이다. 하지만 세종은 처가를 쑥대밭으로 만든 그의 허물을 덮어 주고 중신으로 예우했다.

어찌 보면 세종의 문치는 인내심과 포용력으로 일군 것이었다. 공법을 제정하며 14년 동안 17만여 명의 의견을 경청하고 공감대를 형성한 것은 여간한 인내심이 아니고선 엄두도 못 낼 일이었다. 뿐만 아니라 세종은 사대부들이 자신의 뜻에 반발하거나 양반 관료들이 허물을 드러내도 쉽게 피를 보거나 내치는 일이 없었다. 바다 같은 포용력으로 끝내 충성을 이끌어 냈고, 이를 바탕으로 세종의 치세는 정점으로 치달아 갔다.

"내 이를 어여삐 여겨
새로 스물여덟 자를 만드노니"

予爲此憫然 新制二十八字

　"세계에서 가장 단순하고 가장 훌륭한 글자다." 노벨 문학상 수상 작가
펄 벅의 말이다. 미국 언어학자 게리 레이야드는 "비교할 수 없는 문자의
사치이자 세계에서 가장 진보한 언어"라고 했으며, 영국 역사학자 존 맨
은 "모든 언어가 꿈꾸는 최고의 알파벳"이라고 했다. 모두 한글에 대한
상찬이다.

　한글은 이미 전 세계적으로 그 우수성을 인정받고 있다. 유네스코가
과학성, 합리성, 독창성을 기준으로 매긴 세계 문자 순위에서 1위는 단연
한글이었다. 한글은 또한 세계에서 유일하게 창제자와 반포일이 명시된
문자이다. 동서고금을 통틀어 유례를 찾을 수 없는, 세종의 위대하고 경

이로운 업적이 바로 한글이다.

나라의 말이 중국과 달라 문자와 서로 맞지 아니할세. 이런 전차(이유)로 어린(어리석은) 백성이 이르고자(말하고자) 하는 바 있어도 마침내 제 뜻을 실히 펴지 못할 놈이 하니라(많으니라). 내 이를 어여삐(가엾게) 여겨 새로 스물여덟 자를 만드노니 모든 사람으로 하여금 쉬이 익혀 날로 씀에 편안케 하고자 할 따름이니라. 國之語音 異乎中國與文字 不相流通 故愚民有所欲言 而終不得伸其情者多矣 予爲此憫然 新制二十八字 欲使人易習使於日用矣
　　　　　　　　　　　　　- 《훈민정음訓民正音》〈어제서문御製序文〉

《훈민정음訓民正音》은 세종대왕이 창제한 한글을 민간에 널리 보급하고자 창제의 목적, 사용법, 제자製字 원리, 의의 등을 담은 해설서다. 특히 권두에 나오는 세종의 〈어제서문御製序文〉은 읽을 때마다 찡하다. 백성을 향한 세종의 애정과 연민, 그리고 고뇌가 절절하게 전해진다.

그것은 임금이니까 무조건 백성을 보살펴야 한다는 당위론이 아니다. 원하는 것이 있어도 표현하지 못하는 백성을, 세종은 한없이 가엾게 여긴다. 불쌍하고 안타깝고 사랑스럽다. 그래서 백성에게 말길, 즉 언로를 열어 준 것이다. 한글 창제라는, 역사상 그 누구도 감히 시도하지 못한 파격적인 방법으로.

군주의 으뜸 덕목인 '어질 인仁' 자가 서책을 뚫고 나와 한글로 형상화된 것이다. 인仁은 곧 사랑이다. 그 사랑이 오늘날까지 대대손손 구석구석 미치고 있으니 이 얼마나 고마운 일인가. 세종대왕은 실로 이 나라를 위해 하늘이 내려 준 애민군주였다.

"백성을 교화하는 바른 소리"

세종은 어려서부터 학문에 매진하며 어진 성정을 갈고 닦았다. 무엇보다 생활고에 지친 백성을 가엾게 여겼다. 왕자 시절 굶주린 백성의 사적인 청을 받고 부왕에게 진휼賑恤(곤궁에 처한 사람을 돕는 것)을 요구한 적도 있다.(1415) 진휼은 담당 관청인 호조의 몫이지 왕자가 나설 일이 아니었다. 태종은 특별히 진휼을 허락하면서도 다음에 이런 일이 또 생기면 책임자를 문책하겠다고 경고했다.

이 일화에서 중요한 것은, 곤궁한 백성이 아무 힘도 없는 왕자를 찾았다는 사실이다. 이는 충녕대군이 어질다는 소문이 궁궐 담장을 넘어 저잣거리에 자자했다는 뜻이다. 그는 굶주림에 시달리는 사람들을 외면하지 않았다. 민생에 관한 한 권한과 절차에 얽매이지 않고 해법을 강구했다. 세종은 '식위민천食爲民天'을 신봉했다. 백성은 먹는 것을 하늘로 삼는다. 그가 이룩한 찬란한 문물도 따지고 보면 이를 위한 것이다.

세종은 왕이 된 후에도 백성이 편리하게 쓰고 넉넉하게 사는 이용후생利用厚生에 매진했다. 그의 공부가 정통 성리학의 좁은 틀에 갇히지 않고 만물의 이치에 두루 통달한 덕분이었다. 따라서 세종 치세에 과학기술, 역법, 농사법, 의약 등이 발달한 것은 자연스러운 일이다. 세종은 방대한 연구와 편찬을 통해 성과들을 축적하고 확산시켜 나갔다.

과학기술의 발전에 지대한 공헌을 한 인물은 동래현 관노 출신 장영실 蔣英實이었다. 장영실의 부계 혈통은 원나라에서 고려로 귀화한 기술관 집안이다. 아마 이슬람의 과학기술을 중국에 전한 색목인과도 연관이 있을 것이다. 하지만 그는 어머니가 관기였기 때문에 종모법從母法(부모의 신분이 다른 경우 어머니의 것을 따르는 법)에 따라 관노가 되었다.

태종에게 발탁되어 궁궐에 들어온 장영실을 세종은 중용했다. 간의대(천문 관측 시설), 혼천의(천문 관측 기구), 앙부일구(해시계), 자격루(자동 물시계), 옥루(천문 물시계) 등이 그의 손을 거쳐 탄생했다. 임금은 지원을 아끼지 않았다. 장영실을 중국에 유학 보내는가 하면, 대호군(종3품), 상의원별좌(정5품) 등의 문무 관직을 내려 주었다. 신료들이 들고 일어났지만, 세종은 능력 위주 기용이라는 원칙을 굽히지 않았다.

천문 연구와 관측은 조선의 독자적인 역법을 마련하는 발판이 되었다. 농업국가에서 천문역법은 백성의 삶과 직결되는 중대한 사업이었다. 태양의 위치로 절기를 정확하게 파악하면 때마다 해야 할 농사일을 백성에게 알려 줄 수 있었다. 세종은 정인지, 정초, 이순지 등으로 하여금 중국과 이슬람의 천문학을 연구하여《칠정산내외편》,《제가역상집》을 편찬하도록 했다. 이 문헌 연구 성과에 간의대, 혼천의 등을 활용한 실제 천문 관측 결과가 더해지면서 조선의 역법은 과학적으로 정비되었다.

세종은 한 걸음 더 나아가 조선의 실정에 맞는 농사법을 수록한《농사직설》을 내놓았다.《향약집성방》으로 조선의 산천에서 나는 약재를 집대성하고,《의방유취》를 편찬하여 조선 사람에게 맞는 의술을 보급한 것도 임금이 용의주도하게 이끌어 낸 성취였다. 모두가 백성의 삶에 이로운 문물들이었다. '이용후생'이야말로 세종이 추구한 문치의 가장 큰 특징이었다. 물론 이것이 다가 아니었다. 누구도 상상하지 못한 신의 한 수는 따로 있었다. 세종 25년(1443), 왕은 홀연히 이상한 글자를 들고 나타났다.

> 이달에 임금이 친히 언문諺文 28자를 지었는데, 그 글자가 옛 전자篆字를 모방하고, 초성 · 중성 · 종성으로 나누어 합한 후에야 글자를 이루었다. 무릇 문자文字(한자)에 관한 것과 이어俚語(속된 말)에 관한 것을 모두 쓸 수 있고, 글자는 비록 간단하지만 전환하는 것이 무궁하다. 이것을 훈민정음訓民正音(백성을 교화하는 바른 소리)이라고 일렀다.
>
> – 《세종실록》 25년(1443) 12월 30일

"백성이 율문을 알면 죄를 두려워하지 않을 것"

한글의 출현에 신하들은 깜짝 놀랐다. 세상 천지에 어떤 임금이 친히 글자를 만든다는 말인가. 그들이 볼 때 한글은 어느 날 갑자기 하늘에서 뚝 떨어진 글자였다. 그러나 세종은 한글 창제를 위해 오랜 시간 공들여 연구했다. 그 출발점은 세종 18년(1436)이었을 것으로 짐작된다. 이해에 왕은 육조직계제를 폐하고 의정부서사제를 시행한다. 의정부의 권한을 확대하여 왕의 업무 부담을 줄인 것이다.

'육조직계제'는 국가의 주요 행정을 담당하는 이조 · 병조 · 예조 · 호조 · 형조 · 공조가 업무를 임금에게 직접 보고하고 처리하는 제도다. 부왕 태종이 정도전이 설계한 재상 중심의 중앙집권제를 부정하고 왕권을 강화하기 위해 채택한 것이다. 반면, '의정부서사제'는 재상들이 육조의 업무를 심의해 임금에게 보고하고, 왕명을 다시 육조에 하달하는 방식이다. 재상의 권한이 커지면서 임금이 휘둘릴 위험이 있었지만, 논변에 능한 세종은 개의치 않았다.

육조직계제는 왕권을 강화시키긴 하지만 임금의 업무 부담이 너무 컸다. 어린 시절부터 잔병치레가 잦았던 그로서는 건강도 염려되었을 것이다. 세종은 재상에게 권한을 위임하고 한글 창제에 몰두하고자 했다.

이듬해 세자에게 대리청정을 맡기고 서무 결재를 넘긴 것도 같은 이유로 볼 수 있다. 이때 세종의 나이 불과 마흔이었다. 지금보다 수명이 짧은 시대였다고 해도 마흔이면 임금으로서 한창 일할 나이였다. 하지만 세종은 재상들에게 세자의 보필을 당부하며 일선에서 물러나 서재에 틀어박혔다. 문치의 기반을 일궈 놓았으니 세자가 대리청정을 해도 무리 없으리라 판단한 것이다. 이는 그만큼 한글 창제를 절실한 과제로 여겼다는 뜻이다.

세종은 왜 이렇게 한글 창제에 몰두했을까? 세종 14년(1432)의 기록에 그 심중을 짐작할 수 있는 일화가 나온다. 당시 임금은 법치의 일환으로 관리의 사사로운 형벌 집행을 금하고 율문律文(법조문)에 따르도록 하는 방안을 추진했다. 이 정책이 제대로 효력을 발휘하려면 한자를 모르는 백성도 율문을 알아야 한다. 이에 세종은 율문을 이두吏讀(한자음을 빌려 말소리를 표기하던 방법)로 번역해 널리 반포하려 했다. 하지만 신하들의 생각은 달랐다. 허조가 왕에게 아뢰었다.

> "신은 폐단이 일어나지 않을까 두렵습니다. 간악한 백성이
> 율문을 알게 되면, 죄를 두려워하지 않고 거리낌 없이 법을
> 농간하는 무리가 나타날 것입니다." – 《세종실록》 14년(1432) 11월 7일

허조가 물러가자, 임금은 가만히 그의 진의를 짚어 봤다. 결국 "백성이 율문을 알면 쟁송爭訟(법적인 다툼)이 그치지 않고 윗사람을 능멸하게 된다"는 말이 아닌가. 조선의 지배층인 사대부들이 이 문제를 기득권에 대한 도전으로 받아들였음을 알 수 있는 대목이다. 문자文字, 즉 한자는 지식인 집단의 권위를 떠받치는 힘이었다. 율문도 한자로 돼 있어야 자기들 마음 대로 국법을 재단하고, 무지한 백성을 손쉽게 지배할 수 있다.

사료에는 그 후 이두로 율문을 반포했다는 기록이 보이지 않는다. 세종이 신하들의 반대 때문에 이 일을 포기한 것 같지는 않다. 그날 임금은 분명히 집현전에 명하여 옛날 백성으로 하여금 법률을 익히게 하던 일을 조사하라고 지시했다. 그럼 이두 율문은 어째서 반포되지 않았을까? 아마도 이두의 태생적 한계 때문이었을 것이다. 이두 역시 한자음을 빌린 것이어서 한자를 아예 모르는 백성에게 통용되기는 어려웠다.

세종이 손수 새로운 글자를 만들기로 마음먹은 것은 이 무렵으로 보인다. 그는 백성이 쉽고 편하게 쓸 수 있는 글자를 만드는 일이야말로 인군

仁君의 길이요, 덕치德治의 실현이라고 확신했을 것이다. 그러나 이 일은 신하들에게 맡겨서는 성과를 기대하기 힘들었다. 사대부들의 기득권이 걸린 일이었기 때문이다. 그들에게 지시를 내렸다가는 오히려 발목을 잡힐 게 뻔했다.

세종은 속마음을 감추고 때를 엿보았다. 그동안 추진해 온 주요 시책을 마무리한 다음 와병을 핑계로 두문불출하며 본격적으로 한글 창제에 들어갔다. 임금은 운학韻學(한자의 음을 연구하는 학문)을 깊이 공부하는 한편, 중국과 인도, 티베트, 몽골, 일본 등지에서 옛 글자에 관한 서적을 입수했다. 이 모든 작업은 신하들에게 함구한 채 비밀리에 진행되었다. 만약 그렇게 하지 않았다면 한글은 빛을 보기 어려웠을 것이다.

"비록 글자는 간단하나 전환이 무궁하니"

세종 25년(1443), 임금이 기습적으로 한글을 공개하자 조정은 벌집을 쑤신 듯이 들끓었다. 사대부들은 양반 관료들을 앞세워 반대 논리를 제시했다. 이듬해 2월, 집현전 부제학 최만리 등이 올린 상소는 이러한 논거들을 집약한 것이었다.

"옛것을 싫어하고 새것을 좋아하는 것은 고금의 우환이온데, 이번의 언문은 새롭고 기이한 기예技藝에 지나지 않는것으로 학문에 방해만 되고 정치에도 유익함이 없습니다.

…… 언문으로써 옥사獄事(감옥의 일)를 공평하게 한다는 것
도 신 등은 옳은 줄을 알 수 없사옵니다. 형옥刑獄(형벌과 감
옥)의 공평함은 옥리獄吏(감옥을 관장하는 관리)에게 달려 있
지, 말과 글자의 일치에 있지 않습니다."

– 《세종실록》 26년(1444) 2월 20일

그들은 한글을 '새롭고 기이한 기예'에 지나지 않는다고 폄하하며, 옛
문자를 따르지 않는 것은 대국을 섬기는 도리가 아니라고 목소리를 높였
다. 또 독자적인 글자를 가진 몽골, 서하, 여진, 일본 등은 모두 오랑캐들
이니 이는 조선이 중국을 버리고 오랑캐와 같아지는 것이라고 개탄했다.
더 나아가, 오랜 세월 써 온 데다 한자 공부에도 도움이 되는 이두를 놔두
고 어째서 야비하고 무익한 글자를 새로 만들었냐며 세종을 몰아붙였다.

임금에게 고하는 것치고는 매우 거칠고 버르장머리 없는 언사였다. 한
글이 공개된 이후 사대부들의 여론이 얼마나 험악했는지를 알 수 있다.
신하들은 왕이 내세운 방어 논리도 거침없이 공박했다. 예컨대 이런 식
이었다.

"언문으로 삼강행실三綱行實을 번역함은 어떠한가. 어리석은 백성이 깨
달아 충신·효자·열녀가 무리로 나올 것이다." 세종이 말했다.

"행하고 행하지 않는 것은 그 사람의 자질 여하에 있습니다. 어찌 꼭
언문으로 번역한 후에 본받을 것입니까." 정창손의 반론이다.

신하들은 한글 창제는 이미 엎질러진 물이지만 반포만은 무슨 일이 있
어도 막으려 했다. 이는 풍속을 바꾸는 큰일이므로 마땅히 신하들과 충

분히 의논해야 한다고 주장했다. 심지어 중국에 상고上告하여 부끄러움이 없도록 해야 한다는 억지도 부렸다. 결국 시간만 질질 끌다가 임금이 바뀌면 흐지부지 무산시키겠다는 속셈이었다.

그러나 세종은 그리 호락호락한 왕이 아니었다. 그는 이례적으로 상소를 올린 최만리 등을 하옥했다. 또한 김문이 찬성에서 반대로 입장을 바꿨다며 국문을 열고, 정창손은 "아무짝에도 쓸모없는 선비"라고 꾸짖고 파직했다. 임금이 직접 글자를 만들어 놓은 이상, 주도권은 세종에게 있었다.

시간이 흐르면서 세종에게 동조하는 신하들도 늘어났다. 집현전만 해도 수장 최만리는 어깃장을 놨지만 정인지, 신숙주, 성삼문, 최항, 박팽년, 강희안, 이개, 이선로 등은 임금의 편에 섰다. 이들은 세종 28년(1446) 한문으로 풀이한 한글 사용 설명서를 내놨다. 그것이 바로《훈민정음 해례본》이다. 훈민정음訓民正音은 말 그대로 '백성을 교화하는 바른 소리'라는 뜻으로 화민성속化民成俗, 즉 '백성을 교화하여 풍속이 아름다운 국가를 이룬다'는 유교적 이상을 담고 있다.

1446년 세종은 마침내 '훈민정음'이라는 이름으로 한글을 반포했다. 세종은 궐내에 정음청正音廳을 설립하고 새 글자를 적극적으로 보급하기 시작했다. 《용비어천가》, 《사서언해》, 《불서언해》 등을 한글로 간행하고 임금의 교지, 율문, 각종 공문서에도 이를 사용했으며 과거시험 과목에도 훈민정음을 포함시켰다.

한글이 인위적으로 만들어진 다른 글자와 달리 소멸되지 않고 생명력을 키워 간 것은 그 우수성 덕분이다. 세종은 음양오행의 원리와 인간의 발음기관을 참고하고, 옛 문자인 전자篆字 혹은 가림토(고조선의 글자)를 본떠 스물여덟 자를 만들었다고 한다. 간략하지만 초성, 중성, 종성의 결합으로 무궁무진하게 변화하여 이 세상의 모든 소리를 담아낼 수 있다. 오늘날뿐 아니라 당대에도 알 만한 사람들은 세종의 이 놀라운 업적에 찬탄을 금치 못했다. 운학의 대가인 정인지도 그중 한 사람이었다.

> 지혜로운 사람은 아침나절이 되기 전에 이를 이해하고 어리석은 사람도 열흘 만에 익히게 된다. 바람 소리, 학 울음소리, 닭 울음소리, 개 짖는 소리까지 모두 쓸 수 있다. 실로 우리 전하께서는 하늘이 내린 성인으로 백대의 제왕보다 뛰어나시다.
>
> ─ 《훈민정음訓民正音》 〈정인지서鄭麟趾序〉

세종은 찬란한 문물과 제도를 바탕으로 조선식 문치의 기틀을 마련했다. 그중에서도 한글은 애민정신의 결정판이었다. 창제의 목적과 동기, 과정과 논쟁을 살펴보면, 백성을 사랑하는 어진 성정으로 불가능을 꿈꾸고 무에서 유를 창조했음을 알 수 있다.

백성에게 한글은 말길, 즉 언로였다. 그리고 언로는 사회적인 힘으로 이어진다. 세종은 한글을 창제함으로써 어리숙한 백성이 제 뜻을 펴기를 바랐다. 쉽게 익히고 편히 쓰는 글자로 자신들만의 새로운 언로를 열도록 했다. 하지만 그의 고귀한 애민정신은 둘째 아들의 권력욕과 사림의 등장으로 빛이 바래고 말았다.

2부

반칙과 특권

"혀는 자신을 베는 칼이다"

성리학은 가부장적인 예禮를 서열의 근간으로 삼는다.

집안의 부모자식 관계가 국가 통치는 물론 국제 외교로 확장되는 개념이다.

이는 대단히 완고한 서열 질서의 등장을 의미한다.

유가儒家의 창시자인 공자가 예를 강조한 것은,

그가 살았던 춘추시대春秋時代가 대혼란의 조짐을 보였기 때문이다.

신하가 군주를 쫓아내고 자식이 아버지를 죽이는,

난신적자亂臣賊子들이 연이어 출현했다.

이에 공자는 아득한 상고上古의 예법을 끄집어내,

각자 자신의 분수를 지키라고 요구한 것이다.

그러나 조선에서는 예가 달리 쓰였다.

'조선판' 난신적자들이 등장하며 도덕은 후퇴하였고,

예는 반칙과 특권의 방패막이로 이용되었다.

폭군은 아랫사람이 윗사람을 업신여기는 풍습을 타파한다는 구실로

신하들을 닥치는 대로 살육했다.

정변과 사화의 서슬 퍼런 공포 앞에 언로는 틀어막혔다.

"숙주와 삼문은 이 아이를 잊지 말라"

爾等須念此兒

세조 2년(1456) 6월 2일, 임금이 편전에 나와 앉자 좌부승지 성삼문成三問(1418~1456)도 입시入侍하였다. 세조는 즉시 군사를 시켜 그를 무릎 꿇렸다. 왕은 이미 김질의 밀고를 받은 터라 성삼문 등이 전날 자신을 죽이고 상왕 단종을 복위시키려 했다는 사실을 알고 있었다. 세조가 이를 따져 물으며 김질을 대질시키자, 성삼문은 웃으면서 시인했다.

"상왕의 보령이 한창이신데 왕위를 내놓았으니, 다시 세우고자 하는 것은 신하의 당연히 도리 아니오? 나리는 평소 주공周公을 읊으셨지만, 주공이 이처럼 했다는 말을 들어 보지 못했소."

주공은 주나라를 세운 무왕의 동생이다. 그는 무왕에 이어 조카 성왕이 왕위에 오르자 섭정을 맡아 국가 질서를 잡고 나라를 반석 위에 올렸다. 분봉제分封制와 종법제宗法制로 대변되는 주나라의 통치체제는 진시황이 천하를 통일할 때까지 1천 년 동안 중국을 지배했다. 게다가 주공은 조카의 왕좌를 탐하지 않고 평생 신하로서의 본분을 다했다. 이에 공자는 그를 흠모해 상고시대 최고의 성인聖人으로 추앙한 바 있다.

단종 1년(1453), 세종의 둘째 아들 수양대군이 계유정난癸酉靖難을 일으켜 김종서 등 권신들을 죽이고 실권을 잡자 천하의 이목은 그에게 집중되었다. 허수아비가 된 단종은 삼촌에게 교지를 내려 주공처럼 아름다운 이름을 남겨 달라고 애원했다. 도덕의 나라 조선에서 명분 없는 왕위 찬탈은 후환을 남긴다. 수양대군이 한동안 주공을 입에 담으며 짐짓 겸손을 떤 것은 그래서다. 그러나 종친들을 중심으로 단종의 친위 세력이 결집하자, 1455년 위기의식을 느낀 그는 기어코 조카를 밀어내고 왕위에 올랐다.

성삼문, 박팽년, 이개, 하위지, 유성원, 유응부 등 사육신은 비록 계유정난은 어쩌지 못했지만 왕위 찬탈만은 바로잡으리라 마음먹었다. 그들은 명나라 사신을 접대하는 연회장에서 거사를 일으키기로 했다. 이날 성삼문의 아버지 성승과 무신 유응부가 칼을 차고 세조의 경호를 맡기로 했으니 절호의 기회였다. 하지만 한명회가 경호를 없애면서 계획은 무산되었고, 그 틈에 김질이 장인 정창손을 통해 역모를 밀고하였다.

국문은 참혹했다. 조선 중기의 문신 이정형은 《동각잡기東閣雜記》에 이 살풍경을 생생하게 묘사했다. 쇳조각을 불에 달구어 성삼문의 배꼽 밑에 놓으니 기름이 끓으며 불이 붙었다. 허나 그는 의연했다. 오히려 쇳

조각이 식자, 다시 뜨겁게 달구어 오라고 외쳤다. 살이 타고 팔이 끊어져 나가는 상황에서도 성삼문은 비굴하게 목숨을 구걸하지 않았다. 이윽고 죽음을 직감한 그는 돌연 현장에 나와 국문을 지켜보던 신숙주申叔舟(1417~1475)를 꾸짖었다.

> "옛날 너와 함께 집현전에서 당직할 때, 세종께서 원손元孫을 안고 뜰을 거닐면서 당부하시기를, '과인이 세상을 떠난 후에도 너희들은 모름지기 이 아이를 잊지 말라'고 하셨다. 그 말씀이 아직도 귀에 남아 있거늘 너는 잊었느냐?"
>
> — 이정형, 《동각잡기東閣雜記》〈본조선원보록本朝璿源寶錄〉

세종이 당부했다는 원손이 바로 단종이다. 신숙주가 옛 동료의 질타에 쩔쩔 매자, 세조가 그를 물러가게 했다. 성삼문은 곧 숨을 거두었다. 그는 죽기 전에 국문을 담당한 관리에게 이런 말을 남겼다.

"너희는 임금을 보좌하여 태평성대를 이룩하라. 나는 죽어서 돌아가신 임금을 뵈리라."

"신숙주는 국사國事를 부탁할 만한 자"

종친이 양반 관료들을 대거 살육하고, 삼촌이 조카를 왕위에서 몰아내는 것은 조선의 국기를 뒤흔드는 일이다. 그것은 예禮가 아니다. 예가 무너지면 국가 질서도 붕괴된다. 유교 예법을 정비해 문치의 기반으로 삼은 세종이 지하에서 통곡할 일이다. 그러나 따지고 보면 세종도 이런 불상사가 초래된 원인을 제공했다.

세종은 자식 농사도 잘 지었다. 왕비 소헌왕후 심씨와의 사이에 8남 2녀를 뒀고, 다섯 명의 후궁에게서도 10남 2녀를 봤다. 그 가운데 적장자는 세자 이향李珦(문종)이었다. 세자는 어질고 총명했지만 몸이 허약했다. 세종이 대리청정을 맡기고 서무 결재를 떠넘기자, 세자는 밤낮으로 정무에 매달렸다. 가뜩이나 좋지 않은 건강이 악화될 수밖에 없었다.

세종 말년에 세자는 등창을 앓았다. 세종도 병약한 맏아들이 오래 살지 못할까 걱정했을 것이다. 당시 조선은 문치의 기틀을 마련하긴 했지만 아직 통치 기반이 튼튼하다고 보기는 어려웠다. 임금의 신변에 이상이 생기면 무슨 일이 벌어질지 몰랐다. 그렇다면 새로운 후계자를 찾아보는 방안도 고려해 봄직했다. 세종이 사랑했던 광평대군(다섯째)과 평원대군(일곱째)은 요절했지만, 수양대군(둘째), 안평대군(셋째), 금성대군(여섯째)도 왕의 재목으로 모자람이 없었다.

하지만 세종은 세자를 바꿀 의향이 없었다. 그는 백성을 이롭게 하는 일이라면 절차와 권한을 따지지 않고 해법을 모색했지만, 예법에 관한 한 원칙주의자였다. 그때까지만 해도 조선의 국왕은 계속 맏이가 아닌 왕자가 이어받았다. 부왕 태종이 그랬고, 그 자신도 다르지 않았다. 유교 정치를 추구한 세종은 자신의 아들 대에서는 이러한 관행을 바로잡고자 마음먹었던 것 같다. 종법宗法에 따라 적장자가 왕위에 오르는 전통을 세우려 한 것이다.

세손 이홍위李弘暐(단종)의 존재도 영향을 미친 듯싶다. 세종 30년 (1448), 왕은 의정부의 건의를 받아 여덟 살 손자를 세손에 책봉한다. 병약한 세자가 조금만 더 버텨 주면 세손이 이어 갈 수 있으리라 판단했을 것이다. 이때를 대비해 세종은 (성삼문이 국문장에서 밝힌 것처럼) 자신이 키운 유능한 신하들에게 세손을 보필해 달라고 당부했다. 대표적 인물이 바로 신숙주와 성삼문이었다.

세종 치세의 집현전은 '인재 사관학교'였다. 세종은 장래가 촉망되는 젊은 신하들을 치국治國에 쓸모 있는 인재로 양성했다. 직접 과제를 내주며 책을 읽으라고 독려했다. 잡무 때문에 책 읽을 시간이 모자라면 특별휴가를 줬고(사가독서), 혹시라도 책 읽는 방법을 모를까 봐 지도교사(변계량 등)까지 붙였다. 신숙주와 성삼문은 이런 인재 양성 시스템을 통해 나라의 동량으로 길러졌다.

세종은 두 사람을 진심으로 아꼈다. 세종 32년(1450) 1월, 명나라의 한림시강翰林侍講 예겸이 사신으로 오자 왕은 특별히 신숙주와 성삼문을 그와 교류하게 하였다. 예겸은 학자이자 문장가로 천하에 명성이 높았다. 세종은 조선의 학문도 명나라에 못지않음을 보여 주고자 이들을 내세운 것이다.

> 경오년 봄에 한림시강 예겸 등이 조서를 가지고 우리나라에 당도하자 세종은 공에게 명하여 종유하게 하니, 대개 중국의 전고典故(전례와 고사)를 물어서 알고 또 운어韻語(운율이 있는 글)를 배우게 하자는 것이었다. 예겸이 한 번 보고 친한

친구처럼 여겨 서로 창수唱酬(시와 문장을 지어 화답함)하며 공
을 '동방의 거벽巨擘(학식이 뛰어난 사람)'이라 칭하였다.

- 신용개 외, 《속동문선續東文選》 '신숙주 묘비명'

특히 신숙주는 집현전의 상징과도 같은 인물이었다. 그는 궐내 장서각
의 귀중한 책들을 마음껏 읽으려고 시도 때도 없이 집현전의 숙직을 자
청했다. 이 소문을 들은 세종이 내관을 시켜 신숙주의 동태를 지켜보게
하였다. 과연 그는 밤을 새워 책을 읽다가 새벽녘 첫닭이 울자 잠자리에
들었다. 보고를 받은 임금은 몰래 집현전으로 행차해 자신이 입고 있던
가죽옷을 덮어 주었다.

세종은 평소 세자에게 "신숙주는 국사國事를 부탁할 만한 자"라고 하였
다.(《성종실록》 6년(1475) 6월 21일 '영의정 신숙주의 졸기') 세자가 중한 병을
앓았지만 신숙주 같은 인재들을 믿은 것이다. 앞서 추정한 대로, 그것은
세자는 물론 세손의 왕위 등극까지 내다본 포석이었을 터이다. 그러나 세
자에게 천거하고, 세손의 미래를 맡긴 세종의 믿음은 아스라이 스러졌다.

"패륜은 잊히겠지만, 위업은 오래도록 기록될 것"

세종에 이어 즉위한 문종은 병약한 몸으로 무리하게 부왕의 삼년
상을 치르다가 재위 2년 만에 세상을 떠났다. 왕위를 물려받은 단종은 열
두 살에 불과했다. 더군다나 어린 왕을 위해 수렴청정해 줄 대비들도 없

었다. 단종의 할머니 소헌왕후 심씨와 어머니 현덕왕후 권씨는 이미 세상을 떠난 지 오래였다. 게다가 문종은 삼년상 중이라며 계비도 들이지 않았다. 어린 임금은 하는 수 없이 부왕의 탁고유명託孤遺命(왕이 죽기 전에 후사의 장래를 부탁함)을 받은 대신 김종서에게 정사를 맡겼다.

좌의정 김종서는 의정부의 권한을 대폭 강화하며 국정을 주물렀다. 심지어 왕의 인사권을 사실상 박탈하는 '황표정사黃票政事'를 시행하기도 했다. 원래 관리의 인사는 담당 부서인 이조와 병조에서 후보 3인을 올리면 임금이 낙점하도록 돼 있었다. 하지만 김종서는 후보 선정부터 의정부 당상관이 참여해 간섭하도록 했으며, 3인 가운데 의중에 둔 사람의 이름에 노란 표식을 붙여 왕에게 올렸다. 종친들이 거세게 반발했지만, 그는 오히려 안평대군을 자기 편으로 끌어들여 전횡을 이어 나갔다.

단종 1년(1453) 10월 10일 수양대군이 일으킨 계유정난은 이러한 김종서의 전횡을 역모로 규정하고 응징한 것이었다. 한명회를 책사로 삼아 때를 엿보던 수양대군은, 단종이 경혜공주의 사가로 행차한 날 거사를 단행했다. 수양대군은 야습으로 김종서 부자를 제거하고 왕에게 명패를 받아 신료들을 소집했다. 한명회의 살생부에 오른 영의정 황보인, 우찬성 이양, 병조판서 조극관 등은 왕명인 줄 알고 대궐로 들어오다가 몰살당했다. 안평대군은 유배형을 받고 강화도에서 사약을 들이켰다. 그의 책사 이현로 등도 반역죄로 목이 저잣거리에 내걸렸다.

사실 계유정난은 많은 사람이 죽긴 했지만 명분은 통했다. 정난靖難은 '난신을 다스린다'는 뜻으로 명나라 영락제가 조카 건문제를 칠 때 내건 구호다. 이는 명나라에 사대하던 조선의 양반들에게 꽤 먹히는 이야기였다. 김종서 등의 횡포가 워낙 컸던 데다 대국의 선례가 있으니 사대부들도 뭐라고 하기 힘들었다. 그래서인지 성삼문도 이 사건에는 크게 반감을 드러내지 않았다. 오히려 삼등공신에 이름을 올리기까지 했다. 물론 그는 공신 명부에서 빼 달라고 청했지만 계유정난 자체를 부정하지는 않았다.

그럼 수양대군은 '정난'이라는 아이디어를 어떻게 얻었을까? 아마도 계유정난 직전 사신으로 북경에 다녀온 것이 계기가 되었으리라. 수양대군은 명나라가 단종을 국왕에 책봉한 데 대한 답례로 사행使行 길에 올랐다. 큰물에서 놀면 시야가 트이는 법. 수양은 천하의 명사들과 교류하고 시대의 변화를 읽으면서 더 큰 포부를 갖게 되었을 것이다. 그 포부를 실현할 모델로 영락제를 마음에 뒀다 해도 이상할 게 없다. 뿐만 아니라 이 사행 길에서 그는 향후 국정의 축으로 삼을 인물을 얻었으니, 바로 서장관으로 데려간 신숙주였다.

신숙주는 당시 조선에서 잘나가는 지식인이었다. 집현전이 낳은 기린아로서 양반 사회의 총애를 독차지하고 있었다. 이런 인물과 어울리면 시선도 모으고 평판도 올릴 수 있다. 실제로 신숙주는 당대의 세력가들에게 구애를 받고 있었다. 특히 안평대군이 적극적이었다. 시문에 능했던 안평대군은 자신의 재주를 뽐내며 신숙주에게 다가갔다.

수양대군이 이를 두고 볼 리 없었다. 야심가일수록 사람 욕심이 많다. 그는 신숙주를 북경 사행 길의 서장관으로 지명하고 조선과 명나라를 오가는 내내 극진하게 대접했다. 사행 길은 멀고 험난한 길이다. 6개월 이상 함께 고생하며 말동무로 지내다 보면 없던 정도 생기기 마련이다. 게

다가 수양대군은 "태조 이성계의 재래再來"라는 말을 들을 만큼 늠름하고 호방한 인물이었다. 두 사람은 길 위에서 급속도로 친해졌다.

수양대군은 북경에서 사신 임무를 마친 뒤 신숙주를 데리고 영락제가 묻힌 장릉을 찾았다고 한다. 장릉 앞에서 그들은 영락제가 남긴 유지遺志를 음미하지 않았을까? 조카인 건문제를 내쫓고 황제가 된 영락제는 충성을 거부하는 방효유의 10족을 멸하면서 이렇게 말했다.

> 나의 패륜은 세월이 흐르면 잊히겠지만, 위업은 역사에 오래도록 기록될 것이다.
>
> – 《명사明史》

"성삼문이 옥새를 들고 실성통곡하니"

신숙주가 계유정난에 어느 정도로 개입했는지는 잘 알려져 있지 않다. 수양대군이 거사를 일으켰을 때 그는 외직에 있었다. 하지만 거사 직후 43명의 정난공신靖難功臣을 책봉할 때 신숙주는 이등공신이 된다. 그가 어떤 식으로든 모의에 참여하고 힘을 실어 줬다는 뜻이다. 성삼문, 박팽년 등 신숙주와 가까운 인사들이 공신 명부에 오른 걸 보면 집현전 세력을 끌어들이는 역할을 했을 수도 있다.

계유정난 이후 신숙주는 노골적으로 수양대군의 편에 선다. 수양대군은 영의정, 이조판서, 병조판서, 내외병마통사를 겸직하며 정무와 인사, 그리고 병권을 모두 장악했다. 그는 신숙주를 도승지에 기용하여 단종을 감시하고 압박했다. 어린 임금은 금성대군, 한남군, 영풍군 등 자신을 지켜 주려 한 왕족들마저 유배를 떠나자 더 이상 버틸 수 없게 되었다. 1455년 윤6월 11일, 단종은 마침내 수양대군에게 양위했다. 이때 왕명에 따라 옥새를 세조에게 전해 준 사람이 성삼문이었다.

> 동부승지 성삼문이 옥새를 들고 실성통곡하니 (짐짓 왕위를 사양하던) 수양이 머리를 들고 그 광경을 바라보았다.
>
> — 남효온, 《육신전六臣傳》

세조와 성삼문의 관계는 이 시점에서 틀어진 듯하다. 성삼문은 신숙주와 마찬가지로 세종이 키운 인재였다. 하지만 그는 신숙주와 달리 왕위 찬탈에 부정적이었다. 유교국가에서 지켜 나가야 할 예禮의 마지막 선을 넘었다고 본 것이다. 이는 성리학을 숭상하는 사대부들의 시각과도 대체로 일치했다.

성삼문은 단종 복위를 위한 거사를 도모했다. 훗날 김질의 고변에 따르면, 신숙주에게도 동참을 제안했다고 한다. 하지만 신숙주는 거절했다. 그는 한 살 아래인 성삼문의 절의를 존경했지만, 그것이 나라를 위한 길이라고는 생각하지 않았다. 신숙주가 할 수 있는 일은 세조에게 함구해 옛 벗들에 대한 마지막 의리를 지키는 것뿐이었다.

"백설이 만건곤할 제 독야청청하리라"

　성삼문이 성리학을 파고든 반면, 신숙주는 훨씬 더 넓게 공부한 사람이었다. 천문, 지리, 법률, 운학, 외국어 등에 두루 능통했다. 당시 양반들은 외국어를 천시해 습득하는 것을 꺼렸는데도, 신숙주는 중국어는 물론 왜 · 여진 · 몽골 등 다양한 언어를 구사했다. 역관의 힘을 빌리지 않고도 능히 외교문서를 번역할 정도였다. 예나 지금이나 이런 사람들은 대의보다는 현실에 밝고, 일을 다루는 능력이 뛰어나다.

> 　신숙주는 경사經史에 두루 밝고 결단하는 데 막힘이 없었다. 세조가 큰일을 만나면 반드시 그에게 물어보았다.
>
> 　　　　　－《성종실록》 6년(1475) 6월 21일 '영의정 신숙주의 졸기'

　세조는 즉위 후 좌익공신佐翼功臣 47명을 다시 책봉하고 신숙주를 일등공신에 올렸다. 신숙주 또한 주군에게 충성을 바쳤는데, 특히 국제 외교 분야에서 두각을 나타냈다. 그는 명나라에 가서 세조의 국왕 책봉을 청하고 황제의 고명을 받아 왔다. 왜와 여진에게도 환심을 샀으며 문제가 생기면 직접 군사를 이끌고 가 소탕하기도 했다. 반역에는 단호하게 임했다. 금성대군이 유배지에서 단종 복위를 꾀하자, 두 사람을 죽이라고 상소를 올렸다. 세조는 "당태종에게 위징이 있었다면, 나에게는 숙주가 있다"고 할 정도로 그를 신뢰했다.

　신숙주는 성종 6년(1475) 사망할 때까지 영의정, 병조판서, 예조판서 등 고위 관직을 섭렵했다. 그렇다고 다른 훈구공신들처럼 위세를 부리지도 않았다. 오히려 자세를 낮추고 검소하게 처신해 세간의 칭송을 받았다. 하지만 후일 사림이 집권하면서 그는 '변절자'로 몰렸다. 상하기 쉬운 녹두를 '숙주'라고 부른 데도 이런 뜻이 담겨 있다. 심지어 그가 단종의 비妃였다가 관노로 떨어진 송씨를 취하려 했다는 주장도 나왔다.(윤근수, 《월정만필月汀漫筆》) 이에 반해 성삼문은 사림에 의해 만고의 충신으로 받들어졌다.

> 이 몸이 죽어 가서 무엇이 될꼬 하니
>
> 봉래산蓬萊山 제일봉第一峰에 낙락장송落落長松되어 있어
>
> 백설白雪이 만건곤滿乾坤할 제 독야청청獨也靑靑하리라
>
> — 이긍익, 《연려실기술燃藜室記述》〈단종조고사본말端宗朝故事本末〉

성삼문이 지었다는 이 단가는 충절의 본보기로 오늘날까지 회자되고 있다. 신숙주로서는 좀 억울할 수도 있다. 신숙주와 성삼문은 절친한 벗이었지만 소신에 따라 다른 길을 걸었을 뿐이다. 그럼에도 이렇게 후대의 평가가 기운 이유는 무엇일까? 그것은 세조가 정권 유지 차원에서 훈구공신들에게 보장해 준 특권 때문이다. 공신들은 세조가 베푼 공신전, 대납, 분경, 면책권 등을 남용해 온갖 반칙을 일삼았다. 이것이 사림의 전면적인 등장을 불렀고, 두 사람에 대한 평가는 물론이고 조선의 운명까지 바꿔 놓았다.

"어찌 공론을 두려워하는가?"
何畏公論

　세조 12년(1466) 8월 29일, 예문관 유신儒臣 김종련이 임금 앞에서《논어》를 강론하다가 주자의 태극설太極說에 대해 언급했다. "주자의 말 가운데는 틀린 곳이 많습니다. 신이 왕명을 받들어 아뢰려고 하지만, 천하의 공론이 두려워 비난하지 못할 뿐입니다." 이 대목에서 임금이 갑자기 강론을 끊고 질문을 던졌다. 이른바 '공론'이란 것이 세조의 귀에 거슬렸던 것이다.

> "이미 틀린 곳이 있다고 말해 놓고, 어찌 공론公論을 두려워하는가? 공론이란 무엇을 말하는가?" – 《세조실록》 12년(1466) 8월 29일

기습적인 질문에 김종련은 더럭 겁이 났던 것 같다. 《세조실록》에 드러나지는 않지만, 미루어 짐작컨대 왕의 표정과 말투가 심상치 않았을 것이다. 그는 허둥대며 자신의 말을 주워 담았다. "무릇 유자儒者에게는 모두 공론이 있게 마련입니다. 신이 어릴 때부터 배운 바를 하루아침에 훼손한다면 유자들이 신을 비웃을까 두렵습니다."

평소 같았으면 이쯤에서 임금도 물러섰을 것이다. 하지만 이날 세조는 끈덕지게 꼬투리를 잡고 나섰다.

> "유자儒者들은 모두 공론公論이 있다고 했겠다. 그럼 조정의
> 대신들도 유자이거늘, 그대는 누구를 두려워하는가? 지금
> 나라에는 권신權臣이 없는데, 그대가 두려워하는 것은 어떤
> 사람인가?"
> — 《세조실록》 12년(1466) 8월 29일

왕의 질문이 거듭되면서 밑도 끝도 없던 몽니의 실체가 서서히 수면 위로 떠오른다. 애초 세조가 못마땅했던 것은 왕명보다 공론을 두려워하는 김종련의 자세였다. 세조에게 왕권은 절대권력이었다. 그러니 왕명 위에 공론을 두는 말에 화가 치밀어오를 수밖에.

공적인 논의를 뜻하는 '공론公論'은 요즘으로 치면 여론에 해당한다. 당시에는 유자儒者, 즉 유학을 배우는 사대부의 의견이 공론이었다. 김종련도 임금의 질문에 그리 대답했다. 주자의 오류를 지적하는 강론은 유자들의 공론을 거스르는 것이므로 입에 올리기 두렵다고 변명했다. 틀린 말은 아니었다. 그러나 그는 왕의 의중을 파악하지 못했다. 아니, 어쩌면 이 답

변이 왕권을 절대시하는 세조의 마음에 불을 붙였는지도 모른다. 김종련의 말대로라면 유자가 임금보다 두려운 존재가 되니 말이다.

왕은 그 두렵다는 유자가 누군지 거듭 물었다. 심지어 의금부로 끌고 가서 압슬형壓膝刑(꿇어앉은 죄인의 무릎 위에 무거운 물건을 올려놓고 압력을 가하는 고문)을 가하며 자백을 강요했다.

김종련이 말한 유자가 특정인이 아니라는 걸 세조가 몰랐을 리 없다. 다만 세조는 본보기를 보이고자 한 것이다. 유자도, 권신도 왕권 위에 존재할 수 없음을, 그는 널리 과시하려 했다. 그것이 그해 12월 김종련이 참형에 처해진 진짜 이유가 아니었을까. 세조 이유李瑈(1417~1468)는 그런 사람이었다.

"너는 내가 죽은 임금이라고 생각하느냐?"

조선은 왕조국가였지만, 전반적으로 보면 전제군주제專制君主制(군주가 국가의 통치권을 장악하고 단독으로 행사하는 체제)는 아니었다. 그보다는 임금이 신하와 협의해 나라를 다스리는 '군신공치君臣共治'에 가까웠다. 그것은 성리학에 뿌리를 둔 이상적인 통치철학으로, 개국의 중추 세력인 사대부들의 뜻이었다. 실제로 정도전은 재상 중심의 중앙집권제 국가로 조선을 설계한 바 있다.

하지만 이를 현실에 적용하기에는 무리가 따랐다. 권력은 나누기보다 독점하려는 속성이 있다. 왕은 왕대로, 신하는 신하대로 권력을 추구하는데 '군신공치'가 어디 쉽겠는가. 결국 권력욕이 컸던 태종 이방원이 육조직계제를 시행함으로써 조선에서는 한동안 왕권이 우위를 점하게 되었다. 세종이 의정부서사제로 회귀하기는 했지만 태종이 다져 놓은 왕권은 여전히 강력한 힘을 발휘했다.

그러나 문종과 단종을 거치며 왕권은 급속도로 위축되었다. 결정적으로 세조의 보위 찬탈은 왕정의 정당성마저 흔들어 놓았다. 민심이 떠나자 세조는 오히려 왕권을 절대화하며 다시금 나라의 기강을 잡고자 했다. 그가 먼저 꺼내든 카드는 육조직계제의 부활이었다. 사실상 국정을 이끌어 온 의정부의 심의 기능을 폐지하고 자신이 직접 육조(이조 · 병조 · 호조 · 예조 · 형조 · 공조)의 직무를 움켜쥔 것이다.

당연히 신하들의 반발이 이어졌다. 육조 당상관들이 왕에게 육조직계제를 거두어 달라고 요구했다. 나중에 사육신이 된 하위지는 이때 총재冢宰(재상)가 임금으로부터 위임받아 국정을 총괄하는 것이 주나라 제도임을 역설하기도 했다. 하지만 세조는 요지부동이었다. 도리어 하위지의 관을 벗기고 곤장을 친 후 극형에 처하려 했다. 주위의 만류로 죽이지는 않았지만 세조의 의지는 확고했다.

"총재冢宰에게 위임한다는 것은 임금이 훙薨하였을 때의 제도이다. 너는 내가 죽은 임금이라고 생각하느냐? 또 내가 아직 어려서 서무庶務를 재결裁決하지 못할 것으로 생각하고 끝내 대권大權을 아랫사람에게로 옮겨 보겠다는 말이냐?"

– 《세조실록》 1년(1455) 8월 9일

세조는 재상이 국정을 총괄하게 되면 임금은 죽은 것이라고 생각했다. 기왕에 힘으로 쟁취한 권력이다. 허수아비 같은 왕 노릇은 하고 싶지 않았으리라. 그는 공론을 앞세우는 사대부의 언로를 공포정치로 억눌렀다. 곤장을 치고 죽이겠다고 으름장을 놓았다. 김종련의 경우처럼 말 몇 마디 트집 잡아 본보기로 처형하기도 했다.

"누가 구훈舊勳인가? 한명회로다"

하지만 도덕적 명분 없는 왕권 강화는 허장성세虛張聲勢(헛되이 목소리만 높임)에 지나지 않았다. 실상은 그 반대로 흘러갔다. 정통성이 취약한 세조는 소수의 공신들에게 의지해야 했다. 권력은 그의 의지와 상관없이 아래로 옮겨 가기 시작했다. 훈구파勳舊派, 즉 공훈이 있는 신하와 가문이 대대로 권력을 쥐는 시대가 온 것이다.

세조는 정난공신靖難功臣(계유정난을 도운 공신) 43명과 좌익공신佐翼功臣(수양대군의 즉위에 기여한 공신) 46명, 적개공신敵愾功臣(이시애의 난을 평정한 공신) 45명을 양산하며 공신 집단의 덩치를 키웠다.

세조의 둘째 아들 예종 역시 1년 2개월의 짧은 재위기에 익대공신翊戴功臣(남이의 옥사에 관여한 공신) 39명을 배출했고, 성종도 비정상적인 왕위 계승의 대가로 좌리공신佐理功臣(자을산군의 즉위에 힘이 돼 준 공신) 75명을 무더기로 용인했다.

여기에 태조의 개국공신開國功臣 52명, 정종의 정사공신定社功臣(1차 왕자의 난에 가담한 공신) 29명, 태종의 좌명공신佐命功臣(2차 왕자의 난을 진압하고 이방원의 즉위를 도운 공신) 26명을 합치면 공신들의 수는 더욱 불어난다.

그 결과, 조선은 사실상 공신과 그 가문, 즉 훈구파의 수중에 들어갔다. 이 가운데 이중 삼중으로 녹훈錄勳(공신으로 기록됨)의 은혜를 입고 부귀영화를 누린 권세가들도 나타났다. 한명회(정난, 좌익, 익대, 좌리), 신숙주(정난, 좌익, 익대), 정인지(정난, 좌익, 익대, 좌리), 정창손(좌익, 익대, 좌리), 홍윤성(정난, 좌익, 좌리) 등이 대표적이다. 훈구공신들은 공신전, 대납, 분경, 면책권 등 온갖 특권을 보장받았다.

'공신전功臣田'은 세습이 허용된 토지로 경기도의 땅을 나눠 주었다. 이 공신전이 급격히 늘면서 일반 관료들에게 지급할 과전이 부족해졌다. 세조 후반에 실시된 직전법職田法은 이로 인한 문제를 해결하려는 고충의 산물이다. 이전의 과전법이 전현직 관리 모두에게 수조권을 줬다면, 직전법은 이를 현직으로 한정시켰다. 가용 토지와 국가 세수를 확보하려는 몸부림이었지만, 일반 관료들의 불만이 적지 않았다. 게다가 공신전이 지방으로 확산되면서 향촌의 사대부들과도 갈등이 발생했다. 이것이 훈구파와 사림의 대립에 숨은 사회경제적 배경이다.

'대납代納'은 백성을 대신해서 세금을 미리 납부한 뒤 다시 백성에게 징수하는 것을 말한다. 보통 고을 단위로 이뤄지는데, 문제는 선납한 세금의 두세 배를 거둬들였다는 점이다. 말도 안 되는 기형적인 관행이었다. 당연히 백성도 원하지 않았고, 임금 역시 공식적으로는 금했다. 그럼에도 훈구공신들은 출세에 눈 먼 지방관과 작당하여 가난한 백성의 등을 쳤다. 심지어 먼저 세금의 두세 배를 징수한 다음 원래의 세금을 나중에 납부하려 한 자도 있었다. 이런 반칙으로 그들은 어마어마한 부를 쌓아 나갔다.

고관을 찾아다니며 벼슬을 청탁하는 '분경奔競'은 부정 축재의 또 다른 통로였다. 태종은 분경을 막고자 대신과 인사권을 가진 관헌 등이 사적으로 사람을 만나지 못하게 했다. 이른바 분경 금지령이었다. 친척이나 이웃이 아닌 자가 분경 금지 대상자의 집을 기웃대다가 잡히면 곤장을 맞거나 유배를 떠나야 했다. 하지만 세조가 훈구공신들의 분경을 허락하면서 매관매직이 성행했다. 적발돼도 상관없었다. 공신들에게는 '면책특권免責特權'이 주어졌기 때문이다. 양민의 땅을 빼앗고 항의하는 백성을 때려 죽여도 처벌받지 않았다.

세조 말년에 이르자 훈구공신들의 위세는 하늘을 찔렀다. 엄청난 경제력을 바탕으로 강력하게 결속한 공신 집단을 임금도 어쩌지 못하는 지경에 이르렀다. 세조조차 휘둘렸는데 뒤를 이은 어린 임금들이야 더 말해무엇하랴. 바야흐로 권신權臣들이 왕을 쥐고 흔드는 시대로 접어든 것이다. 이를 우려한 세조는 죽음을 앞두고 임영대군(세종의 4남)의 아들인 구성군 이준과 정선공주(태종의 4녀)의 손자 남이 등을 의식적으로 키웠다.

> 왕이 명하기를 세자와 구성군 이준이 술을 올리고, 9기妓로 하여금 노래하게 하였다. "누가 원훈元勳인가? 한명회로다. 누가 구훈舊勳인가? 한명회로다. 누가 대훈大勳인가? 구성군이로다. 누가 신훈新勳인가? 구성군이로다."
>
> ─《세조실록》 14년(1468) 5월 1일

구성군 이준과 남이는 둘 다 젊고 패기 넘치는 왕실의 지친至親이자, 이 시애의 난을 평정한 적개공신이었다. 적개공신은 기존의 정난공신, 좌익공신과 각을 세우는 신新 공신 집단이었다. 세조는 이들이라면 아들 예종을 보좌해 기존의 훈구공신들을 견제할 수 있으리라 보았다. 그러나 자신의 의중을 성급하게 드러낸 것이 실책이었다. 한명회는 세조를 임금으로 만든 자신을 '옛 공신'으로 깎아내리고 머리에 피도 안 마른 이준에게 '큰 공신', '새 공신' 운운하는 작태를 좌시하지 않았다. 세조의 이 섣부른 포석은 결국 비극으로 이어진다.

"자을산군이 이미 대궐 안에 들어와 있었다"

1468년 세조에 이어 즉위한 예종 이황李晄(1450~1469)은 즉각 개혁에 착수했다. 그 출발점은 아버지가 구舊 공신들에게 보장해 준 특권을 빼앗는 일이었다.

그는 관행적으로 이뤄지던 대납을 엄중하게 질타했다. 공신이든, 종친이든 대납으로 사리사욕을 채우는 자는 사지를 찢어 죽이겠다고 으름장을 놨다. 면책특권 역시 더 이상 용납하지 않았다. 면책특권을 믿고 양민을 억압해 노비로 삼으면 예외 없이 교수형에 처한다는 교지가 내려졌다. 분경도 예외가 아니었다. 신숙주에게 부하를 보내 표범 가죽을 상납한 함길도 관찰사 박서창이 국문을 당한 끝에 관직을 잃었다. 정인지의 집을 감시하던 사헌부 관리가 종과 몸싸움을 벌이는 일도 있었다.

예종의 개혁 행보는 거침없었다. 하지만 열아홉 살의 군주는 곧 현실의 벽에 부딪혔다. 구공신들에게는 조정과 궁궐은 물론 온 나라를 움직일 힘이 있었다. 그 부와 권력에 포섭된 수하들이 도처에 웅크리며 명을 기다렸다. 세조가 세상을 떠난 이상, 조선의 실질적 지배자는 그들이었다. 게다가 구공신들은 어지러운 정국을 헤쳐 오면서 정치력을 예리하게 벼린 상태였다. 아직 정치를 모르는 (물론 본인은 잘 안다고 생각했겠지만) 앳된 임금이 맞설 상대가 아니었던 것이다.

독기가 오른 '옛 공신'들은 먼저 세조가 견제 세력으로 키운 구성군 이준과 남이, 그리고 적개공신을 분열시켰다. 남이의 역모가 그 신호탄이었다. 뒤에 유자광에 대해 논하면서 자세히 살펴보겠지만, 남이의 옥사는 모함으로 조작된 일이 아니었다. 이시애의 난을 평정한 후 20대의 나이로 병조판서에 제수된 남이는 별로 한 것도 없는 동갑내기 이준이 영의정에 오르자 불만을 표시했다. 그 후 예종에 의해 겸사복장으로 좌천되면서 왕과 구성군을 원망하는 마음이 커졌다.

구공신들은 남이의 '좌충우돌' 역모를 빌미 삼아 적개공신의 대부 격인 영의정 강순마저 제거하는 데 성공했다. 최고의 무장과 후견인을 잃은 신공신 집단은 순식간에 와해되었다. 얼굴마담에 불과한 구성군 이준은 아무 힘도 쓰지 못했다. 친위 세력이 무너진 마당에 임금이라고 멀쩡할 리 없었다. 1469년 11월 28일 아침, 청년 군주는 싸늘한 시신으로 발견되었다. 여러 모로 의문스러운 죽음이었다.

흥미로운 점은, 예종이 급작스럽게 세상을 뜬 그날 오후에 다음 왕의 즉위식이 열렸다는 사실이다. 새 임금은 예종의 아들인 제안대군이 아니라 조카 자을산군이었다. 자을산군은 요절한 의경세자(세조의 장남)의 차남이었다. 전 왕의 아들도 아니고 위로 형인 월산군이 버젓이 있는데 참으로 요상한 왕위 계승이 아닐 수 없다. 하지만 그의 내력을 알면 절로 고개가 끄덕여진다. 자을산군은 한명회의 사위였다. 이 사람이 바로 조선의 통치체제를 완성한 왕으로 평가받는 성종이다.

> 신숙주가 최항과 더불어 교서를 찬술撰述하고, 또 위사衛士
> 를 보내어 자을산군을 맞이하려고 했는데, 미처 아뢰기 전에
> 자을산군이 이미 부름을 받고서 대궐 안에 들어와 있었다.
>
> – 《성종실록》 즉위년(1469) 11월 28일

《실록》에 따르면, 성종의 즉위는 마치 기다리고 있었다는 듯이 이뤄졌다. 예종이 갑자기 죽었다는 진시辰時는 아침 7시에서 9시 사이다. 그리고 신시申時, 즉 오후 3시에서 5시 사이에 대궐 안에 들어와 있던 자을산군이 즉위식을 올렸다. 논란이 일 겨를도 없이 전격적으로 즉위시키고 빼도 박도 못하게 만든 것이다.

도대체 그날 경복궁에서는 무슨 일이 있었던 것일까? 아침 일찍 구공신들이 궁궐로 모여든 것도 의구심을 부추긴다. 한명회, 신숙주, 구치관, 최항, 홍윤성 등은 사정전 문 밖에 모여 지체 없이 국상을 주관할 상주를 정해야 한다고 대비 정희왕후(세조의 비)에게 아뢰었다. 정희왕후는 짜놓은 각본처럼 즉시 화답했다.

> "원자(제안대군)는 포대기 속에 있고, 월산군은 질병이 있다. 자을산군이 비록 나이는 어리지만 세조께서 그 기상과 도량을 태조에게 견준 바 있으니 그로 하여금 주상主喪하게 하라."
>
> – 《성종실록》 즉위년(1469) 11월 28일

　고작 열세 살에 불과한 자을산군의 기상과 도량이 과연 태조와 견줄 만했을까? 이 대목은 즉위를 포장하려는 수사로 보인다. 월산군의 질병도 이전의 어떤 기록에서도 찾아볼 수 없는 내용이다. 또, 예종의 혈육인 원자가 아무리 어리더라도 대비가 둘(정희왕후, 안순왕후)이나 되니 얼마든지 후일을 기약할 수 있었다.

　하지만 정희왕후는 한명회의 사위 자을산군을 선택했고, 이는 그날 아침 구공신들이 우르르 몰려온 것과 무관치 않아 보인다. 즉, 예종의 죽음부터 성종의 즉위까지 일련의 과정이 구공신들과 대비 정희왕후의 암묵적인 합의 속에 진행됐다는 뜻이다. 이는 사실상 조선이 '훈구대신의 나라'임을 선포한 것과 다름없었다.

12

"입은 화를 부르는 문이요"
口是禍之門

> 임금이 모든 관원들에게 패牌를 차도록 하였는데 그 패에,
> "입은 화를 부르는 문이요(口是禍之門), 혀는 자신을 베는 칼
> 이다(舌是斬身刀)"라고 하였다.
>
> — 이긍익, 《연려실기술燃藜室記述》〈연산조고사본말燕山朝故事本末〉

이 패가 바로 연산군이 관원과 내시들에게 차게 했다는 '신언패愼言牌'
이다. 입을 굳게 다물고 혀를 잘 간수해야 살아남을 수 있다는 살벌한 경
고였다.

조선은 건국 이래 언로를 열어 도덕의 나라를 일구는, 성리학적 지배

질서를 추구해 왔다. 그런데 연산군은 정반대의 길을 택했다. 그는 중국에서나 볼 수 있는 전제군주제를 욕망했다. 이를 위해 연산군은 언로에 철퇴를 가하며 무시무시한 공포를 조성했다. 그 결과가 바로 무오사화戊午士禍(1498)와 갑자사화甲子士禍(1504)이다.

흔히들 무오사화 하면 김종직의 〈조의제문弔義帝文〉을 떠올린다. 갑자사화는 폐비 윤씨의 죽음과 떼려야 뗄 수 없다. 하지만 알고 보면 〈조의제문〉도, 폐비 윤씨도 표면적인 발화점에 불과하다. 연산군의 속내는 언로의 봉쇄를 통한 왕권 강화에 있었다. 대신이고, 언관이고 닥치고 충성하라는 뜻이었다. 그는 홍문관과 사간원도 폐지해 버렸다.

연산군의 광기 어린 폭정은 어찌 보면 세조 이래 누대에 걸쳐 쌓아 온 '비정상'들이 둑이 무너지듯 한꺼번에 터져 나온 것이다. 물론 조선의 통치체제를 완성했다고 평가받는 그의 아버지 성종 또한 예외가 아니었다.

"장차 저 원상院相들을 어디에 쓰랴?"

성종 이혈李娎(1457~1494)은 열세 살의 어린 나이로 왕위에 올라 7년간 할머니 정희왕후의 수렴청정垂簾聽政에 의탁한다. '청정聽政'은 섭정攝政과 달리 대리인이 원상院相들의 자문을 받아 국정을 처결하는 것을 말한다. 반면, 섭정은 신하들과 의논하지 않고 대리인이 독자적으로 처결할 수 있다. 원상은 말 그대로 군왕의 비서실인 승정원(院)에 재상(相)이 상주하는 제도다. 이 경우, 대비는 명목상의 웃전일 뿐 실질적으로 국정을 총괄하는 권한은 원상에게 주어진다.

따라서 성종 초년의 조선은 훈구원상들이 쥐락펴락하는 권신의 시대로 흘러갔다. 세조의 비인 대비 정희왕후는 원상들에게 조정을 맡기고 궁궐의 큰 어른으로서 성종의 훈육에 전념했다. 훈구원상들은 육조의 겸판서兼判書가 되어 나랏일을 지도했는데, 이 때문에 실제 판서는 허수아비로 전락했다. 원상들은 무소불위의 힘을 휘두르며 부와 지위를 공고히 다졌다. 왕과 대비를 포함해 당시 조선 땅에서는 누구도 원상들의 독주에 제동을 걸지 못했다.

대간 역시 훈구원상들의 눈치를 보며 슬슬 기었다. 성종 3년(1472) 6월, 사헌부 지평 박시형이 경연 자리에서 원상의 혁파를 주장했다. 그러자 오히려 사헌부 동료들이 들고 일어나 박시형에게 죄줄 것을 요구했고, 결국 그는 좌천되었다. 뿐만 아니라, 설혹 대간이 원상을 탄핵하더라고 임금이 이를 용인하지 않았다. 대신이 사사로운 청탁을 받아 기강을 흐리거나 민폐를 끼쳐 원성을 들어도 자질구레한 일로는 벌줄 수 없다며 무시했다.

성종 3년(1472) 12월에 논란을 빚은 김순성 사건은 원상의 위상을 단적으로 드러내는 예이다. 김순성은 병조정랑 직에 있다가 평창군수로 발령받았는데 아내의 병을 핑계로 나아가지 않았다. 당시 국법에 따르면 정당한 사유 없이 지방 수령을 회피하는 자는 6년간 임용하지 못하게 되어 있었다. 그런데 어찌 된 일인지 김순성은 그로부터 몇 달 지나지 않아 알짜 보직인 평양부 서윤에 임명되었다. 이에 대간이 들고 일어났다.

사헌부는 김순성이 상관으로 모셨던 병조겸판서 한명회가 뒤를 봐줬

기 때문이라며 두 사람을 함께 국문해야 한다고 주장했다. 하지만 한명회가 누구인가? 원상 중의 원상에다 성종의 장인이 아닌가? 살아 있는 권력을 탄핵한 불똥은 고스란히 사헌부로 되돌아갔다. 한명회가 임금에게 나아가 병조의 겸판서 직을 사직하겠다고 청하자, 임금은 거꾸로 사헌부 관리를 꾸짖었다.

> "대간臺諫이 작은 일로써 정승의 죄를 청한다면, 모든 정승이 어찌 안심하겠느냐? 무릇 일을 정승으로 하여금 말할 수 없게 한다면, 내가 깊은 궁궐에 있으면서 어떻게 아랫사람들의 사정을 들을 수 있겠느냐? 대간은 나의 귀와 눈이 되니 큰일에 관계되면 말하는 것이 옳다. 그러나 이와 같은 작은 일을 번거롭게 청함이 어찌 옳겠느냐?"
>
> — 《성종실록》 3년(1572) 12월 8일

이어서 성종은 사헌부의 수장인 대사헌 권감을 좌천시키려 하였다. 그런데 원상 김국광, 성봉조가 처벌 범위를 넓혀야 한다고 주청했다. 조종朝宗(역대 임금) 이래로 대간의 말이 맞지 않으면 발언한 자를 물어 죄주었다는 것이었다. 사헌부에서는 누구 한 사람의 발언이 아니라 모든 관리들이 합의한 사항이라고 해명했다. 결국 이 사건은 사헌부 전원 좌천으로 마무리되었다. 사관의 사평史評(《실록》의 비평)은 그 부당함을 이렇게 비판했다.

> 이는 원로대신을 중하게 여기는 뜻이다. (그러나) 김국광, 성

봉조 등은 언로言路가 상상傷함을 아뢰지 않고 도리어 조종祖
宗의 고사故事를 들먹였으니, 이 무슨 의미인가? 가령 조종
에 이런 일이 있었더라도 어찌 인용하여 본받을 수 있겠는
가? 이는 말 한 마디로 나라를 잃게 함이 아니겠는가? 장차
저 원상院相들을 어디에 쓰랴?

– 《성종실록》 3년(1572) 12월 8일

"잘못 천거한 처벌은 시행할 만하다"

성종 초년에 훈구원상들은 국법 위에 군림했다. 권력과 위세는 나
는 새도 떨어뜨렸고, 부귀와 영화는 하늘을 찔렀다. 수렴청정에 나선 대
비 정희왕후는 그들과 적절히 타협하며 무리 없이 어린 임금을 이끌었
다. 원상들 앞에서는 '문자도 모르는 까막눈'이라고 자신을 낮췄다고 하
니 어찌 보면 진정한 고수가 아니었나 싶다.

이윽고 성종 7년(1476), 수렴청정이 끝나고 원상제가 철폐되었다. 이
과정에서 한명회가 어깃장을 놓았고 갑론을박이 벌어지기도 했지만 임
금이 성년이 된 이상 원상들로서도 대놓고 반대하기가 어려웠다. 오랜
세월 훈구대신들에게 짓눌려 온 왕권이 회복의 조짐을 보인 것은 이 무
렵부터다.

친정親政을 시작한 임금은 홍문관弘文館을 설치하였다. 홍문관은 왕의
자문에 응하는 학술 연구기관이다. 이로써 홍문관, 사헌부, 사간원의 '언

론 삼사三司'가 갖춰졌다. 삼사는 각각 경연(홍문관), 감찰(사헌부), 간쟁(사간원)을 관장했다. 이 공식적인 언로를 통해 공론과 민심이 국정에 적극적으로 반영되었다. 기존의 왕권, 대신권과 더불어 언론권이 새로운 권력의 축으로 떠오른 것이다.

성종은 삼사의 관리인 언관 자리에 과거를 통해 새로이 등장한 선비들을 기용했다. 일찍이 중앙 조정에 진출한 관학파와 달리 향촌에서 절의를 지키며 학맥을 이어 온 사류士類였다. 초창기 사림士林은 이렇게 역사의 무대에 등장했다.

그 대표적인 인물이 정몽주 - 길재 - 김숙자의 학통을 이어받은 김종직金宗直(1431~1492)이었다. 성리학의 도덕적 의리를 숭상하는 사림의 언관들은 훈구대신들을 거침없이 탄핵했다. 성종은 김종직을 신임하고 사림의 비판을 수용했다.

동지사 김종직이 말하기를,
"국가에서 사람을 기용하는 것은 전조銓曹(이조와 병조)에 맡깁니다. 그러나 사람의 어질고 어질지 않은 것은 다 알 수 없기 때문에 재상으로 하여금 각각 아는 이를 천거하게 한 것입니다. 다만 그 사이에 적당하지 않은 것을 알면서도 천거하는 사람이 있으니, 잘못 천거한 데 대한 처벌을 엄하게 하지 않을 수 없습니다. 그래서 한나라, 당나라로 내려오면서 거개가 이 방법을 썼습니다."
하니, 임금이 말하기를,

"잘못 천거한 처벌은 시행할 만하다."

– 《성종실록》 16년(1485) 11월 3일

경연 자리에서 김종직이 성종에게 아뢴 간언이다. 재상이 사람을 잘못 천거하면 그에 따른 처벌을 감수해야 한다는 김종직의 주장에 성종은 "잘못 천거한 처벌은 시행할 만하다"고 답했다. 그의 의견을 받아들인 것이다.

당시 언론권을 가진 사림은 경연, 감찰, 간쟁을 통해 훈구파를 탄핵하고 공격했다. 잘못된 천거에 대한 처벌도 마찬가지다. 조정 인사에 관여하는 것은 훈구대신들의 대표적인 권능 중 하나였다. 김종직을 비롯한 사림은 그 책임을 물음으로써 훈구파를 옥죄었다.

이 시기에 조선은 성종의 왕권을 주축으로 훈구파의 대신권과 사림의 언론권이 균형을 이루며 안정기에 접어든다. 현대적 의미와는 다르지만 삼권분립三權分立을 통해 견제와 균형의 정치 질서를 구축한 것이다. 이 질서는 《경국대전經國大典》으로 법제화되며 조선의 독특한 정치 구조로 자리 잡았다.

성종에게는 삼권분립이 왕권 강화책이기도 했다. 훈구파의 힘이 여전히 막강한 상황이었다. 그들은 어마어마한 경제력을 가지고 있었고, 조정과 궁궐, 지방에 이르기까지 조력자들이 넘쳐났다. 임금이 친정을 한다고 해서 훈구대신들의 탄탄한 기반이 쉬이 흔들릴 리 없었다. 성종이 언로를 연 이유가 여기에 있다.

정치는 결국 세력 싸움이다. 세력이 부족한데 정면으로 부딪치는 건

무모하다. 자칫하면 역습을 당할 수 있기 때문이다. 성종은 예종과 달리 직접 나서지 않았다. 대신 언론 삼사를 구축하고 사림을 등용하여 제도적으로 훈구파를 견제하게 했다. 사림이라는 언로를 이용해 이이제이以夷制夷한 것이다.

정치 질서가 안정되면서 사회문화적 업적도 활짝 꽃피었다. 《경국대전經國大典》(법전 · 1485), 《국조오례의國朝五禮儀》(예법 · 1474), 《동문선東文選》(문장 · 1478), 《동국통감東國通鑑》(역사 · 1485), 《동국여지승람東國輿地勝覽》(지리 · 1481) 등이 성종 치세에 편찬되거나 완성을 보았다. 특히 《경국대전》은 조선의 법령과 규범을 집대성한 공식 법전으로서 나라를 다스리고 일상생활을 영위하는 데 준거로 쓰였다. 태조 6년(1397)의 《경제육전經濟六典》 이래 지속적으로 수정하고 보완해 온 법전이 드디어 완전체에 이른 것이다.

이처럼 조선은 건국 100년 만인 성종 대에 이르러 통치체제를 제도적으로 완성하였다. 한 나라가 태어나서 틀을 온전히 짜기까지 100년의 세월이 걸린 것이다. 그러나 제도적인 틀을 짰다고 해서 100년 동안 쌓여 온 독기가 저절로 사라지지는 않는다. 그 독기는 감정의 골이 패인 음지에 숨었다가 통치에 허점이 보이는 순간 한꺼번에 분출돼 나오기도 한다.

"할머니는 어찌하여 제 어미를 죽였습니까?"

유가에서는 수신제가치국평천하修身齊家治國平天下, 즉 자신을 닦고 집안을 꾸리며 나라를 다스리고 천하를 평정하는 것이 유자가 나아갈 길이라고 했다. 성종은 나라는 잘 다스렸는지 몰라도 가정은 제대로 꾸리지 못했다. 1472년 한명회의 딸인 공혜왕후가 후사 없이 일찍 세상을 떠나자, 1476년 임금은 총애하던 후궁 윤씨를 계비로 맞아들였다. 하지만 한창 나이의 왕은 조강지처만으로는 만족하고 않았고, 왕비는 왕비대로 그런 남편을 용납하지 못했다.

성종은 후궁과의 잠자리까지 간섭하는 계비 윤씨와 심각한 불화를 빚었다. 그녀의 처소에서 비상砒霜(극약의 일종)과 방양서方禳書(굿하는 방법을 담은 책)가 발견되자 왕은 이를 투기의 증거로 몰았고, 성종의 어머니 인수대비까지 가세했다. 결국 윤씨는 폐비廢妃와 사사賜死(임금이 독약을 내려 스스로 죽게 하는 일)의 수순을 밟고 한 많은 인생을 마감했다. 그리고 이 '막장극'은 훗날 폐비 윤씨의 아들인 연산군 이융李㦕(1476~1506)이 사화를 일으키고 언로를 틀어막는 빌미가 되었다.

성종이 재위 초반에 훈구원상들의 눈치를 봐야 했다면, 연산군은 초년부터 사림 언관들의 거센 도전에 직면했다. 언관들은 성종이 세상을 떠나자마자 수륙재水陸齋(죽은 이의 영혼을 달래는 불교 의식)의 폐지를 주장하고 나섰다. 수륙재는 왕실에서 전통적으로 행해 온 의식이었지만, 유교 예법을 좇는 사림의 입장에서는 이단일 뿐이었다. 그들은 당상관부터 유생까지 번갈아 가며 새 임금을 괴롭혔다. 그것은 훈구파를 견제하고자 사림의 완고한 주장을 받아 준 성종의 유산이었다.

연산군은 내정內政(궁궐의 일)까지 감 놔라 배 놔라 하는 사림의 태도가 불쾌했을 것이다. 조선 건국 이래 신하들은 임금에게 간하되 외정外政(조정의 일)에 한하는 것이 관례였다. 내정은 신하된 자가 넘볼 수 없는 왕의 고유 영역이었다. 따라서 언관들의 수륙재 폐지 주장은 새 임금에게 왕권에 대한 도전으로 받아들여졌을 것이다. 게다가 그들은 완고하게 주장을 펴는 것을 소임을 다하는 것이라고 여겨 물러설 줄을 몰랐다. 연산군은 사림을 '명예만을 노리고 임금을 업신여기는 무리'로 여기기 시작했다.

부왕의 묘호를 정하는 과정에서 사림의 반대에 부닥친 것도 미움을 키우는 계기였으리라. 연산군은 중국 주나라의 기틀을 다진 성왕成王에 비견되므로 '성종成宗'으로 하자는 입장이었다. 성왕은 유가에서 성인聖人의 반열에 오른 인물이다. '성종' 묘호에는 아버지의 권위를 높여 왕권을 신장하려는 연산군의 의도가 담겨 있었다. 그러나 군신공치君臣共治를 내세우는 사림은 임금의 뜻에 반대했다. 그들은 성종보다 격이 떨어지는 인종仁宗을 주장하며 왕의 속을 뒤집었다.

우여곡절 끝에 수륙재를 거행하고 성종 묘호를 관철시키기는 했지만, 연산군은 언관들의 오만방자한 언론권 행사에 치를 떨었을 것이다. 그에게는 아버지처럼 거슬리더라도 참고 다독이는 인내심과 포용심이 없었다. 본때를 보이겠다고 벼르고 있던 연산군에게 걸려든 제물이 바로 김종직의 〈조의제문〉이었다. 여기엔 세조 혈맥에 대한 유자광의 절대적인 충성심에다 사관 김일손과 불편한 관계였던 이극돈의 개인 감정까지 얽혀 있었다. 그러나 중요한 것은 연산군의 의지였고, 그는 〈조의제문〉을 역심의 근거로 삼았다.

1498년에 일어난 무오사화戊午士禍는 조선에서 선비(士)들이 입은 최초의 화禍였다. 이 사화의 칼끝은 초창기 사림의 발원지인 김종직의 학맥을 향했다. 이미 세상을 떠난 김종직은 부관참시剖棺斬屍되었고 김일손, 권오복, 권경유, 이목, 허반 등은 능지처참凌遲處斬에 처해졌다. 간악한 파당을 이뤄 '위대한' 세조를 헐뜯은 대역죄였다. 이 밖에도 적지 않은 선비들이 유배를 떠나거나 관직을 잃었다. 뒷날 오현五賢으로 추앙받으며 문묘에 종사되는 김굉필과 정여창도 귀양길에 올랐다. 자연히 언로는 위축될 수밖에 없었다. 하지만 공포정치의 맛을 본 연산군은 거기서 멈추지 않았다.

1504년 3월 20일 저녁, 연산군은 선왕의 후궁이었던 엄씨와 정씨를 대궐 뜰에 묶어 놓고 문초했다. 어머니 윤씨가 두 사람의 참소 때문에 억울하게 죽었다는 것이다. 그는 정씨의 소생인 왕자 항怕과 봉惶을 불러 죄인을 몽둥이로 치라고 명했다. 날이 어두운지라 항은 누군지 모르고 쳤지만, 봉은 어머니임을 알아채고 그 자리에 얼어붙고 말았다. 연산군은 엄씨와 정씨를 참혹하게 죽인 다음, 항과 봉의 머리털을 움켜잡고 인수대비의 침전으로 향했다.

> 왕이 이르기를, "할머니는 어찌하여 제 어미를 죽였습니까?" 하며, 불손한 말이 많았다.
>
> ― 《연산군일기燕山君日記》 10년(1504) 3월 20일

한밤중에 친손자에게 봉변을 당한 할머니의 참담한 심정이야 말해 무엇하랴. 그로부터 한 달 후 인수대비는 창경궁 건춘전에서 세상을 떠났다.

참극의 불길은 곧 신하들에게 옮겨 붙었다. 연산군은 관료들을 굴비 엮듯이 잡아들였다. 무려 239명이 피를 봤다. 그 가운데 사형, 옥사, 부관

참시 등 극형을 받은 사람이 절반을 넘었다. 윤필상, 성준, 한치형, 이극균, 어세겸, 이세좌, 홍귀달 등 실권을 쥔 대신들이 목숨을 잃었고 한명회, 정창손 등 누대의 공신들까지 관에서 나와 목이 잘렸다.

이것이 갑자사화甲子士禍이다. '사화士禍'라고는 하지만 엄밀히 따지면 다른 사화와 성격이 달랐다. 사화는 보통 사림이 왕이나 훈척勳戚(훈구파와 외척 세력)에게 숙청당하는 식인데, 갑자년 일은 훈구파고 사림이고 다 잡아 죽인 것이다. 대신과 언관을 가리지 않았다. 그들이 떼죽음을 당한 까닭은 무엇일까?

"위를 능멸하는 것이 풍속을 이루었으니"

영화나 드라마에서는 대개 연산군이 어머니의 억울한 죽음을 뒤늦게 알고 미치광이가 되어 사화를 일으키는 것으로 그린다. 연산군은 정말 폐비 윤씨의 피눈물이 배인 수건을 외할머니에게 전해 받고 돌아 버린 것일까? 이는 후일 사림이 편찬한 《기묘록己卯錄》의 주장일 뿐이다.

사실 연산군은 즉위 초에 성종의 묘비문을 살피다가 폐비 윤씨의 일을 우연히 알게 되었다.(《연산군일기》 1년(1495) 3월 16일) 그날 왕은 수라를 들지 않고 어머니의 죽음을 애도했다. 그렇다면 연산군은 어째서 그때 바로 죄를 묻지 않았을까? 개인적으로는 슬프지만 국사와는 선을 그은 것이다. 따라서 그가 후일 사화를 일으킨 진짜 이유는 다른 데서 찾아야 한다.

> 위를 업신여기는 풍습을 고쳐 없애는 일이 끝나지 않았다.
> 이세좌는 선왕조에 큰일을 당하였는데도 힘써 다투지 않
> 았다. 오늘에 와서는 나이와 지위가 모두 높아지자 교만과
> 방종이 날로 더하였다. 내가 친히 주는 술까지 기울여 쏟고
> 마시지 않았다. — 《연산군일기》 10년(1504) 3월 30일

　이세좌는 갑자사화의 대표적인 희생양이다. 그는 성종이 폐비 윤씨를
사사할 당시 형방승지로서 약사발을 들고 간 인물이다. 하지만 연산군은
약사발에 대해 언급하지 않았다. 대신 이세좌가 부왕을 말리지 않았다는
정도만 질책한다. 임금이 정말 열 받은 것은 그보다는 '위를 업신여기는
풍습'이었다. 이세좌를 필두로 신하들에게 줄줄이 극형을 내리는 와중에
내린 전지傳旨(왕명)를 보자.

> 지금 습속이 아름답지 못하여 위를 능멸하는 것이 풍속을
> 이루었으니, 그 폐단을 고치지 않을 수 없다. 옛사람이 이
> 르기를 '어지러운 나라를 다스리려면 중한 법을 쓴다'고 하
> 였다. 지금부터 위를 능멸하는 죄를 범하면 경중을 따지지
> 않고 죄주어 인심이 바른 데로 돌아가도록 할 것이다. 이를
> 조정과 민간에 널리 알려라. — 《연산군일기》 10년(1504) 5월 7일

　갑자사화는 실상 신하들의 능상凌上(아랫사람이 윗사람을 업신여김)을 응
징하고 임금의 권력을 극대화하려는 시도로, 무오사화의 연장선상에 있

었다. 훈구대신들뿐만 아니라 사림 언관들이 또다시 대거 처벌받은 것만 봐도 알 수 있다. 그들의 죄목은 대신들의 '능상'을 뻔히 알면서도 탄핵하지 않은 것이었다. 무시무시한 공포정치로 절대왕권을 추구한 연산군은 무엇보다 언로를 틀어막는 데 심혈을 기울였다.

> "대간이나 재상으로 위를 의심하는 말을 한 자가 있으면
> 상고하여 아뢰라." – 《연산군일기》 10년(1504) 5월 8일

당시 훈구파는 1세대가 퇴장하며 세력이 약화되긴 했지만 여전히 대신으로서 발언권을 유지하고 있었다. 성종이 애지중지한 덕분에 목소리를 키운 사림 역시 반대를 위한 반대를 일삼으며 왕을 쥐고 흔들었다. 연산군은 〈조의제문〉과 폐비 윤씨 일을 빌미로 거듭 사화를 일으키면서 사대부의 언로를 통째로 봉쇄했다. 이러한 공포정치 아래서는 입이 화를 부르는 문이고, 혀가 자신을 베는 칼이 된다는 말이 꼭 맞았다.

"우리 임금은 반드시 오래가지 못하려니와"

백성의 언로에 대해서도 강경한 조치가 취해졌다. 1504년 폭군을 비난하는 한글 투서가 외척 신수영의 집에 전해졌다. 익명의 봉서에는 다음과 같은 내용이 적혀 있었다.

옛 임금은 난시亂時일지라도 이토록 사람을 죽이지는 않았는데 지금 우리 임금은 어떤 임금이기에 신하를 파리 머리 끊듯이 죽이는가. 반드시 오래가지 못하려니와, 무슨 의심이 있으랴.

– 《연산군일기》 10년(1504) 7월 19일

연산군은 즉시 도성 문을 닫고 투서한 자를 잡아들이라고 명했다. 나아가 언문을 가르치지도 배우지도 말며 이미 배운 자도 쓰지 못하게 했다. 한문을 언문으로 번역하는 행위도 금했고, 언문으로 구결을 단 책은 불살랐다. 한글은 초기에 궁궐이나 양반가의 여성들을 중심으로 보급되다가 그 즈음에는 일반 백성들 사이에서도 서서히 쓰이고 있었다. 물론 문제가 된 한글 투서는 사대부의 소행일 수도 있었지만, 추후 백성의 언로를 탈까 봐 연산군은 예방적 차원의 '한글금지령'을 내린 것이다.

실제로 당시 저잣거리의 민심은 임금에게 등을 돌린 지 오래였다. 연산군은 채홍사를 동원해 전국에서 여인들을 차출했다. 그들에게 '흥청' 등의 이름을 붙이고 예인(혹은 기녀)으로 만들어 날마다 잔치를 열었다. '흥에 겨워 재물을 마구 쓴다'는 뜻의 한자 성어인 '흥청망청興淸亡淸'이 여기서 유래되었다. 향락에 소요되는 비용은 백성들에게 2~3년 치의 세금을 미리 거둬들이는 식으로 충당했다. 사냥터를 조성한다고 민가를 철거하고 거주민들을 내쫓기도 했다. 민심이 부글부글 끓어올랐다.

임금에 대한 백성의 반감은 안으로만 쌓이지 않는다. 허균의 소설에 나오는 홍길동도 연산군 때 농민반란군을 이끈 실존 인물이었다. 그가 의적이었는지 아니었는지는 분명하지 않아도, 충청도 일대를 무대로 상당한 세력을 형성한 것은 사실로 보인다.《실록》에 홍길동이 향촌 토호들의 협력을 받아 조정 유력 인사와 교류한 정황이 드러나 있다.(《연산군일기》6년(1500) 10월 28일) 충청도는 홍길동이 휩쓴 뒤로 황폐화되어 10여 년 후에도 조세를 거두기가 힘들었다고 한다.(《중종실록》8년(1513) 8월 29일) 비록《실록》은 농민반란을 자세히 기록하지 않았지만 그 규모를 짐작할 수 있는 근거들이다.

연산군은 철저히 고립되었다. 훈구파와 사림, 그리고 백성을 한꺼번에 적으로 돌린 임금이 무사하기를 바랄 수는 없다. 그는 훈구파가 일으킨 중종반정(1506)으로 허무하게 왕위에서 쫓겨났고, 사림이 휘갈긴 붓질에 의해 사상 최악의 폭군으로 역사에 기록되었다. 보통 폐주는 백성의 동정을 사기도 하는데, 연산군은 모욕과 조롱 속에 철저하게 외면당했다.

연산군은 오늘날까지도 폭군의 대명사로 남아 있다. 예술을 장려하고 군사력을 키우려 한 부분을 재평가하는 시각도 있지만, 낙인을 지우기에는 역부족이다. 사대부와 백성의 언로를 무자비하게 틀어막으려 한 죄업이 그가 행한 공포정치 이상으로 무시무시한 역사의 심판을 낳았다. 다만, 그 죄업 또한 세조부터 성종까지 누대에 걸쳐 선왕들이 쌓아 온 업보라는 점도 잊어서는 안 될 것이다.

13

"신은 남몰래 원통하게 생각합니다"

臣竊冤焉

연산군 1년(1495), 어느 서얼 출신 공신이 천첩 신분인 어머니의 장례를 치르다가 사간원의 탄핵을 받았다. 남원에서 묘를 지키던 그이는 부랴부랴 한양으로 올라와 임금에게 상소를 올렸다.

> 신의 죄는 죽어 마땅합니다. 그러나 논박하는 가운데 '상여
> 喪轝를 참의僭擬(분수에 넘치게 윗사람을 따라함)하여 제조하였
> 다'고 한 것은 신이 남몰래 원통하게 생각합니다. 무명과
> 보통의 명주로 꾸미고 먼 길에 부러질까 봐 틀나무를 튼튼
> 하게 만들어 좀 무거웠을 뿐인데 어찌하여 참의라 하는지

신이 남몰래 원통하게 생각합니다. 66명이 메고 갔는데 어찌하여 100여 명이라 하였는지 신이 남몰래 원통하게 생각합니다. 방상씨方相氏(악귀를 쫓는 사람)는 법에 의당 사용하는 것인데, 어찌하여 사용할 수 없다고 하는지 신은 남몰래 원통하게 생각합니다.

— 《연산군일기》 1년(1495) 5월 3일

이 상소의 주인공은 바로 조선 왕조 500년을 통틀어 '최고의 모함꾼'으로 각인된 유자광柳子光(1439~1512)이었다. 그는 남이의 역모를 밝혀내어 익대 일등공신으로 책훈되고 무령군武靈君에 봉해진 대신이었다. 그런데 어머니의 상여가 참의僭擬, 즉 분수에 넘치게 임금을 모방했다고 하여 탄핵의 도마 위에 오른 것이다. 사간원은 탈을 쓰고 악귀를 쫓는 방상씨까지 물고 늘어지며 유자광을 처벌해야 한다고 주장했다.

다른 일도 아니고 어머니의 상사喪事를 건드리니 유자광도 꽤 속상했던 모양이다. 한평생 천대받다가 떠나는 어머니의 상여길이었으니 자식으로서 얼마나 애절했겠는가. 상소에 '원통할 원寃' 자가 수두룩한 건 그래서다. 물론 임금에게 올리는 상소이기에 격한 감정을 애써 누른 흔적이 역력하다. 원통함을 희석시키기 위해 '남몰래 절竊' 자를 앞에다 배치했다. 절원竊寃! 남몰래 원통해 한다니 참 절묘한 조어造語이다. 아무리 원통해도 '남몰래' 분을 삼키고, '남몰래' 한을 삭히는 게 그이와 같은 조선시대 서얼의 삶이 아닌가.

"내 뜻에 합당한, 진실로 기특한 재목이다"

유자광은 경주부윤(종2품)을 지낸 유규의 얼자로 태어났다. 서얼庶
孼은 사대부인 아버지가 혼외 관계로 낳은 자식을 말한다. 첩에게서 얻은
아들딸이 여기에 속한다. 서얼은 양인 어머니 소생인 서자庶子와 천민 어
머니에게서 난 얼자孼子로 나뉜다. 정실 부인의 자식인 적자嫡子와 달리,
이들에게는 사대부의 신분이 주어지지 않았다. 사대부도 양인도 천민도
아닌 애매모호한 잉여 집단. 아버지를 아버지라 부르지 못하는 모순적인
존재. 유자광은 날 때부터 이러한 태생적 한계를 안고 있었다.

조선시대 서얼은 출셋길이 막혀 있었다. 소과인 생원과와 진사과에는
진출할 수 있었지만, 과거의 꽃인 대과(문과)에는 응시할 수 없었다. 관직
에 나가 봤자 무과나 잡과를 통과해 말단에 머무는 게 고작이었다. 하지
만 유자광은 달랐다. 그는 이례적으로 얼자라는 결격 사유를 극복하고
출세의 발판을 마련했다. 그것도 혼자 힘으로. 세조 13년(1467) 이시애의
난이 터지자, 그는 상소를 올려 임금의 마음을 움직였다.

> 지금 장수와 병사들은 머물기만 할 뿐 진격하지 않습니다.
> 신은 그것이 옳은지 모르겠습니다. 공자께서 말씀하시길,
> '불이인폐언不以人廢言'(옳은 말이면 말한 사람의 신분이 낮다고
> 할지라도 결코 버려서는 안 됨)이라고 하였습니다. 엎드려 바라
> 옵건대, 전하께서는 신이 보잘것없다고 하여 버리지 마소
> 서. 신은 비록 미천하지만 혼자서라도 이 싸움에 한몫할 것

이시애의 난이 일어나자 세조는 토벌군을 파견하고 전황을 예의 주시
했다. 그렇지 않아도 왕위 찬탈로 정통성 문제를 안고 있던 세조였다. 그
는 재야의 불만 세력이 동조해 난이 확산되는 것을 두려워했다. 이를 방
지하려면 조기 진압이 필수였다. 그러나 전황은 지지부진했고, 왕의 속
마음은 타들어 갔다. 그때 건춘문을 지키던 일개 갑사甲士의 상소문이 올
라온 것이다. 유자광의 상소는 한여름의 무더위를 식혀 주는 한 줄기 청
량한 바람과도 같았다.

갑사 유자광은 고대 중국의 병법가 손무孫武를 인용해 속전속결을 주
장했다. 세조가 얼마나 듣고 싶은 말이었던가. 게다가 문장이 기개가 넘
치는 것은 물론 박람강기博覽强記(고금의 서적을 두루 섭렵하고 기억함)가 엿
보였다. 임금은 미천한 신분을 개의치 않고 그를 등용하겠다는 뜻을 밝
혔다.

세조는 유자광에게 병조정랑(정5품)을 제수했다. 요즘으로 치면 국방
부 사무관으로 특채한 셈인데, 서자도 아니고 얼자에게 내린 관직치고는
파격적이었다. 유자광이 인용한 《논어》의 불이인폐언不以人廢言(옳은 말이

면 말한 사람의 신분이 낮다고 할지라도 결코 버려서는 안 됨)이 와 닿았던 것일까? 그것은 명분일 뿐이고, 아마도 세조는 자신에게 충성하면 설혹 얼자라 할지라도 출세할 수 있다는 것을 보여 주려 했으리라. 정통성이 취약한 세조이기에, 충성에 목마른 군주이기에 이따금 이런 쇼를 연출할 필요가 있었을 것이다.

기왕에 보여 주는 쇼라면 화끈해야 한다. 조정에서 이 인사를 두고 시비가 일자, 세조는 아예 유자광의 얼자 신분을 허통許通해 줬다. 그에게만 특별히 서얼 금고禁錮를 풀어 과거 응시 기회를 부여한 것이다. 유자광을 위한 별시別試(임시로 치르는 과거)는 왕의 책문策問(정책적 질문)에 답하는 시험이었다. 그런데 감독관인 신숙주가 문법에 맞지 않는다는 이유로 유자광을 낙방시켜 버렸다. 아무래도 정식으로 학업을 이수하지 않고 독학했기 때문에 문장을 구사하는 방식이 달랐을 것이다.

하지만 세조는 직접 답안지를 검토하고는 낙방한 유자광에게 오히려 장원을 매겼다. 문법이 틀려도 뜻만 통하면 된다는 것이었다. 그리고 이번에는 병조참지(정3품) 벼슬을 내렸다. 당상관堂上官, 즉 조정에서 의식을 행할 때 당상의 교의에 앉는 자리였다. 이쯤 되면 단순한 쇼를 넘어 세조가 그에게 기대하는 바가 있었음을 알 수 있다. 유자광의 등용은 앞서 이야기한 대로 구성군 이준과 남이를 키운 의도와 연결된다. 말년의 세조는 구공신들을 견제하고 세자(예종)를 보필할 새로운 인재들을 육성하려 했다. 유자광도 그 신진 그룹의 일원으로 발탁한 게 아닐까.

그러나 역사는 세조의 포석대로 굴러가지 않았다. 세조가 꾸린 신진 그룹은 20대의 패기 넘치는 젊은이들이었다. 그중에서도 구성군 이준과 유자광은 《실록》에 기록된 몇 안 되는 미남자였다. 다시 말해, 왕은 반짝 반짝 빛나는 '신상'들을 끌어모았을 뿐 구공신들을 견제할 경륜이나 실력은 고려하지 않았던 것이다. 1468년 세조가 세상을 떠나자, 그들은 예종을 보필하기는커녕 오히려 분열을 일으키며 파멸의 길로 접어들었다.

"간신이 난을 일으키면 개죽음을 면치 못할 것이다"

구성군 이준을 시기하며 불손한 행태를 드러내던 남이는, 예종에 의해 겸사복장으로 좌천되자 영의정 강순을 부추겨 정변을 도모한다. 문제는 그가 무모하고 조급하게 움직였다는 점이다. 유자광을 찾아가 동참 의사를 타진한 것부터 실수였다. 아마도 세조에게 큰 은혜를 입었으니 정치 구도상 같은 편이라고 봤을 것이다.

> "세조께서 우리를 대접함이 아들과 다름없었다. 마땅히 충성을 다해 세조의 은혜를 갚아야 한다. 요즘 큰 상사喪事(세조의 죽음)에 인심이 위태롭고 의심스럽다. 주상이 재상의 집에 분경하는 자를 엄하게 살피니, 재상들이 반드시 싫어할 것이다. 아마도 간신이 난을 일으키면 우리는 개죽음을 면치 못할 것이다. 하여 내가 (먼저) 거사하고자 하는데, 수강궁은 얕아서 (바깥사람이 알기가 쉽기 때문에) 거사할 수 없고 반드시 경복궁이라야 가하다. 이 말은 세 사람이 모여도

발설할 수 없다."　　　　　－《예종실록》즉위년(1468) 10월 24일

하지만 유자광은 냉정했다. 그날 밤 승정원에 가서 남이가 한 말을 낱낱이 고해 바쳤다.

남이는 대체 무엇을 하려고 했을까?《실록》에 나오는 증언을 맞춰 보면, 간신이 난을 일으키려고 하니 그 전에 선수를 쳐서 거사하자는 계획이었다. 여기서 간신은 한명회를 일컫는다. 남이는 세조가 세상을 떠나고 어린 임금이 부정 축재 수단인 분경을 옥죄니, 한명회 등 구공신들이 가만히 있지 않을 것이라고 봤다. 이에 같은 적개 일등공신이자 오위도총관인 영의정 강순과 손잡고 먼저 그들을 제거하려 한 것이다.

남이의 역모를 유자광의 모함이라고 보는 이들도 많지만, 첩과 여종 등 관련자들이 털어놓은 정황은 오히려 꽤 신빙성이 있다. 남이는 북방 여진족의 동태를 빙자해 한밤중에 은밀히 사람들을 만나고 다녔다. 또 갑옷을 수리하고 무기를 만드는가 하면, 자신의 집으로 무인들을 불러들이기도 했다. 특히 영의정 강순은 최초로 거사를 모의하고 함께 계획을 세웠던 것 같다. 그들은 예종이 산릉에 제사 지내러 갔을 때 수강궁과 창덕궁에 불을 지르고, 임금이 경복궁으로 돌아오면 서로 당직 날짜를 맞춰서 군사를 일으키려 하였다.

사실 남이와 강순의 정세 판단은 틀리지 않았다. 실제로 구공신들은 일촉즉발의 분위기였고, 그들이 난을 일으킬 경우 두 사람은 살생부의 첫 장에 이름을 올렸을 게 틀림없다. 남이와 강순은 신공신 집단의 지도자 격인 인물들로 휘하에 적지 않은 군사를 두고 있었다. 우물쭈물하다

가 당할 바에는 차라리 '선빵'을 날리자는 게 두 사람의 뜻이었고, 이는 세조의 유지遺志(죽은 사람이 생전에 이루지 못하고 남긴 뜻)에도 부합한다고 볼 수 있었다.

문제는 친위 쿠데타로 나아가야 할 거사가 새로운 왕을 물색하면서 삼천포로 빠졌다는 것이다. 남이와 강순은 보성군 이합 등 종친들을 거론하며 임금을 갈아치우려 했다. 여기에는 아마도 남이와 예종의 불편한 관계가 작용했으리라. 또, 예종의 위험한 개혁 행보가 신공신 집단에 부메랑으로 돌아오는 정국도 어린 왕에 대한 불신을 키웠을 터. 그러나 거사의 성격이 반역으로 변질되면서 함께할 동지들의 범위도 축소되었다. 유자광 같은 인물이 대표적이다.

세조의 총애를 입은 유자광은 왜 정치 구도상 같은 편이라고 볼 수 있는 남이를 고변했을까? 가장 큰 이유는 그가 임금 말고는 기댈 언덕이 없는 서얼 출신이었기 때문이다. 유자광은 집안 배경도, 학맥의 지원도 기대하기 어려운 처지였다. 일신의 재주만으로는 살얼음판 같은 정계에서 살아남기 힘들다. 그가 믿을 것은 오직 군주뿐이다. 세조의 마음을 헤아리는 상소를 올려 입신한 이래, 그는 해바라기처럼 왕의 총애를 구했다. 절대적인 충성만이 이 남자가 사는 길이었던 것이다.

이런 인물에게 반역의 뜻을 내비쳤으니……. 남이 본인의 말마따나 영웅이 시대를 잘못 만났다고 하기에는 너무 어설픈 처신이었다. 더구나 유자광에게 예종은 성은이 망극한 임금 세조의 후사가 아닌가. 유자광은 선왕의 은혜를 갚기 위해 거사에 동참하지 않고 승정원으로 향했다. 결국 남이는 순진한 역모의 대가를 혹독하게 치러야 했다. 남이는 강순 등과 함께 사지가 찢겨 7일간 효수되었고, 정변을 막은 유자광은 익대 일등 공신에다 무령군으로 봉해지며 대신 반열에 올랐다.

14

"유자광은 전국시대 협객과 같다"

子光類戰國俠客

성종 20년(1489) 임금이 유자광을 장악원제조(종1품 · 정2품 · 종2품의 문신이 겸직)로 임명했다. 장악원掌樂院은 궁중의 음악과 무용을 관장하는 관청이었다. 실권은 크지 않지만 예악을 중시하는 조선에서는 가벼이 여길 수 없는 자리였다. 대간들은 당장 이 인사에 반기를 들고 나섰다.

사헌부장령 정석견이 아뢰었다. "요사이 유자광을 장악원 제조로 삼았는데, 이에 앞서서는 윤필상과 허종이 모두 덕 망이 있으므로 서로 이어받아 했습니다. 유자광은 비록 궁 검弓劍(활 쏘고 칼 쓰는 일)과 문묵文墨(시문을 짓거나 서화를 그리는 일)의 재주는 있지만 전국시대戰國時代의 협객俠客과 같습니다. 예악禮樂은 나라를 다스리는 근본이 되는 것인데 유자광에게 악樂을 책임지는 관직을 맡길 수 있겠습니까? 개정하기를 청합니다." 이에 임금이 말했다. "이전에 장악원제조가 된 사람들은 모두 덕망이 있었는가? 유자광이 무슨 불가할 것이 있겠는가?"

– 《성종실록》 20년(1489) 10월 28일

사헌부장령 정석견은 유자광을 중국 전국시대의 협객에 비유하며 예악을 관장하는 관직을 맡길 수 없다고 주장했다. 전국시대 협객! 이것이 당시 사림의 눈에 비친 유자광의 모습이었다. 그는 성리학의 정통성에서 빗나간 이단이었다. 예악은 성리학을 갈고닦아 학식과 인격을 갖춘 선비가 맡아야 하는데 유자광은 어울리지 않는다는 논리다.

이에 대한 임금의 답변이 걸작이다. 전직 장악원제조들은 그럼 덕망이 있었느냐고 비꼰다. 좋은 집안에서 태어나 성리학을 공부한 사람이라고 꼭 덕망이 있으리란 법은 없다. 반대로 서얼 출신에 전국시대 협객 같은 인물이라고 무조건 덕망이 없으리란 법도 없다. 결국 성종은 이 인사를 밀어붙인다. 유자광의 충심과 능력을 아낀 것이다.

"우리나라에서는 반드시 가문을 따져야 합니다"

유자광은 늘 임금의 마음을 헤아리고 충성을 표하는 데 공을 들였다. 왕이 아쉬울 때마다 흑기사가 되어 힘을 실어 줬다. 1476년 성인이 된 성종이 친정親政에 나서는 데에도 유자광의 도움이 적지 않았다. 당시 대비 정희왕후가 수렴청정을 그만하겠다는 뜻을 밝히자, 한명회가 반대하고 나섰다. 그런데 반대의 논거로 제시한 말이 문제가 되었다.

> "지금 만약 주상에게 정사를 돌려준다면 이는 국가와 신민을 버리게 되는 것입니다. 나중에 신이 대궐 안에서 술을 마시더라고 마음이 편할 수 있겠습니까? 노산군(단종)은 나이가 어린데도 곁에서 지켜 줄 사람이 없어서 간사한 신하들이 반란을 일으킨 것입니다. 지금도 중궁中宮(왕비)이 정해지지 않았는데 전하께 정사를 돌려주는 것은 옳지 못합니다."
> — 《성종실록》 7년(1476) 2월 19일

아무리 한명회라지만 임금에게 무례하기 짝이 없는 언사였다. 대궐 안에서 마음 편히 술 마실 수 없을까 봐 주상에게 정사를 돌려주지 못하겠다니 이 무슨 망발인가. 스무 살이 된 성종을 10대 초반의 단종에 비유한 것도 어불성설이고, 왕비가 정해지지 않아 곁에서 지켜 줄 사람이 없다는 것도 궁색한 논리다. 마침 자기 딸이자 성종의 비였던 공혜왕후가 세상을 떠난 후였다. 자신 같은 든든한 장인이 없으면 반쪽짜리 군주라는 말인가?

한명회의 말은 실로 오만방자했다. 하지만 대소 신료들은 꿀 먹은 벙어리였다. 군주가 성인이 되면 수렴청정을 거두는 게 맞지만, 한명회의 위세에 눌려 눈치만 보고 있었던 것이다. 이때 용기 있게 총대를 멘 인물이 바로 유자광이었다. 그는 지록위마指鹿爲馬(사슴을 가리켜 말이라고 함. 중국 진나라 승상 조고가 위세를 부리며 황제를 농락한 것) 고사까지 들먹이며 한명회를 강력히 규탄했다. 그것은 목숨을 걸어야 할 만큼 센 표현이었다.

> "신이 듣건대, 농담으로 하는 말도 평소 마음에서 나온다고 합니다. 한명회가 마음속에 (임금에 대한) 예의가 없으므로 말에 나타난 것입니다. 이것이 그 죄를 다스리지 않을 수 없는 이유입니다. 이미 전하의 춘추가 한창이고 성학聖學(제왕의 학문) 또한 고명합니다. 대비께서는 마땅히 전하에게 정사를 돌려줘야 하고, 전하께서도 굳이 사양할 수 없는 일입니다."
> – 《성종실록》 7년(1476) 2월 19일

한명회는 얼마 후 사직을 청하는 식으로 불만을 표시했다. 성종도 유자광을 불러 "말이란 한 번 기록이 남으면 역사에 전해져 고칠 수 없다"며 대신을 조고에 빗댄 것은 지나쳤다고 꾸짖었다.(《성종실록》 7년(1476) 3월 1일) 그러나 그걸로 끝이었다. 유배를 보낸다든지 해야 한명회의 권위가 설 텐데 슬쩍 문책만 하고 넘어간 것이다. 이때부터 한명회의 권세는 바람 빠진 풍선처럼 수그러들었다. 유자광이 고양이 목에 방울을 다는 데 성공한 셈이다. 이런 과정을 거쳐 성종은 재위 7년 만에 친정에 나설 수 있게 되었다.

하지만 성종 치세에 유자광은 정치의 중심에 서지 못했다. 신분 질서를 중시하는 사림이 조정에 자리를 잡으면서 그를 배척했기 때문이다. 성종은 훈구파를 견제하기 위해 사림을 중용하고 재위 기간 내내 그들의 말에 귀를 기울이며 권력의 균형을 잡아 나갔다. 이 때문에 유자광의 능력이 출중하다는 사실을 알고 있었지만 대놓고 요직에 기용하기는 어려웠다.

사림이 유자광을 배척한 근거는 무엇이었을까? 성종 8년(1477) 왕이 유자광을 도총관(정2품, 군무를 총괄하는 최고위직)에 임명하자, 대사간 김영유가 다음과 같이 간했다.

> "중국에서는 사람을 쓰는 데 족류族類(친족)를 따지지 않지만, 우리나라에서는 반드시 문지門地(문벌)를 택합니다. 도총부都摠府로 말하면 금병을 맡아 거느리고 좌우에서 (임금을) 가까이 모시는 것이므로 모름지기 가문과 인망이 모두 높은 자를 제수해야 합니다. 대개 상하를 구별하고 명분을 정하는 것은 조정에서 시작됩니다. 유자광과 같은 자가 가장 중요한 직을 맡게 되면, 이는 조정에서 먼저 명분을 무너뜨리는 것이니, 사방에서 무엇을 취하여 본을 받겠습니까?"
>
> – 《성종실록》 8년(1477) 윤2월 24일

김영유와 사림은 유교 예법을 명분 삼아 유자광의 기용을 막았다. 신분의 상하를 구별하는 것은 나라의 기강을 잡는 일로 조정에서부터 앞장서지 않으면 안 된다는 주장이다. 그들이 볼 때 유자광은 신분 질서를 어지럽히는 인물이었다. 본보기로 삼아 관직을 제한할 필요가 있었다. 성종은 유자광이 이미 세조에게 서얼 허통의 은혜를 입었고, 익대 일등공신으로서 대신이 된 자이니 도총관 자격이 있다고 반박했다. 그러나 사림 언관들은 물러서지 않았다. 서얼 허통은 세조의 대에 국한해야 하며, 설혹 공이 있더라도 토지나 명예직 등 다른 방법으로 보상해야 한다는 것이었다.

성종이 유자광에게 다시 관직다운 관직을 준 것은 재위 20년(1489)에 이르러서였다. 명나라 사신을 전전하면서도 충언을 아끼지 않았던 유자광에게 장악원제조를 제수한 것이다. 앞에서 살펴봤듯이 이때도 조정은 부적절한 인사를 철회하라는 목소리로 들끓었다. 하지만 재위 20년쯤 된 노련한 왕의 의지를 신하들이 함부로 꺾기는 어렵다. 결국 유자광은 장악원제조로서 능력을 발휘할 기회를 얻는다.

그 결과물이 성종 24년(1493)에 완성된 《악학궤범樂學軌範》이다. 《악학궤범》은 궁중음악과 향악, 당악을 집대성한 책으로서 유교 의례에 귀중하게 쓰였다. 장악원제조 유자광이 편찬을 주도한 《악학궤범》 덕분에 성종은 말년에 예악의 근본을 다스리고 세상을 떠날 수 있었다. 조선의 통치체제 완성이라는 측면에서 유종의 미를 거두며 화룡점정畵龍點睛을 한 셈이다.

유자광은 자신을 발탁해 준 세조의 혈맥에 대대손손 충성으로 보은하고자 했다. 그의 충심은 세조의 증손자인 연산군 대까지 이어졌다. 무오사화戊午士禍에 끼친 그이의 해악도 이러한 시각으로 다시 조명할 필요가 있다.

연산군 4년(1498) 유자광은 김종직의 〈조의제문弔義帝文〉을 구절마다 풀이해 세조의 왕위 찬탈을 조롱했다고 고해바친다.

> "김종직이 감히 이렇게 (세조를 모략하는) 부도不道한 말을 했다니, 청컨대 법에 의하여 죄를 다스리시옵소서. 이 문집과 판본을 다 불태워 버리고 간행한 사람까지 아울러 죄를 다스리시기를 청하옵니다." ― 《연산군일기》 4년(1498) 7월 15일

〈조의제문〉은 젊은 시절 김종직이 꿈에서 항우에게 쫓겨나 죽은 초나라 의제를 만나고 깨어난 후 그의 처지를 마음 아파하며 쓴 글이다. 세조와 단종의 일을 떠올리게 만들지만, 그 자체로는 불손한 의도를 찾기 어렵다.

하지만 유자광은 〈조의제문〉을 사초史草(《실록》 편찬의 1차 자료)로 쓴 김일손의 언급을 부풀려 이 글을 재해석한다. 사관 김일손은 사초에다 그 전문全文을 싣고, "김종직의 충분이 깃들어 있다"고 논평을 달았던 것이다. '충분忠憤'이란 충의에 입각한 분한 마음을 뜻한다. 글은 어떤 관점

에서 보느냐에 따라 의미가 완전히 달라진다. 이 한 줄로 〈조의제문〉은 세조의 즉위를 불충으로 보는 정치적인 글로 탈바꿈했다.

김일손은 김종직의 제자였다. 연산군은 이미 죽은 김종직을 무덤에서 끄집어내어 목을 자르고, 사초에 〈조의제문〉을 실은 김일손은 찢어 죽였다. 이 밖에도 김굉필, 정여창 등 이름난 선비들이 무더기로 화를 입었다. 유자광은 일약 사림의 공적으로 떠올랐다. 사림은 전매특허인 붓질을 통해 인신공격을 퍼부었다.

> 유자광이 함양 고을에서 노닐다가 시를 지었는데 이를 현판에 새겨 걸게 했다. 그 후 이 고을 수령으로 온 김종직이 '유자광이 무엇이기에 감히 현판을 단다는 말이냐'며 즉시 철거하고 불살랐다. 화가 난 유자광은 이를 갈았다. 그러나 김종직이 임금(성종)의 총애를 받아 한창 융성하므로 (본심을 감추고) 도리어 서로 사귀기를 청했다. 김종직이 죽자 만사輓詞(애도하는 글)를 지어 통곡했으며, 심지어는 왕통(중국 수나라의 사상가)과 한유(중국 당나라의 문인)에 비유했다.
>
> – 《연산군일기》 4년(1498) 7월 29일

중종 대에 편찬된 《연산군일기》에는 무오사화의 전말을 장황하게 늘어놓은 사평史評이 덧붙여졌다. 중종반정 이후 연산군을 깎아내리려고 붓질을 한 흔적이다. 당연히 '주모자' 유자광에 대한 악평도 가득 담겨 있다. 오늘날 그이에게 따라붙는 악당 이미지도 여기서 비롯되었다.

사관은 유자광을 어려서부터 방종하고 패악하여 자식 취급을 못 받았고, 심지어 길가의 아녀자를 함부로 끌고 가 간음한 무뢰한으로 낙인찍었다. 무오사화도 음흉한 유자광이 김종직에 대한 사사로운 원한을 갚고자 저지른 무고로 기록했다. 자신의 시를 새긴 현판을 김종직이 불사른 것에 앙심을 품고 복수를 했다는 논리다.

그와 함께한 인물들도 도마 위에 올랐다. 실록청 당상관으로서 유자광에게 〈조의제문〉에 관한 언질을 준 이극돈은 김일손과 불편한 관계였다. 이극돈이 전라감사 시절 정희왕후의 국상 기간에 기생과 놀아났는데, 김일손이 이를 사초에 적었기 때문이다. 한밤중에 유자광의 고변을 주선한 도승지 신수근도 사림 언관들과 척을 지고 있었다. 신수근은 연산군의 처남으로, 도승지를 제수 받았을 때 '외척이 권세를 얻을 조짐'이라 하여 대간의 공격에 시달렸다. 《연산군일기》의 사관은 이들을 한 두름으로 엮어 무오사화를 "사당邪黨이 정류正類를 모함한 것"으로 일단락지었다.

무오사화와 유자광에 대한 이 사평은 사실 모순점이 적지 않다. 성리학 용어로 바꾸면 '사당'은 남을 헐뜯는 소인배의 무리요, '정류'는 군자의 길을 걷는 선비들이다. 즉, 사림을 군자로 규정하고 소인배 악당에게 모함을 받았다고 끼워 맞춘 것이다. 그러나 유자광의 행적에는 소인배의 행태로 매도당하기엔 억울한 측면이 없지 않다.

사평에도 유자광이 김종직에게 수모를 당하지만 도리어 사귐을 청하는 대목이 나온다. 그가 죽자 애도의 글을 지어 통곡하기도 한다. 사관은 김종직이 성종의 총애를 받고 있기에 비굴하게 자신을 낮춘 것이라고 했지만, 사실만 놓고 보면 이는 소인배가 아니라 오히려 '대인배'의 행태라고 불러야 마땅하다.

그렇다면 유자광은 왜 김종직의 〈조의제문〉을 법으로 다스려 달라고 주청했을까? 그 이유는 단순하다. 유자광이 걸어온 길을 보면 알 수 있다. 그는 세조의 정통성에 먹칠하는 글을 참을 수 없었던 것이다. 세조와 그 혈맥에 대한 유자광의 충성심은 절대적이었다. 이극돈이 그에게 사초를 보여 준 것은 그래서다. '왕당파 협객' 유자광이라면 세조에 대한 폄훼를 가만두지 않으리란 계산이었을 것이다.

"유자광이 무슨 불가할 것이 있겠는가"

어떤 의미에서 유자광은 세조가 후손을 위해 안배한 '마름'(지주를 대신하여 소작권을 관리한 사람)이었다. 남이와 김종직에 대한 고변으로 유자광에 대한 세간의 평가는 좋지 않았다. 아무리 합당한 이유가 있는 고변이더라도 고변한 사람의 이미지는 흠집이 나기 마련이다. 하지만 그는 임금의 마름으로서 언제나 자신의 본분에 충실했다. 만약 그가 죽을 때까지 일관되게 이 길을 걸었다면 오늘날 모함꾼으로 각인되지는 않았을 것이다.

유자광을 희대의 악당으로 만든 것은 사실 남이의 역모도 무오사화도 아니다. 바로 그가 연산군을 버리고 중종반정에 동참해 정국공신靖國功臣, 그것도 일등공신에 올랐기 때문이다. 물론 연산군은 왕으로서 심각한 문제가 있었다. 유자광이 버릴 정도면 말 다한 거 아닌가. 하지만 이로 인해 전국시대 협객처럼 세조의 혈맥에 대대손손 충성해 온 유자광의 공덕은 무너지고 만다. '그래도 임금에게 충성한 신하'라는 명분이 사라지자, 숨죽이고 있던 고변의 업보가 고개를 들었다. 방어망이 뚫리자 사림의 집중포화가 그에게 퍼부어졌다.

중종 2년(1507), 유자광은 광양으로 유배를 떠나게 된다. 삼사의 탄핵이 쏟아진 결과다. 5년 뒤 그는 유배지에서 파란만장한 생을 마감했다. 말년에는 눈까지 멀었다고 하니 편안한 죽음은 아니었을 것이다. 그러나 더 큰 불행은 사후 '유자광' 이름 석 자에 가해진 난도질이었다. 그는 남이의 역모와 무오사화뿐 아니라 갑자사화의 업보까지 짊어져야 했다. 모함으로 권세를 휘두른 악당 이미지는 오늘날까지 완고하게 이어지고 있다.

실제 유자광의 언행을 찬찬히 뜯어보면 의인을 모함한 소인배보다 세조에 대한 의리를 지킨 협객에 가깝다. 권세를 휘둘렀다고는 하나, 그가 맡은 관직 대부분은 실권을 쥔 요직이 아니라 품계에 따른 명예직에 불과했다. 유자광에 대한 사림의 매도는 실상에 비해 도가 지나쳤으며, 다분히 의도적인 주홍글씨였다. 이 주홍글씨는 사림이 추구한 '도덕의 나라' 조선의 지배 질서와 무관하지 않다.

사림은 예禮로 상하를 구별함으로써 지배 질서를 틀어쥐고자 했다. 성리학의 예는 집안의 부자 관계에 바탕을 둔 가부장적 개념이다. 이 부자 관계가 국가 통치는 물론 국제외교로 확장된다. 신하는 임금을 집안의 아버지처럼 섬겨야 하고, 이와 마찬가지로 소국은 대국에 사대해야 한다. 가부장적인 예는 모든 사회적인 관계를 규정한다. 피지배층에게 무조건적인 복종을 요구할 수 있는 것이다. 아버지가 아무리 개차반이라도 자식된 도리로 함부로 할 수는 없지 않은가.

이러한 지배 질서를 구축함으로써 재미 본 사람은, 유자광이 아니라 유자광을 탄핵한 사대부 계층이었다. 성리학 지식으로 무장한 그들은 가부장적인 예를 앞세워 피지배층인 백성을 수탈하고 지배층으로서의 특권을 구축했다. 고려 말 절의파 지식인의 후예로 조선 건국 후 향촌에서 토착 세력과 결탁한 사림은 그렇게 힘을 키웠다. 그들이 그토록 유자광을 밀어내려 한 것은, 유자광의 존재가 그들이 지키려 한 지배 질서의 전제 조건을 흔들었기 때문이다. 적법한 혼인, 적법한 부자 관계가 성립하지 않는 서얼이 어디 감히!

실제로 사림은 망국 직전까지 유자광의 사례를 들먹이며 서얼 허통을 가로막았다. 가부장적인 예를 도덕적 권위로 삼아 자신들의 특권을 공고히 한 사림으로서는 당연한 처사였다. 그렇다면 성종은 왜 유자광의 장악원제조 임명을 강행했을까? 예禮는 상하를 구별하는 것이지만, 장악원에서 관장한 악樂은 상하를 조화시키는 것이다. 임금의 입장에서 보면, 신분의 한계를 뛰어넘은 유자광이야말로 악의 본뜻을 살릴 적임자가 아니었을까. 하지만 이후 사림이 조정을 장악하면서 상하의 구별은 더욱 엄격해지고 서얼의 출셋길은 원천적으로 차단되었다.

세월이 흐르면서 서얼의 수는 더욱 증가했고, 그들의 좌절감은 커져만 갔다. 그러면서 서얼들이 관계된 환란이 끊임없이 일어났다. 선조 22년 (1589)에 불거져 동인東人에게 참화를 입힌 기축옥사己丑獄死는 서얼 집안에서 태어난 서인西人 송익필의 조작극이란 설이 있다. 또 임진왜란 중에 터진 서얼 송유진과 이몽학의 난은 애꿎게도 이산겸, 김덕령 등 의병장들을 죽음으로 내몰았다. 광해군 5년(1613) 강도살인 혐의로 추포된 강변 칠우(박응서, 서양갑 등 서얼 출신 서생들의 모임)의 허위 자백은 계축옥사의 도화선이 되었으며, 10년 후 인조반정으로 이어졌다.

3부

도덕의 나라

"평이하고 명백한 것으로 도를 삼다"

16세기 들어 성리학이 향촌 구석구석까지 전파되면서

조선은 백가쟁명百家爭鳴의 시대로 접어든다.

절의파가 발전시킨 자기수양의 성리학은

'도학道學'이라는 이름으로 한 시대를 풍미했다.

수기치인修己治人의 도덕정치가 수면 위로 떠올랐고,

사림은 창을 거꾸로 잡은 채 덤비다 화를 입으며 '불멸의 선비'가 되었다.

성리학적 지배 질서, 즉 '도덕의 나라'는 사림의 집권으로 완성되었지만

그것은 반쪽짜리였다.

현실과 동떨어진 관념적인 도덕은 어김없이 분열과 무능의 폐단을 드러냈다.

새로이 열린 언로는 산과 들로 뿔뿔이 흩어져 신음하는 백성을 외면했다.

바야흐로 당쟁과 전란의 소용돌이가 조선을 덮쳐 오고 있었다.

15

"양사를 파하고 언로를 다시 여소서"
請罷兩司復開言路

"근자에 박상, 김정 등이 구언求言에 따라 진언하였습니다. 그 말이 지나치다 해도 쓰지 않으면 그만입니다. 어찌하여 죄를 줍니까? (더구나) 대간이 죄주기를 청하여 의금부의 낭관까지 보내 잡아 왔습니다. 대간이 된 자는 언로를 잘 열어 놓은 뒤에야 그 직분을 다했다고 할 수 있습니다. 김정 등에 대하여 혹 재상이 죄주기를 청하더라도 대간은 구제하여 언로를 넓혀야 할 터인데, 도리어 스스로 언로를 훼손함으로써 먼저 그 직분을 잃었습니다. 신이 이제 정언正言이 되어 어찌 직분을 잃은 대간과 일을 같이 하겠습니까?

중종 10년(1515) 11월, 사간원 정언(정6품) 조광조趙光祖(1482~1519)가 임금에게 양사兩司(사헌부와 사간원)의 대간臺諫들을 전부 파직하라고 청하였다. 조정이 발칵 뒤집어졌다. 조정에 갓 출사한 신출내기 언관이 감히 선배들을 모두 내치라는 주장을 하다니.

이 발언에는 언로와 대간에 대한 조광조의 소신이 담겨 있었다. 언로가 통하면 나라가 잘 다스려지고, 언로가 막히면 어지러워져 망한다는 게 그의 믿음이었다. 대간의 역할이 그 무엇보다 중요하다. 대간의 직분이 나라의 언로를 여는 것이기 때문이다. 구언求言(임금이 국정에 관하여 널리 비판의 말을 구하는 것)에 응한 신하를 처벌하려 한다면 마땅히 소매를 걷어붙이고 말려야 한다. 그런데 대간이 오히려 앞장서서 죄를 청하였으니 스스로 언로를 훼손한 셈이다. 무거운 책임을 묻는 것이 당연하다.

조광조의 요구는 양사의 대간들을 전부 파직하는 데 그치지 않았다. 그가 진짜 하고 싶은 말은 "언로를 다시 여시라(復開言路)"는 것이었다. 이는 '입은 화를 부르는 문이요, 혀는 자신을 베는 칼'이라며 언로를 틀어막은 연산군 시대를 온전히 청산하라는 외침이었다. 또, 훈구대신들의 반칙과 특권으로 얼룩진 조선을 전면적으로 쇄신하라는 건의이기도 했다.

조광조의 주장은 조정에 큰 파장을 불러일으켰다. 뜻있는 관료와 선비들이 조광조를 중심으로 뭉치기 시작했다. '기묘사림己卯士林'은 그렇게 역사의 무대에 모습을 드러냈다. 지치至治와 도학道學을 추구하는 새로운 도덕정치가 조선 땅에 출현한 것이다.

"신하의 도는 임금이 아닌 의義를 따르는 것"

15세기 후반 조선의 통치체제가 제도적으로 완성되면서 건국이념인 성리학도 사회 전반에 녹아들기 시작했다. 새롭고 심화된 성리학이 널리 퍼져 나간 것도 이즈음이다. 원래 성리학은 중국 송대에 북송오자北宋五子(주돈이 · 정호 · 정이 · 소옹 · 장재)가 꽃피우고 주자가 집대성한 이학理學에 뿌리를 두고 있었다. 이때는 세상 만물의 이치와 인간의 심성을 탐구하는 관념론의 성격이 강했다. 하지만 송나라가 멸망하고 원나라가 들어서자, 성리학은 나라를 다스리는 경세經世의 학문으로 바뀌어 갔다.

정도전 등 조선 건국파가 받아들인 것도 원나라에서 수입한 경세의 성리학이었다. 이들은 현실 정치에 참여하는 관학官學을 통해 조선의 통치체제를 구축해 나갔다. 반면 새 왕조에 협력하기를 거부하고 향촌으로 뿔뿔이 흩어진 절의파는 성리학의 원형을 찾아 나섰다. 그들은 송나라의 학문으로 되돌아가 북송오자와 주자의 이학을 파고들었다. 나라를 다스리는 경세론에서 이치와 심성을 사유하는 관념론으로, 성리학의 무게중심을 옮긴 것이다. 초창기 사림은 그렇게 형성되었다.

새로운 성리학의 신봉자들은 학문적 성취를 쌓으면서 서서히 도덕정치의 꿈을 키워 나갔다. 대표적인 집단이 바로 김종직과 그의 문인들이었다. 그들은 군주에 대한 충성보다 도덕적인 의리를 앞세우는 완고한 정치철학으로 무장하고 윤리운동을 펼쳐 나갔다. 훈구파로 변질된 관학의 후예들이 사리사욕을 추구하는 동안, 과거를 거쳐 조정에 진출한 사림은 견제 세력으로 자리 잡았다.

그러다가 성종 대에 이르러 사림은 임금의 후원을 등에 업고 약진했다. 이를 가능케 한 제도적인 장치가 바로 언론권과 낭관권이었다. 사림은 사헌부, 사간원, 홍문관에서 언론을 담당하는 언관言官과 이조·병조의 인사 실무를 처리하는 낭관郎官을 장악했다. 이 벼슬들은 품계상으로는 중하급이지만, 당상관이나 재상이 되려면 반드시 밟아야 하는 필수 코스였다.

사림 관료들은 거침없는 논리로 훈구대신은 물론이고 임금까지 비판하였다. 성종 대의《실록》을 살펴보면, 그들이 훈구대신들을 탄핵하고 임금을 압박하는 사례가 넘쳐난다. 임금이 자신들의 요구를 들어주지 않으면 왕명까지 거부하기도 했다.

비근한 예로 성종 24년(1493) 10월, 영의정 윤필상의 탄핵을 둘러싸고 왕과 사림 관료들이 충돌한 일화를 들 수 있다. 사헌부의 탄핵을 받은 윤필상이 사직 상소를 올리자, 성종은 '불윤비답不允批答'(사직을 허락하지 않는다는 내용을 담은 사실상의 신임장)을 내렸다. 그런데 이를 전하라는 명을 받은 홍문관 교리 유호인이 임금에게 항명했다. 사헌부의 탄핵이 정당하므로 불윤비답을 전할 수 없다는 것이었다. 화가 난 성종은 당장 유호인을 국문하려 했다. 그러자 홍문관 전한 성세명이 임금에게 아뢰었다.

"신하의 도道는 의義를 따르는 것이지, 임금을 따르는 게 아

참으로 의미심장한 말이다. 이는 당시 사림 관료들의 정체성이 응축된 말이었다. 그들은 도덕적 의리에 입각한 공론公論을 그 무엇보다 중요시했다. '공론'은 오늘날로 치면 여론與論에 해당하는 공공의 의견이다. 하지만 앞에서도 밝혔듯이 당시에는 성리학을 신봉하는 사대부의 견해가 공론이었다. 사림은 설혹 임금의 뜻이라도 공론을 거스른다면 용납하지 않았다.

사림 관료들은 공론을 관철시키기 위해 집요하게 임금과 훈구대신들을 괴롭혔다. 언관들은 완의完議, 즉 내부 합의를 통해 공론이 정해지면 저돌적으로 제기했다. 연일 상소를 올리고 경연 자리에서 간했다. 이 과정에서 사헌부와 사간원이 합사하고, 홍문관이 문헌 근거를 뒷받침하는 방식을 즐겨 썼다.

공론이 관철되지 않을 때에는 사직을 요청하기도 했다. 임금이 사직을 윤허하지 않으면 다시 공론을 재개했고, 다른 사람으로 교체하면 그이도 합세했다. 인사 실무자인 낭관들이 한통속이라 그 나물에 그 밥인 인물을 추천했기 때문이다. 그렇게 몇 달 동안 밀어붙여도 안 되면, 이번에는 사관들이 나서서 문제의 공론을 사평史評(《실록》의 비평)으로 남겼다.

"신 등은 그의 살덩이를 씹고 싶습니다"

이쯤 되면 권력자들은 신경이 날카로워지기 마련이다. 왕의 권위나 조정의 기강이 말이 아니게 된다. 공론에 발목이 잡혀 현안이 지체되기 일쑤였다. 그럼에도 불구하고 제동을 걸지 못한 까닭은 무엇일까?

여러 가지 이유가 있겠지만, 무엇보다 국법으로 언관과 낭관의 인사에 제도적인 자율성을 부여했기 때문이다. 홍문관의 경우, 홍문록弘文錄(동료들의 평가에 기초한 자체 인선 명부)이 인사고과에 반영되었다. 사헌부에서는 부적절한 인물이 임명되면 서경署經(5품 이하 신임 관료에 대한 신원조사)을 거부했고, 사간원도 피혐避嫌(자발적인 교체 요구)을 적극 활용했다. 낭관도 후임자를 스스로 천거하는 자천권自薦權 덕분에 외압을 줄일 수 있었다.

사림 관료들은 도덕적인 정체성을 강화하고, 언관과 낭관을 아우르는 네트워크를 형성하면서 날이 갈수록 강경한 언론을 행사했다. 이는 이전의 양반 관료들과는 근본적으로 다른 모습이었다. 조선은 통치체제의 제도적인 완성과 함께 그렇게 전환의 길로 접어들었다. 하지만 그 길은 고난의 가시밭길이었다.

성종의 뒤를 이어 즉위한 연산군은 재위 초반부터 사림 관료들과 격렬하게 충돌했다. 성종의 수륙재 거행과 묘호 제정 등 민감한 사안들을 놓고 사림 관료들은 새 왕과 첨예하게 맞섰다. 임금의 뜻에 영합하는 대신들도 집중 표적이 되었다. 연산군 3년(1497) 원로대신 노사신이 왕의 입장을 옹호하며 대간이 명예를 얻고자 꼼수를 부린다고 비판하자, 사간원

정언 조순이 극언을 퍼부었다.

> "노사신의 죄는 비록 극형에 처해도 도리어 부족합니다. 신
> 등은 그의 살덩이를 씹고 싶습니다."
>
> ─《연산군일기》 3년(1497) 7월 21일

조순은 노사신의 비판이 성리학의 근본정신을 해치는 것이라고 봤다. 하지만 살덩이를 씹고 싶다는 발언은 선을 넘은 막말이 분명했다. 이에 연산군은 조순에게 답을 내리며 불편한 감정을 드러냈다.

> "이는 필시 '내가 대간이 되었으니 이렇게 이야기해도 어쩌
> 지 못할 것'이라는 생각에서 나온 말이 아니겠는가."
>
> ─《연산군일기》 3년(1497) 7월 21일

이 말은 사림 관료와 언론에 대한 연산군의 시각을 보여 준다. '임금과 원로를 업신여기는 거만한 무리'를 왕은 예의 주시했을 터. 아니, 어쩌면 이를 갈면서 응징을 다짐했는지도 모른다. 마침내 무오사화와 갑자사화의 피바람이 닥쳐 왔다. 연산군의 철퇴를 맞은 초창기 사림은 그러나 무기력하게 물러서지 않고 새로운 인물들을 내세워 과업을 이어 나간다.

"아랫사람을 진작시킴은 윗사람에게 달렸다"

조광조는 개국공신 조온의 5대손이었다. 17세 때 어천찰방에 부임하는 아버지를 따라나섰다가 무오사화로 희천에 유배 중이던 김굉필에게 가르침을 받았다. 정몽주 – 길재 – 김숙자 – 김종직 – 김굉필로 이어지는 초창기 사림의 학통을 이은 것이다. 그는 《소학小學》, 《근사록近思錄》 등 성리학 입문서들을 바탕으로 학문과 생활을 일치시키는 실천적인 윤리관을 정립했다. 성현의 가르침에 따라 평소에도 의관을 정제하고 자세를 꼿꼿이 하며 언행을 절제했다. 이 때문에 성균관 유생 시절부터 세간의 주목을 받았다.

1515년 조광조는 서른넷의 나이로 알성시에 급제하고 언관이 되었다. 때마침 조정은 순창군수 김정과 담양부사 박상의 유배 문제로 들끓고 있었다. 그들은 장경왕후 윤씨(중종의 제1계비로 인종의 모후)의 죽음으로 비어 있는 중전 자리를 중종의 전처인 신씨에게 돌려줘야 한다고 상소했다. 신씨는 중종반정(1506) 직후 연산군의 처남인 신수근의 딸이라는 이유로 강제 이혼 당한 바 있다. 만약 그녀가 돌아오면 쫓아낸 반정공신들의 입장이 난처해졌다. 이 때문에 공신들은 김정과 박상의 유배를 주장했고, 여기에 연산군 시절 피를 본 대간까지 가세했다.

조광조는 현실적으로 신씨의 복위는 무리지만 그렇다고 해서 김정과 박상에게 죄를 주는 것도 부당하다고 봤다. 더구나 언로를 열어야 할 대간이 오히려 처벌에 앞장선 것은 직분을 망각한 처사라고 규정했다. 조광조는 "양사를 파직하여 언로를 다시 열라"고 요구하며 일약 공론의 구심점으로 떠올랐다. 그의 주위로 젊은 관료와 선비들이 구름 떼처럼 몰려들었다. 정광필, 안당 등 대신들도 힘을 실어 줬다. 사림이 의미 있는 정치 세력으로서 재결집한 것이다. 중종은 혜성처럼 떠오른 조광조와 사림을 중용했다.

조정의 주도권을 쥔 조광조는 즉각 행동에 나섰다. 그는 지치至治가 행해지는 이상 사회를 꿈꿨다. '지치'는 '하늘과 사람의 근본이 같다'는 성리학적 전제에서 출발하여, 모든 사람이 수양을 통해 하늘과 간격이 없는 본성대로 살아가는 세상을 뜻한다. 그 모델은 중국의 요순시대로, 이를 실현하려면 군주와 신하, 백성까지 도덕적으로 거듭나야 한다. 그것이 바로 조광조가 야심차게 추진한 도덕정치다.

도덕정치를 펴려면 먼저 임금부터 도학에 정진해 요순 같은 성군이 되어야 한다. 여기서 '도학道學'은 성리학을 말하지만, 기존의 관학과는 달랐다. 도학은 절의파가 발전시킨 새롭고 심화된 성리학으로, 특히 도덕의 바탕인 자기 수양이 필수적이었다. 조광조의 도덕정치를 '도학정치道學政治'라고 부르는 이유도 이전과 차별화된 성리학을 전면에 내걸었기 때문이다.

조광조는 도학 계열의 성리학자들을 동원해 중종에게 《성리대전性理大全》을 강의했다. 《성리대전》은 송나라 이후의 성리학설을 집대성한 책이다. 그는 틈만 나면 왕에게 "성실하게 도를 밝히고 삼가는 자세로 다스리시라"고 권했다. 또 조정의 자잘한 일들은 신하에게 맡기고 군왕은 도학에 정진할 것을 주문했다. 임금이 도를 닦고 덕을 길러야 백성을 교화할 수 있다는 것이다. 그것은 도학적 경세론인 '수기치인修己治人'(자신을 닦아 사람을 다스림)을 책에서 끄집어내 현실 정치에 적용하려 한 최초의 시도였다.

> "아랫사람들을 진작시킴은 윗사람에게 달린 것입니다. 성상께서 먼저 덕을 닦아 감동시킨다면, 아래서도 감동하지 않는 사람이 없어 '지치'가 생겨나게 되는 것입니다. 백성이 선하게 되거나 악하게 되는 것이 오직 임금에게 달렸으니, 삼가지 않을 수 있겠습니까?" – 《중종실록》 11년(1516) 12월 12일

나아가 조광조는 민간에도 성리학적 도덕질서를 설파했다. 그는《소학》,《근사록》등의 성리학 입문서를 적극적으로 보급했다. 또 김안국이 교정한《여씨향약언해呂氏鄕約諺解》도 팔도에 배포했다. 사대부의 풍속을 해친다는 이유로 여악女樂도 폐지했다. 여악은 관기들이 행해 온 가무와 풍류로 양반관료들의 혼외 관계를 유발해 적지 않은 물의를 빚었다.

'지치'와 '도학'을 추구하는 조광조의 도덕정치는 중종의 뜻이기도 했다. 조광조의 등용문이었던 1515년 알성시의 책문策問을 보면 알 수 있다. 중종은 과거에 응시한 선비들에게 이렇게 물었다.

> "공자께서는 '누가 나에게 나라를 맡겨 다스리게 한다면, 1년이면 실적을 내고 3년이면 이상을 이룰 것'이라고 말씀하신 바 있다. 공자가 미리 정해 놓은 정치의 규모와 시행 방안을 일목요연하게 말할 수 있겠는가. (중략) 공자의 가르

침을 배운 그대들은 요순시대의 임금과 백성을 만들려는
뜻이 있을 것이다. 만일 오늘과 같은 시대에 옛날의 융성한
정치를 이룩하려면 어떤 것을 먼저 힘써야 하는지 모두 말
하여 보라."

— 조광조, 《정암집靜庵集》 '알성시책謁聖試策'

당시 중종은 정치적인 승부수를 띄우고 있었다. 중종은 반정으로 즉위
한 탓에 왕권이 취약했다. 그러나 무소불위의 권세를 휘두르던 반정 삼
인방(박원종, 성희안, 유순정)이 차례로 세상을 떠나면서 기회가 왔다. 중
종은 힘의 공백기를 맞아 자라목처럼 움츠러든 왕권을 신장시키려 했다.
이럴 때는 뭔가 그럴 듯한 표상이 필요하다. 왕은 공자와 주자가 이상적
으로 그린 요순시대의 왕도정치를 자신의 지향점으로 삼고자 했다. 위의
책문에는 이러한 임금의 의도가 잘 나타나 있다. 그렇다면 조광조는 어
떻게 답하였을까?

"공자께서는 본래 있는 (천지의) 도로 이끌고, 본래 가진 (천
지의) 마음으로 감화시켰기 때문에 쉽게 효험을 얻은 것입
니다. (중략) 임금은 법도와 기강의 큰 줄기를 세우고, 대신
을 공경하여 정치를 맡겨야 합니다. 임금은 홀로 나라를 다
스릴 수 없습니다. 반드시 대신에게 맡긴 뒤에야 다스리는
도가 확립됩니다. 옛날의 성스러운 임금과 현명한 재상은
성실한 뜻으로 서로 믿고 도리를 다하여 광명정대한 업적
을 이룰 수 있었습니다." — 조광조, 《정암집靜庵集》 '알성시책謁聖試策'

중종은 조광조의 답안이 마음에 들었던 모양이다. 성인의 옛 정치에 조예가 깊고 이를 실천하려는 의지가 충만했기 때문이다. 중종은 조광조를 눈여겨보고 그와 교감을 나누었다. 그런 의미에서 조광조의 새로운 도덕정치는 군신 간의 합작품이라고 할 수 있다. 과연 두 사람은 성스러운 임금과 현명한 재상이 될 수 있을까? 이 희대의 정치실험은 알다시피 비극으로 귀결되고 만다.

"나라의 병통이 이익의 근원에 있다"
國家病痛在利源

중종 14년(1519) 11월 15일 밤, 조광조를 비롯해 급진적인 개혁을 추진하던 사림관료 15명이 느닷없이 체포되었다. 죄목은 서로 붕당을 맺고 과격한 주장을 일삼아 조정과 국론을 그르쳤다는 것이었다. 불과 며칠 전만 해도 정국공신靖國功臣(중종반정 직후 책훈된 공신들) 개정을 관철시키며 기세등등했던 그들이다. 조광조는 다음날 이어진 신문에서 믿기지 않는다는 듯이 이렇게 항변했다.

> "선비가 세상에 태어나서 믿는 것은 임금의 마음뿐입니다.
> 나라의 병통이 이익의 근원에 있다고 망령되게 생각하였

> 습니다. 국맥國脈을 새롭게 하여 끝없이 이어지도록 했을
> 뿐 다른 뜻은 전혀 없었습니다."
>
> – 《중종실록》 14년(1519) 11월 16일

조광조뿐 아니라 많은 이들이 어리둥절하게 여겼다. 신하들은 비록 그들이 이상적인 정치를 추구해 민심을 어지럽힌 잘못은 있으나 이 때문에 처벌하는 것은 합당하지 않다고 보았다. 죄목이 구체적이지 않고 불분명했기 때문이다. 하지만 중종은 막무가내였다. 왕은 서둘러 조광조 등을 처형하려 했다. 이에 영의정 정광필이 만류하며 간곡하게 아뢰었다.

> "저 사람들은 임금께서 뽑아서 요직에 두고 말을 다 들어
> 주셨습니다. 이렇게 하루아침에 죄를 주면 함정에 빠뜨리
> 는 것과 같습니다."   – 《중종실록》 14년(1519) 11월 16일

결국 한 달 후 조광조는 유배지에서 사약을 받고 서른여덟의 나이로 생을 마감했다. 그와 함께한 동지들도 하나둘 뒤를 따랐다. 이 일을 기묘사화己卯士禍라고 부른다. 기묘년에 일어난 기묘한 사화였다. 그런데 이때는 아무도 몰랐다. 조광조 일파가 훗날 '기묘사림'이라는 명예로운 이름으로 부활할 것이라는 사실을.

"선비가 세상에 태어나서 믿는 건 임금의 마음뿐"

조광조를 죽음으로 이끈 것은 그 자신의 강직함이었다. 그는 도덕
정치를 추구하는 과정에서 기득권이 가로막으면 상대가 임금이라도 충
돌을 불사했다. 기신재忌晨齋(죽은 사람의 명복을 비는 불교식 제례)와 소격
서昭格署(도교 의식을 거행하기 위해 설치한 관서)를 혁파하는 과정이 그랬
다. 특히 중종 13년(1518)의 소격서 철폐는 궁중 내명부와 깊이 연관된 일
이어서 왕이 끝까지 윤허하지 않으려고 했다. 그러나 조광조는 성리학
이외의 도道는 잡스러운 것이라며 퇴청을 거부하고 밤새 상소를 올렸다.
중종은 마지못해 조광조의 요구를 들어줬지만 이후로는 그를 못마땅하
게 여기기 시작했다.

정몽주, 김굉필, 정여창에 대한 문묘종사운동도 만만치 않은 역풍을
맞았다. 조광조는 도학을 바탕으로 한 새로운 정치를 펼치려면 도학자의
구체적인 전범典範이 필요하다고 보고 중국 송나라 때 유행한 도통론道統
論을 제기하였다. 그는 정몽주를 종주로 삼는 절의파의 학통에 조선 성리
학의 정통성을 부여하려 했다. '문묘종사文廟從祀'(공자의 사당에 신주를 모
시는 것)는 이를 공식화하는 정치행위였다.

하지만 정통성 문제는 권력구도에서 매우 민감한 사안이다. 오랜 세월
조선의 주류세력을 자임해 온 훈구파는 위기의식을 느꼈다. 그것은 '레짐
체인지', 즉 주류와 비주류가 뒤바뀌는 권력의 전복을 의미했기 때문이
다. 그들은 꼬투리를 잡으며 문묘종사에 반대했다. 결국 정몽주만 문묘
에 오르고 김굉필과 정여창은 배제되었다. 조광조의 스승인데다 현역 대

신들과 같은 연배라는 점을 주류 쪽에서 끈질기게 물고 늘어진 것이다.

임금의 시선이 싸늘해지고 주류세력이 결집하자 조광조는 초조했을 것이다. 도덕정치를 펼쳐나가려면 훈구파를 극복하고 사림이 주류가 되어야 하는데 그러려면 풍부한 인적자원이 필수다. 그러나 당시 사림은 힘을 실어 줄 사람이 부족했다. 중종 14년(1519) 전격적으로 실시된 '현량과賢良科'는 이런 고충에서 나온 것으로 보인다. '현량과'는 경학에 밝고 덕행이 높은 선비를 천거하여 등용하는 제도였다. 그렇게 28명의 선비가 뽑혀 조정에 발을 들여놓았다.

사림의 약진은 눈부셨다. 조광조를 지지하는 정광필이 영의정, 안당이 좌의정, 이자가 우참찬에 올랐다. 그의 동료들인 김정(형조판서), 김식(성균관 대사성), 이성동(대사간), 김구(홍문관 부제학), 기준(홍문관 응교) 등도 요직에 발탁되었다. 왕명의 출납을 맡은 승정원도 유인숙, 홍언필, 박세희, 윤자임, 박훈 등 사림 일색이었다. 의정부, 삼사, 승정원을 모조리 조광조의 사람들이 장악했다. 조광조 본인은 감찰의 사령탑인 대사헌을 맡았다. 바야흐로 사림으로의 정권교체가 무르익고 있었다.

자신감을 얻은 조광조는 훈구파를 비롯한 주류세력에게 칼을 빼들었다. 정국공신 개정이라는 초유의 카드를 들고 나온 것이다. 중종반정 직후에 책훈된 정국공신은 인원도 많은데다(117명) 원칙 없이 남발된 측면이 있었다. 연산군에게 빌붙어 권세를 누린 인사들이 다수 포함되었는가 하면 유력한 공신과의 친분으로 숟가락을 올린 이들도 적지 않았다. 그럼에도 불구하고 개정이 이뤄지지 않은 것은 반정으로 즉위한 탓에 불안정할 수밖에 없는 중종의 왕권을 그들이 떠받쳐 왔기 때문이다.

조광조는 어쩌면 중종 정권의 터부를 건드렸는지도 모른다. 그렇다고 한 번 빼든 칼을 거둘 수는 없는 노릇이다. 그는 성리학적 명분론에 입각하여 '도덕적 의리가 통용되는 나라로 나아가느냐, 사사로운 이익을 추구하는 나라로 후퇴하느냐'의 구도를 짜고 공론을 띄웠다. 도덕적 의리가 통용되려면 사사로운 이익의 근원을 도려내야 한다는 것이 요지였다. 그 이익의 근원은 다름 아닌 정국공신이었다. 잘못된 정국공신 책훈으로 이익을 추구하는 풍조가 생겨났으므로 이를 바로잡아야 한다는 논리였다.

> "정국공신 가운데는 폐주(연산군)의 총신이 많은데, 그 죄를 논하자면 용서가 되지 않습니다. 대저 공신을 중히 여기면 공을 탐내고 이利를 밝히는 풍조가 생기므로, 임금을 죽이고 나라를 빼앗는 일이 다 여기서 말미암습니다. 임금이 나라를 잘 다스리려면 먼저 이利의 근원을 막아야 합니다. (중략) 이것은 소인小人이 모의에 참여하여 만든 일입니다. 이 일을 개정하지 않는다면 국가를 유지할 수 없을까 걱정스럽습니다." ─《중종실록》 14년(1519) 10월 25일

그러나 이익의 근원을 도려낸다는 것은 어디까지나 명분이었다. 그 이면에는 정국공신 개정으로 훈구파를 비롯한 주류세력을 무력화시키겠다는 의도가 숨어 있다. 조광조는 아침저녁으로 중종을 압박하며 정국공신 개정을 밀어붙였다. 또한 군자와 소인의 이분법적 잣대를 휘두르며 사림의 공론에 찬성하지 않으면 모두 소인배로 몰았다. 결국 임금은 조

광조의 손을 들어줬다. 하지만 이것은 정광필의 말마따나 함정이었다. 중종의 마음속에는 이미 무서운 결심이 서 있었다.

"조광조는 죽어도 아까울 것이 없다"

후세의 사림은 기묘사화의 원흉으로 남곤을 지목했다. 뒤에 다시 거론하겠지만 이는 정략적 의도가 다분한 선택이었다. 그럼 실제 기묘사화를 주도한 인물은 누구일까? 당시 정치구도와 역사 기록을 연계해 보면 어느 정도 윤곽이 잡힌다. 먼저 조광조가 믿었던 그 임금, 중종을 들수 있다.

> "조광조는 죽어도 아까울 것이 없으며, 국문 받을 때에 한 짓도 죽을 만하다. 조광조가 시종직에 오래 있었으므로 나도 그 사람을 조금 아는데 마음이 곧지 않다."
>
> – 《중종실록》 14년(1519) 12월 16일

중종은 남곤 등이 조광조의 목숨만은 보존해 달라고 간하는데도 막무가내로 사사賜死(왕이 죄인에게 독약을 내려 스스로 목숨을 끊게 하는 처벌)를 고집했다. 사실 조광조를 발탁하고 중용한 것은 중종이었다. 그럼에도 신하들의 만류를 뿌리치고 매몰차게 극형을 내린다. 왜 그랬을까?

처음 중종이 조광조를 내세운 데는 사림을 결집시켜 훈구파를 견제하려는 정치적 계산이 깔려 있었다. 그러나 사림이 훈구파는 물론 임금인 자신까지 거세게 압박하고, 정권의 주춧돌이라 할 수 있는 정국공신마저 건드리자 더는 두고볼 수 없었다. 왕은 훈구파가 독주하는 조정을 바꾸려 했지만 사림이 홀로 득세하는 것도 원치 않았다. 임금의 입장에서는 훈구파와 사림이 서로 견제하고 균형을 이루는 양상이 바람직하다. 이러한 구상이 흔들리자 가차 없이 조광조를 내치기로 결심한 것이다.

물론 여기에는 삭훈削勳(공훈을 깎음) 위기에 처한 공신들의 반발도 한 몫 했다. 실제로 대궐 문에 화살이 날아와 꽂히고 무사들이 거사를 모의하는 움직임이 포착되었다. 중종은 이를 이용했다. 남곤을 통해 심정, 홍경주 등에게 은밀히 밀지를 내려 조광조 일파를 제거하고 싶다는 뜻을 완곡하게 전한다. 이를 왕명으로 해석한 신하들이 명패를 받고 궁궐로 모여들자 왕은 (자신이 아닌) 조정의 뜻이라며 결심을 실행에 옮긴다.

사림은 정치 세력으로서는 아직 비주류였다. 조정에서 약진하기는 했지만 저변이 넓지 못해 언제든 희생양이 될 소지가 있었다. 왕과 훈구파는 자신의 필요에 따라 사림을 끌어들이기도 하고 내치기도 했다. 비주류인 사림은 권력구도가 조금만 요동쳐도 화를 면하기 어려웠다. 조광조도 이런 정치의 속성을 간파하고 있었다. 그래서 자신의 비극적인 운명을 예감한 듯한 발언을 남기기도 했다.

> "예로부터 소인들이 군자를 배척할 때는 그 명분을 찾기 어려우므로 반드시 붕당으로 죄를 꾸며 끌어넣습니다."
>
> – 《중종실록》 13년(1518) 2월 2일

하지만 조광조는 자신에게 주어진 역사적 소임을 회피하지 않았다. 그와 동료들은 이른바 이익의 근원을 도려내는 작업을 광범위하게 벌였다. 훈구파의 특권을 보장해 온 토지제와 신분법도 예외가 아니었다. 대농장주의 토지 소유를 제한하는 한전제限田制, 노비를 줄이고 양민을 늘리기 위한 종모법從母法 등이 강구되었다. 나아가 귀천을 가리지 말고 인재를 과감하게 등용할 것을 주장했다.

> "우리나라는 땅덩어리가 작아 본래 인물이 적은데다가 또 서얼庶孽과 사천私賤을 분별하여, 쓰지 않습니다. 중원에서는 귀천貴賤을 가리지 않고 오직 골고루 쓰지 못함을 걱정하거늘 하물며 작은 우리나라이겠습니까?"
>
> – 《중종실록》 13년(1518) 3월 11일

조광조에게는 이처럼 경세가의 면모도 두드러졌다. 새로운 정치를 실현하는 데 현실적인 모순이 걸림돌이 된다면 혁파하려 했다. 그것이 사대부 전체의 이익을 침해하더라도 눈 하나 깜짝 하지 않았을 것이다. 그는 그런 사람이었다. 그러나 세력을 키우지 않은 상태에서 추진하는 급진적인 개혁은 위험하다. 기득권의 표적이 되어 목숨을 잃기 십상이다. 조광조도 그 비극적인 운명을 피하지 못했다. 결국 조광조와 기묘사림은 붕당을 맺어 나라를 그르쳤다는 죄목으로 숙청당했다.

흥미로운 점은 기묘사화가 훗날 사림의 저변을 넓히고 정권교체의 밑거름이 되었다는 것이다. 특히 조광조의 죽음은 향촌 사대부들에게 회자되며 신드롬을 일으켰다. 조광조는 사후 '불멸의 선비'로 우러름을 받았으며 광해군 2년(1610) 문묘종사의 영광까지 누린다. 하지만 불행하게도 그의 후예들은 도학의 껍데기만 뒤집어썼을 뿐 경세의 알맹이는 품고 있지 않았다.

사람들은 역사 인물에게서 그 진상보다는 오히려 허상을 더 보고 싶어 한다. 그것을 기록하려는 자의 가치와 지향이 실제를 깎아내고 이미지를 덧붙여 제 구미에 맞는 이야기를 빚어 내는 것뿐이다. 조광조는 500년 조선 역사를 통틀어 가장 극적으로 조형된, 희생양이자 우상이었다.

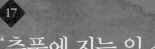

17

"추풍에 지는 잎 소리야
낸들 어이 하리오"

> 마음이 어린 후이니 하는 일이 다 어리다
> 만중운산萬重雲山에 어느 임 오리마는
> 지는 잎 부는 바람에 행여 권가 하노라

화담花潭 서경덕徐敬德(1489~1546)은 송악산 기슭에 자리 잡은 서재에서 제자를 기다리고 있었다. 그런데 매양 거문고를 메고 술을 걸러서 자신의 거처를 찾던 그이가 어찌 된 일인지 감감하다. 살짝 서운함을 느꼈는지 화담은 공연히 제 어리석은 마음을 탓하며 '지는 잎 부는 바람'에 시조 한 수를 띄운다.

얼마 후 송도기생 황진이黃眞伊(생몰년 미상)가 밤이슬을 맞으며 서경덕의 거처로 향한다. 바람결에 실려 온 스승의 속내가 그녀를 움직인 것이다. 하지만 초려의 사립문은 굳게 닫혀 있고 야속한 등잔불은 꺼진 지 오래다. 가을 밤 산기슭을 서성이는 마음에 절로 시심이 인다. '추풍에 지는 잎 소리'를 어쩌란 말인가.

> 내 언제 무신無信하여 님을 언제 속였관대
> 월침삼경月沈三更에 온 뜻이 전혀 없네
> 추풍秋風에 지는 잎 소리야 낸들 어이 하리오

서경덕과 황진이의 시조에 극적 상상을 조금(?) 가미해 봤다. 시조 두 편이 마치 대구를 이룬 듯 절묘하게 어우러지기 때문이다. 시조라는 형식에 상대를 향한 격조 높은 메시지를 담은 게 아닐까 싶다. 그런 의미에서 조선을 대표하는 어록으로 꼽지 않을 수 없다. 조선인의 체온이 오롯이 전해지지 않는가.

야사에 따르면 두 사람은 실제로 사제의 연을 맺었다고 한다. 황진이는 서경덕을 성인聖人으로 여겼다. 30년 면벽수도를 했다는 지족선사도 한 순간에 그녀에게 무너졌지만, 화담은 여러 해 동안 유혹했음에도 태산처럼 흔들리지 않았다. 이에 탄복한 황진이가 남녀관계를 떠나 인간 대 인간으로 교류했다는 것이다.

서경덕은 비록 산중처사였지만 기라성 같은 제자들을 길러냈다. 《토정비결》로 유명한 이지함, 선조 때 영의정을 지낸 박순, 허균의 아버지인

허엽 등이 모두 그의 문인들이다. 그러나 사회적 지위를 떠나 삶의 면모만 놓고 본다면 황진이 만큼 스승을 닮은 제자도 없다. 공자에게 안회가 있었다면, 서경덕에게는 황진이가 있었다고 할 만하다.

연이은 사화士禍의 여파로 선비의 이상이 꺾인 시절, 서경덕은 벼슬에 얽매이지 않고 독자적인 처사의 길을 걸었다. 황진이 역시 여성이 남성의 부속물이었던 조선사회에서 주어진 운명에 굴하지 않고 독립적인 여성으로 살았다. 두 사람은 '격물格物'과 '시심詩心'으로 마침내 자연과 일치하는 삶을 터득했다. (서경덕이 줄 없는 거문고에 새긴 글귀처럼) 형체 없는 오묘한 형체를 보고, 소리 없는 미묘한 소리를 들으며 한 시대를 풍미했다.

"청산은 내 뜻이요, 인걸은 물과 같다"

황진이는 소설이나 드라마의 주인공으로 가장 많이 다뤄진 역사 인물 가운데 한 사람이다. 그만큼 매력 넘치는 캐릭터이다. 기실 그녀에 관한 사료는 많지 않다. 시조 6수와 한시 4수가 《청구영언靑丘永言》,《해동가요海東歌謠》 등에 전해지고 몇 가지 야사가 선비들의 문집을 통해 알려진 게 고작이다. 하지만 여운이 짙다. 그녀는 탁월한 재능으로 사람들을 사로잡았다. 성품도 호방하여 내키는 대로 세상을 주유했다. 황진이의 매력은 여기에 있다. 일반적인 조선 여성과 달리 그 자신으로, 자유롭게 살다간 것이다.

황진이를 이야기하려면 먼저 조선 여성에 대해 이해할 필요가 있다.

조선시대의 여성은 독립적인 인격체로서 존재하지 않았다. '삼종지도三從之道'라 하여 태어나면 아버지를 따르고, 시집가면 남편을 따르고, 나이 들면 아들을 따르는 게 숙명이었다. 고로 언로나 발언권도 기대하기 어려웠다. 물론 그 구체적인 양상은 현대인의 고정관념과는 다소 차이가 있다. 시기에 따라 의외의 단면이 엿보이기도 한다.

대표적인 것이 바로 여성호주다. 지난 2005년 우리나라에서 '여성호주 인정'을 골자로 한 호주제 개정이 이슈가 된 적이 있다. 당시 여성의 권리에 대한 우호적 여론이 형성되기는 했지만 유림을 중심으로 반대의견 또한 만만치 않았다. 그때 여성호주의 정당성을 뒷받침하는 사료가 제시되었다. 1678년 단성현(오늘날의 경남 산청군 단성면) 호적대장을 분석해 보니 여성호주가 11퍼센트 이상이었다는 것이다. 이는 양반, 양인, 천민 등 신분에 상관없이 나타난 현상이다. 장성한 아들내외와 함께 살고 있지만 호주는 어머니인 경우도 적지 않았다. 이는 비단 단성현만의 특수한 사례가 아니었을 것이다. 다른 지역도 대동소이했으리라 여겨진다. 여성이 남성의 부속물로 여겨지던 조선시대에도 여성호주가 이만큼 있었는데 하물며 21세기임에랴.

재미있는 점은 여성호주의 비율이 양란(임진왜란부터 병자호란까지) 이전에는 더 높았다는 것이다. 조선 여성의 권리는 후기보다 전기로 거슬러 올라갈수록 컸다.

17세기 중반의 부안 김씨 문중회의록을 살펴보면 "이제부터 출가한 딸은 제사에 참여할 수 없도록 한다"는 결정이 나온다. 분재기分財記(재산의 분배에 관한 문서)도 이즈음부터 출가한 딸에게 재산을 상속하지 않는다.

이는 곧 그 이전에는 출가한 딸이 친정의 제사에 참여하는 것은 물론 재산도 균등하게 상속받을 수 있었음을 뜻한다.

그렇다면 조선 후기에 여성이 출가외인出嫁外人으로 전락한 까닭은 무엇일까? 양란 이후 조선의 집권세력은 사회의 기강을 잡기 위해 성리학적 종법질서를 엄격하게 적용했다. 이에 따라 조선은 가부장사회로 변모했으며 여성의 사회적 지위 또한 떨어졌다.

전기와 후기의 소소한 차이에도 불구하고 조선 여성이 남성의 부속물로 존재했다는 것은 변함이 없다. 여성의 덕은 누구의 딸, 아내, 어머니로서 어떻게 하느냐에 달려 있었다.

성종의 어머니 인수대비는《내훈內訓》을 지어 남편을 하늘처럼 떠받들라고 부녀자를 훈육했다. 신사임당도 이율곡의 어머니로서 이름을 떨치고 오늘날 5만 원권 지폐의 모델이 되었다. 조선 전역에 널리 퍼진 열녀비는 여성이 집안에 기여한 바를 평가하고 이를 기린 것이다. 독립적인 인격체로서의 여성은 상상조차 할 수 없었다. 이런 사회에 황진이라는 돌연변이가 출현했다. 마치 하늘에서 뚝 떨어진 것처럼.

진랑眞娘(황진이)은 개성에 살던 여자 소경의 딸이다. 성품이 쾌활해서 남자와 같았으며 거문고에 능하고 노래를 잘하였다. 일찍이 산수山水 간에 놀기를 좋아하여 풍악산으로부터 태백산, 지리산을 지나 금성錦城(나주)에 이르렀다. 마침 그 고을 원이 잔치를 베풀어 감사를 대접하고 있었다. 노래하는 기생이 좌석에 가득한데 진랑이 떨어진 옷, 때 묻은 얼굴로 상좌에 나가 앉았다. 이를 잡으면서 태연히 노래하고 거문고를 타는데 조금도 부끄러워하지 않으니 여러 기생들은 기가 질렸다.

— 허균, 《지소록識小錄》

성품이 남자와 같다? 허균은 유배 시절 쓴 《지소록識小錄》에서 황진이를 이렇게 묘사했다. 흔히 황진이 하면 미모와 교태를 떠올리는데 그런 말은 일언반구도 없다. 대신 남자를 뛰어넘는 호방한 성품과 거문고를 비롯한 음악적 재능을 이야기한다. 금수강산을 떠돌다가 거지 같은 몰골로 지방수령들의 잔치에 참석해서도 당당하다. 그 무엇에도 구애받지 않는 자유로움이 뿜어져 나온다.

황진이가 양반사대부들의 구애를 받고 동경의 대상이 된 데는 이런 인간적인 매력이 크게 작용했을 것이다. 그녀는 당대의 내로라하는 명사들과 교류했다. 지체가 높다고 아무나 사귀지도 않았다. 때로는 겉과 속이 다른 양반남성들을 조롱하며 그들의 위선에 통렬한 일격을 가하기도 했다. 벽계수가 자신은 황진이에게 끌리지 않는다고 큰소리치자 그녀는 이렇게 비꼬았다.

청산리 벽계수야 수이 감을 자랑마라
일도창해一到蒼海하면 다시 오기 어려워라
명월明月이 만공산滿空山하니 쉬어간들 어떠리

벽계수는 왕실 종친이자 조선 최고의 군자라고 일컬어지는 인물이었다. 그러나 황진이가 볼 때는 아녀자를 끌어들여 자신의 지조를 과시하려는 소인小人에 불과했다. 그녀는 시조로 벽계수의 코를 납작하게 만들었다. 반면 재능을 알아보고 마음이 통하는 '지음知音'들과는 열정적인 사랑을 나눴다. 황진이는 선전관으로 명창 반열에 오른 이사종과 6년간 동거했는데 첩의 예를 다하면서 헌신했다.

> 동짓달 기나긴 밤을 한 허리를 버혀 내어
> 춘풍 이불 아래 서리서리 넣었다가
> 어론 님 오신 날 밤이여든 구뷔구뷔 펴리라

동짓달 기나긴 밤을 베어 봄바람 이불 아래 포개어 뒀다가 고운 님 오시면 이부자리처럼 펴겠다니. 사랑에 빠졌을 때 황진이의 시심이 얼마나 풍성하고 깊은지 보여 주는 예다. 하지만 시인으로서 그녀의 힘은 이별의 정서에서 빛을 발한다. 황진이는 이별 앞에 매달리지 않았다. 남자는 흐르는 물처럼 떠나가기 마련이다. 자신은 청산처럼 늘 그 자리에 있다. 여성의 삶도 결국 혼자인 것이다.

> 청산靑山은 내 뜻이오 녹수綠水는 님의 정情이
> 녹수 흘러간들 청산이야 변할 손가
> 녹수도 청산을 못 잊어 우러 예어 가는고
>
> 산은 옛 산이로되 물은 옛 물이 아니로다

> 주야에 흐르거든 옛 물이 이실소냐
> 인걸도 물과 같도다, 가고 아니 오노매라

황진이는 비교적 이른 나이인 40세에 생을 마감한 것으로 알려져 있다. 그녀의 잔향은 세상을 떠난 후에 은은히 퍼져 나간다. 허균뿐 아니라 유몽인, 이덕형, 이덕무 등이 황진이의 자취를 기록했다. 선조 때의 천재 시인 임제는 평안도사 부임길에 그녀의 무덤에 들러 시조 한 수를 남기기도 했다.

> 청초 우거진 골에 자난다 누웠난다
> 홍안은 어듸 두고 백골만 묻혔나니
> 잔 잡아 권할 이 없으니 그를 설워하노라

조정이 동서분당東西分黨으로 치닫던 시기였다. 임제는 천한 기생을 기렸다고 하여 부임하자마자 관직을 잃는다. 장래가 촉망되는 선비가 흠이 될 것을 알면서도 굳이 황진이의 무덤에 술을 뿌리고 시조를 읊은 이유가 뭘까? 그것은 아마도 그녀의 삶이 남자 여자를 떠나 인간적으로 흠모할 가치가 있었기 때문이리라. 조선시대에 그녀는 무소의 뿔처럼 혼자서 갔다. 소리에 놀라지 않는 사자처럼, 그물에 걸리지 않는 바람처럼, 흙탕물에 더럽혀지지 않는 연꽃처럼 그렇게.

"제 집으로 돌아가는 것이 죽음일지니"

그럼 황진이는 살아생전 스승인 화담 서경덕에게서 무엇을 배웠을까?

서경덕은 오늘날의 시각에서 보면 선비라기보다 도사에 가까운 인물이었다. 화담은 공맹이나 주자 같은 성현의 말씀을 교조적으로 좇지 않고 스스로 사물의 이치를 탐구하는 격물格物에 치중했다. 그는 뭔가에 꽂히면 그 글자를 벽에 붙여 놓고 궁극의 깨달음을 얻을 때까지 묵묵히 앉아서 사색했다. 먹고 자는 것도 잊은 채 이치를 파고들다가 마침내 깨달음이 있으면 비로소 성현의 말씀과 맞춰 보았다.

격물을 앞세우는 서경덕 특유의 탐구법은 성장 과정에서 자연스럽게 터득한 것으로 보인다. 화담은 집안이 가난하여 어려서부터 학업 대신 나물을 뜯으러 산을 오르내렸다. 하루 종일 산을 돌아다녔는데도 그의 나물바구니는 텅텅 비어 있기 일쑤였다고 한다. 부모가 연유를 묻자 소년은 이렇게 대답하였다.

> "나물을 뜯다가 새끼 새가 나는 것을 보았습니다. 첫날은 땅에서 한 치 정도밖에 날지 못하다가 다음 날은 두 치, 그 다음 날은 세 치를 날다가 점차 하늘을 날아다니게 되는 것을 보았습니다. 이 얼마나 신기한 일입니까. 날마다 새끼 새가 조금씩 더 날게 되는 것을 지켜보며 그 이치를 깊이 생각해 보았지만 터득하기 어려웠습니다."
>
> — 박세채, 《남계집南溪集》

《연려실기술練藜室記述》에 따르면 서경덕이 글을 배운 것은 15세 무렵이었다. 딱히 스승이라고 할 만한 이도 없었다. 이웃집 선비의 도움을 받아 《대학大學》, 《서전書典》, 《역경易經》 등을 독학했다. 그러다 보니 자연스레 성현의 말씀에 기대지 않고 스스로 사물의 이치를 탐구하게 된 것이다. 서경덕의 학문적 성취라고 할 수 있는 '기일원론氣一元論'도 이 같은 행보에서 나왔다.

서경덕은 우주공간에 충만한 원기原氣를 탐구대상으로 삼고, 그 기氣의 본질을 태허太虛라 하였다. 생성하고 소멸하는 모든 것은 무한히 변화하는 기의 율동律動이다. 그 내적 작용원리를 이理로 여겨 기에 종속시켰다. 따라서 생성과 소멸은 일정한 원리에 따라 기가 모이고 흩어지는 현상으로 설명할 수 있는데, 여기서 기 자체는 없어지지 않는다.

이는 오늘날 우리가 상상하는 도술을 떠올리게 한다. 기가 한데 모이면 하나의 물건이 이루어지고, 흩어지면 그 물건이 사라진다. 물이 얼면 얼음이 되고, 얼음이 녹으면 다시 물이 되는 것과 같은 원리다. 앞서 서경덕을 도사에 가까운 인물이라고 평한 것도 그의 주장에 불가사의한 면이 있기 때문이다. 화담의 제자 목록에 간혹 전우치가 거론되는 것도 이와 무관치 않으리라.

서경덕에게 벼슬은 거추장스러운 짐일 뿐이었다. 그는 1519년 기묘사림이 추진한 현량과에 우선순위로 천거되었으나 시험장에 나아가지 않았다. 1531년에는 어머니의 간곡한 청으로 생원시에 응시해 장원을 차지했는데 성균관 수학 도중 짐을 쌌다. 1544년에도 효행과 학문이 있다 하여 후릉참봉이라는 관직이 내려졌지만 극구 사양했다. 이때 서경덕이 지은 시가《실록》에 전한다.

> 글 읽던 당세에는 세상을 경륜하려 했더니
> 만년에는 안자의 가난 되려 즐기네.
> 부귀에는 다툼 있어 손대기 어려우나
> 임천林泉(자연)에는 꺼림 없이 몸을 둘 만하거늘.
> 나물 캐고 고기 잡아 배를 채우고
> 달과 바람 읊조리어 정신 맑히네.
> 학문이 의심 없는 경지에 이르러 쾌활하게 지내면
> 헛된 일생 되는 것을 벗어날 수 있으리.
>
> – 《중종실록》 39년(1544) 6월 6일

기묘사화로 사림이 뿔뿔이 흩어져 은거에 들어간 시대다. 서경덕은 벼슬아치가 아닌 산중처사의 길을 선택했고, 스스로 깨달음을 얻는 즐거움에 도취해 살았다. 양식이 떨어져 솥에 이끼가 끼었지만 얼굴에 조금도 굶주린 빛이 없었다.(허균,《지소록識小錄》) 산수의 아름다운 곳을 만나면 문득 일어나 춤추었고 눈이 샛별처럼 빛났다.(이긍익,《연려실기술燃藜室記述》) 항상 만족해하고 기뻐해서 세간의 득실과 시비의 영욕이 모두 그의 가슴속에는 들어가지 못했다.(이이,《석담일기石潭日記》)

서경덕은 진정한 자유를 추구했다. 한자로 '자유自由'는 스스로 말미암음을 뜻한다. 독자적인 처사로서의 삶이 그러하다. 하지만 자유에는 대가 또한 따르는 법이다. 이단 취급하는 세간의 시선이 그것이다. 실제로 서경덕은 이황에게 호된 비판을 받았다. 성현의 생각과 다른 방향으로 나아갔으며 유학의 정통이 아니라는 것이다. 이기理氣를 논하는 것이 무질서하고 미덥지 못하며 잡되다는, 이황답지 않게 센 표현도 썼다.(이황, 《퇴계집退溪集》)

그러나 유학의 사상적 바탕이라고 할 수 있는 천인합일天人合一의 관점에서 봤을 때, 서경덕을 이단이라고 할 수 있을까? 그는 평생 하늘과 하나 됨을 추구하며, 자연의 이치를 실천하는 삶을 살았다. 1546년 임종을 앞둔 그가 제자에게 마음이 편안하다는 말을 남길 수 있었던 건 그래서다. 서경덕에게는 죽음 또한 본래 상태로 돌아가는 것일 뿐이니.

> 만물의 이치를 보면 달이 차고 기우는 것과 같다
> 시작에서 끝으로 돌아가니 항아리 치며 노래한 뜻을 알겠다
> 아, 인생이 약상弱喪 같다는 것을 아는 이 얼마나 되는가
> 제 집으로 돌아가듯 본래 상태로 돌아가는 것이 죽음일지니
>
> — 서경덕, 《화담집花潭集》

항아리 치며 노래하였다는 것은 장자莊子가 아내를 잃고 보여 준 괴이한 행동을 말한다. 친구인 혜시惠施가 아내가 죽었는데 슬프지 않은가, 하고 묻자 장자는 "죽음은 사계절의 변화처럼 자연스러운 일인데 이를 슬퍼하면 천명을 어기는 것이네"라고 대답했다. 달이 차면 기울듯 사람 또한 마찬가지다. 고로 죽음은 슬퍼할 일이 아니다. 오히려 '약상弱喪'(고향을 떠나 방랑함)을 마치고 제 집으로 돌아가는 것이니 노래를 불러 축하함

이 마땅하다. 그것이 우리네 인생이요, 자연의 이치라는 말이다.

황진이가 서경덕에게 배운 것은 바로 인간 회복을 위해 자연으로 돌아가라는 가르침이다. 그녀는 이런 스승을 사모하며 닮아 간 것 같다. 황진이의 삶을 돌아보면 화담만큼이나 세속에 얽매이지 않고 허허롭다. 독립적인 여성으로서 스스로 말미암는 자유를 누렸다. 물론 조선시대 여성이었기에 그 과정은 순탄치 않았을 것이다. 역사 기록 이면의 말 못할 고충들이 어마어마했으리라. 하여 그녀는 더욱 스승이 고마웠고, 또 자신이 뿌듯했던 것 같다. 화담에게 이런 너스레를 떤 걸 보면.

> 진랑(황진이)이 일찍이 화담에게 말하였다. "송도에 삼절三
> 絶이 있습니다." 공이 (궁금해서) 물었다. "무엇이 삼절인고?"
> 이에 진랑이 답하였다. "박연폭포와 선생과 저입니다." 그
> 러자 공이 웃었다.
> — 허균, 《지소록識小錄》

18

"대비는 한낱 궁중의 과부일 뿐"

慈殿不過深宮之一寡婦

연산군부터 명종 대까지 이어진 4대 사화(무오, 갑자, 기묘, 을사)는 사림에게 큰 상처를 남겼다. 하지만 전화위복이라고 해야 할까? 덕분에 선비들은 향촌과 산중에 은거하며 학문에 힘썼고, 그 성과들은 고스란히 조선 성리학의 황금기를 여는 밑거름이 되었다. 남명南冥 조식曺植(1501~1572)은 이 시대를 대표하는 도학의 거벽이었다.

조식은 특히 당대의 사대부들 사이에 유행하던 관념적인 이기론理氣論을 배격하고 실천적인 심성 수양을 주창했다. 그는 자신을 수양하는 척도로 '경敬'과 '의義'를 내세웠다. 조식은 학문을 하는 선비답지 않게 칼을 차고 다니며 그것을 '경의검敬義劍'이라고 불렀다. 칼의 표면에는 '내명자

경內明者敬 외단자의外斷者義라는 글귀를 새겼다. '안으로 밝히는 것이 경敬이요, 밖으로 끊는 것이 의義'라는 것이다. 그 뜻은 무엇일까?

조식이 구도의 길을 걸을 무렵 조선은 문정왕후의 치마폭 아래 흔들리고 있었다. 외척들과 훈구파의 가렴주구苛斂誅求(가혹하게 세금을 거두거나 재물을 억지로 빼앗음)에 고통받는 백성들의 신음이 강산을 뒤덮었다. 조식은 비록 처사의 삶을 살았지만 민초의 고통을 애달파 했다. 친구 성운이 쓴 조식의 묘비문에는 그가 달 밝은 밤이면 홀로 앉아 슬피 노래를 부르고, 마친 뒤에는 눈물을 흘렸다고 적혀 있다. 백성의 처지에 대한 그의 공감은 임금을 향한 직설적인 충고로 이어졌다.

> "이미 전하의 나랏일이 그릇되었고 나라의 근본이 망했으며 하늘의 뜻은 떠나 버렸고 민심도 이반되었습니다. 비유하자면 100년 동안 벌레가 그 속을 갉아먹어 진액이 말라버린 큰 나무가 있는데, 회오리바람과 사나운 비가 어느 때에 닥쳐올 지 전혀 알지 못하는 것과 같으니, 이 지경에 이른 지가 오랩니다. (중략) 자전(어머니)께서 생각이 깊으시기는 하나 한낱 깊숙한 궁중의 과부에 지나지 않고, 전하께서는 어리시어 다만 선왕의 외로운 후사이실 뿐이니, 천 가지 백 가지의 천재天災와 억만 갈래의 민심을 어찌 감당하시렵니까?"
>
> — 조식, 《남명집南冥集》 '을묘사직소乙卯辭職疏'

이 글이 그 유명한 '을묘사직소乙卯辭職疏'다. 명종 10년(1555) 임금이 올

곧은 선비라 하여 특별히 단성현감 직을 제수하자 조식은 이를 사양하는 상소를 올리며 작심한 듯 국사를 거론한다. 그는 나라의 근본이 망했고 민심이 이반되었다면서, 왕의 어머니이자 실질적 권력자인 문정왕후를 겨냥했다. 대비를 한낱 궁중의 과부에 지나지 않는다고 깎아내린 것이다. 대비면 대비답게 국사는 접고 내명부나 돌보라는 것이다. 문정왕후와 외척들의 권세가 하늘을 찌르는 상황에서 목숨을 걸지 않고는 내뱉을 수 없는 발언이었다.

이것이 바로 경敬과 의義의 표출이었다. 안으로 밝히는 것은 마음이요, 밖으로 끊는 것은 사욕이다. 선비의 마음은 백성의 고통에 깨어 있어야 한다고, 그는 가르쳤다. 사사로운 욕심을 버리고 소신에 따라 행동하는 선비의 자세를 몸소 보여줬다. 조식은 '깨어 있는 지성'으로서 '행동하는 양심'을 추구했다. 그의 문하에서 임진왜란 당시 의병장들이 대거 배출된 것도 이와 무관치 않으리라. 곽재우, 김면, 정인홍 등 대표적인 의병장들이 조식의 제자였다.

"모이면 도적이고, 흩어지면 백성"

남명 조식이 말한 경의敬義의 뜻을 체감하려면 먼저 그 시절 백성이 처한 괴로운 현실을 짚고 넘어갈 필요가 있다. '을묘사직소'에는 그 낯 뜨거운 실상이 적나라하게 담겨 있다.

"낮은 벼슬아치는 아래에서 히히덕거리면서 주색만을 즐기고, 높은 벼슬아치는 위에서 어름어름하면서 오로지 재물만을 늘리며, 물고기의 배가 썩어 들어가는 것 같은데도 그것을 바로잡으려 하지 않습니다. 게다가 궁궐 안의 신하는 후원세력 심기를 용이 못에서 끌어들이는 듯하고, 궁궐 밖의 신하는 백성 벗기기를 이리가 들판에서 날뛰듯 합니다. 그들은 가죽이 다 해어지면 털도 붙어 있을 데가 없다는 것을 알지 못합니다." — 조식, 《남명집南冥集》 '을묘사직소乙卯辭職疏'

그의 말처럼 당시 조선은 총체적 난국이었다. 연이은 사화로 사림은 쑥대밭이 되었다. 선비의 기개가 꺾이자 조정의 기강이 해이해지고 관료들은 탐욕에 물들었다. 외척들과 훈구파는 조정을 자기 사람들로 채우며 재물을 늘리는 데 혈안이 되었다. 지방관들은 백성을 쥐어짜서 윗사람들에게 상납하고 자신들의 사욕을 채웠으며, 이를 견제해야 할 언관과 낭관들은 무력감에 본분을 잊고 주색으로 소일했다. 이러니 나라가 망할 조짐이 나타나지 않겠는가?

"평소에 조정에서 재물로 사람을 임용하니, 재물만 모이고 백성은 흩어져 버렸습니다. 마침내 장수의 자격에 합당한 지휘관이 없고, 성에 군졸도 없어서 외적이 무인지경에 들어오듯 했으니 이것이 어찌 괴이한 일이겠습니까? 이번에도 대마도 왜노가 향도와 남몰래 짜고 만고에 끝없는 치욕

스러운 짓을 하였건만, 왕의 신령한 위엄이 떨치지 못하여
마치 절하듯 했습니다." — 조식, 《남명집南冥集》 '을묘사직소乙卯辭職疏'

조정에 부정부패가 만연하고 민심이 흩어지는 판국에 나라의 안보라
고 멀쩡할 리 없었다. 명종 10년(1555) 5월 대마도의 왜구가 배 60여 척을
이끌고 전라도 연안인 달량포達梁浦에 쳐들어왔다. 순식간에 10여 개의
진이 함락되고 병졸들은 살해당했다. 이에 전라도 병마절도사 휘하의 정
규군이 진압에 나섰으나 오히려 왜구에게 포위된 끝에 장수를 잃고 궤멸
되었다. 결국 중앙에서 편성한 정예군이 내려가 물리치기는 했지만 나라
의 위신은 땅에 떨어졌다. 이것이 임진왜란의 전조라고 일컬어지는 '을
묘왜변乙卯倭變'이다.

나라가 망조를 보이고 가렴주구가 끝없이 이어지자 몇몇 뜻있는 신하
들이 무너진 국정의 실태를 고하며 쇄신을 촉구했다. 명종 12년(1557) 단
양군수 황준량이 올린 '민폐십조民弊十條'도 그중 하나였다. 단양고을은
예로부터 척박한 땅이었는데도 불구하고 부세賦稅(공납, 전세, 군포 등)가
가혹하여 농민들이 대거 땅을 버리고 도망갔다. 고을은 폐허로 변했고
남아 있는 사람들은 친척과 이웃의 부세까지 짊어지게 되어 크나큰 고통
속에 신음했다.

황준량은 이것이 비단 단양군만의 문제가 아니라고 지적했다. 조선 전
역 360여 개 고을의 사정이 단양군과 다르지 않았다니 민생이 파탄 지경
에 이르렀음을 알 수 있다. 특히 공납의 폐단이 심각했는데, 공납품을 대
신 내주고 두세 배의 대가를 거둬들이는 방납防納이 백성을 사지로 내몰

고 있었다. 유랑길에 나선 사람들도, 고을에 남은 사람들도 벼랑 끝에 선 것처럼 막막하기는 마찬가지였을 것이다. 황준량은 그 속사정을 꿰뚫어 보고 있었다.

> "이제 집도 없이 떠도는 백성이 궁벽한 골짜기에 이르러 원망에 차서 울부짖는 자가 얼마인지 알 수가 없습니다. 뭇 사람들의 원망이 골수에 사무쳤는데도 위로 통할 수가 없으니 하늘이 감시를 소홀히 하면 반드시 그 잘못에 대한 책임을 물을 자가 있게 되는 것입니다. 지금 국가의 형세가 모두 흙더미와 같아서 허물어지려 하는데, 개미구멍을 막지 않았다가 이로 인해 말할 수 없는 화란禍亂을 미리 방비하지 못하게 될 줄 어찌 알겠습니까."
>
> — 《명종실록》 12년(1557) 5월 7일

황준량의 우려와 경고는 임꺽정林巨正(?~1562)의 난으로 현실화되었다. 임꺽정이 《실록》에 등장한 것은 명종 14년(1559) 3월 27일이었다. 문정왕후의 동생 윤원형과 삼정승이 모여 황해도를 누비는 도적떼에 대한 대책을 의논하였는데, 그 도적떼의 수장이 바로 임꺽정이었다. 백정 출신인 임꺽정은 황해도 구월산을 근거지로 활동하다가 따르는 무리가 늘어나자 평안도, 강원도, 경기도 등지로 무대를 넓혀 나갔다. 그들은 사대부와 토호의 집을 터는 것은 물론 나중에는 관청까지 습격하여 조정의 우환으로 떠올랐다.

임꺽정과 그의 무리가 토포사 남치근이 이끄는 관군에게 붙잡혀 처형된 것은 명종 17년(1562) 1월의 일이다. 단순한 도적떼라면 조정에서 강력한 척결의지를 보였는데도 3년이나 활동을 이어 갔을 리 없다. 그들의 활동은 농민, 상인, 대장장이, 노비 등 다양한 신분의 백성이 참여하며 점차 민란의 성격을 띠게 되었다. 가렴주구는 나날이 심해지고 흉년과 전염병으로 들판에 시체가 가득한데 살기 위해 무슨 짓인들 못하겠는가. 임금과 조정에 등을 돌린 민심은 그렇게 임꺽정에게 쏠렸다.

임꺽정 일당이 관군의 포위망을 유유히 빠져나가며 자유롭게 활동할 수 있었던 것도 그만큼 협력자가 많았기 때문이다. 일반 백성은 물론 아전, 역리까지 나서서 정보와 도주로와 은신처를 제공하니 쉽게 잡힐 리가 만무했다.

당시 황해도 일대의 수령들 가운데는 문정왕후와 윤원형의 일가붙이들이 많았다. 이들에 대한 반감은 역으로 임꺽정을 의로운 도적으로 만들었다. 실제의 임꺽정은 민가를 불태우거나 사람의 배를 가르는 등 잔인한 면모를 갖고 있었지만 개의치 않았다. 백성에게는 참혹한 현실을 위로할 판타지가 필요했고 '의적 임꺽정'은 그 요구에 딱 들어맞았다.

> 재상들의 횡포와 수령들의 포학이 백성들의 살과 뼈를 깎고 기름과 피를 말려, 손발을 둘 곳도 없고 호소할 곳도 없다. 기한飢寒(굶주림과 추위)이 절박하여 잠시라도 연명하려고 도적이 되었다면, 그 원인은 정치를 잘못하였기 때문이지 그들의 죄가 아니다. (중략) 모이면 도적이고 흩어지면

백성인 것이다.　　　　　　　　　　　　　　　　－《명종실록》16년(1561) 10월 6일

《명종실록》의 사관들은 사평을 통해 난의 원인을 진단했다. 사관들이 볼 때 임꺽정 일당 중 핵심은 고작 8~9명에 불과했다. 나머지는 굶주림과 추위에 내몰려 도적떼에 목숨을 의탁한 백성들이었다. 그들에게 죄를 물을 수는 없었다. 오히려 죄인은 윤원형을 비롯한 외척들과 훈구파였다. 진정한 도적은 임꺽정이 아니라 잘못된 정치였다. '모이면 도적이고, 흩어지면 백성'이라는 말은 그래서 울림이 크다.

"물 뿌리고 비질할 줄도 모르면서 천상의 이치라니"

남명 조식은 이처럼 나라가 망조를 보이던 때 조정에 출사하는 대신 산중의 처사處士로 살아갔다. 물론 남명이 아예 과거시험을 준비하지 않았던 것은 아니다. '을묘사직소'에서 언급했듯이 세 차례 과거를 본 경험이 있다. 중종 29년(1534)에도 문과에 응시했다. 그해 시험문제 가운데 하나가《서경書經》'소고召誥' 편의 '민암民巖'이라는 글귀였다. 그 주석에 다음과 같은 풀이가 눈에 띈다.

"백성은 물과 같다. 물은 배를 띄울 수도 있지만 또한 배를 엎을 수도 있다. 세상에는 백성보다 험한 것이 없다."

조식은 이에 호응한 듯한 시가를 한 편 남겼다.

백성이 물과 같다는 말은 예로부터 있어 왔으니, 백성은 임금을 받들기도 하지만 나라를 엎어 버리기도 한다. (중략) 하늘의 보고 들으심이 바로 이 백성에게 있다. 하늘은 백성이 원하는 것을 반드시 들어주니, 마치 부모가 자식에 대해서와 같다. (중략) 비록 그 험함이 백성에게 있다지만 어찌 임금의 덕에서 말미암지 않겠는가? (중략) 나로 말미암아 편안하기도 하고, 나로 말미암아 위태롭기도 하니, 백성을 험하다 말하지 말라! 백성은 험하지 않느니라.

– 조식, 《남명집南冥集》 '민암부民巖賦'

이 무렵 조식은 돌아가신 아버지의 시묘살이를 마치고 처가 근처에 지은 산해정(오늘날의 김해)에서 학문을 닦고 있었다. 당시 그는 조정에 출사해 경륜을 펼치느냐, 처사로 남아 지조를 지키느냐의 갈림길에 서 있었던 것 같다. 나랏일이 갈수록 문란해지고 백성이 점점 더 사지로 몰리는 상황에서 결국 그는 후자를 선택했다. 관료로서의 출세보다는 자기수양과 후학 양성이 백성에게 보탬이 될 것이라 판단한 것이다. 그는 산해정에 이어 고향의 뇌룡정(합천)과 지리산 아래 산천재(산청)로 거처를 옮겨 다니며 평생 구도에 전념했다. 가난과 병마에 시달리면서도 불의와 일체 타협하지 않고 참된 선비의 길을 개척했다.

청컨대 천 석들이 종을 보게나. 크게 치지 않으면 아무리 두드려도 소리가 안 난다네. 나도 어찌 하면 저 두류산 천왕봉처럼 하늘이 울어도 오히려 울지 않을 수 있을까.

— 조식, 《남명집南冥集》 '제덕산계정주題德山溪亭柱'

자기수양에 임하는 남명의 자세는 이와 같았다. 종은 본래 울림을 통해 사람을 감동시키는 물건이다. 천 석들이 종은 조식이 추구한 거대한 정신세계를 의미했다. 곡식 천 석이 들어가는 큰 종은 웬만해서는 소리가 나지 않는다. 하지만 한 번 소리를 내면 맑고 묵직한 울림이 오래도록 지속된다.

그는 망조가 든 나라에 이런 울림을 주려 했다. 그것은 하늘을 우러러 한 점 부끄러움 없는 자기수양이 뒷받침되어야 가능한 일이다. 마치 천둥번개에도 끄떡 없이 의연히 서 있는 지리산 천왕봉처럼. 이를 위해 조식은 늘 허리춤에 조그만 방울을 달고 다녔다. '성성자惺惺者'라고 이름 붙인 그 방울이 딸랑딸랑 소리를 낼 때마다 정신을 일깨우며 느슨해지기 쉬운 수양의 끈을 다잡았다.

산중의 처사가 어지러운 세상에 울림을 주는 방법 가운데는 후학 양성 만한 것도 없다. 조식의 문하에는 오건, 김우옹, 최영경, 정인홍, 정구, 정탁, 곽재우, 김면 등 기라성 같은 학자와 문신들이 모여들었다. 조식이 그들에게 가르친 것은 실천적인 자기수양이었다.

조식은 그 무렵 선비들 사이에서 유행하던 이기논변을 걱정스럽게 바라봤다. 관념적인 사변思辨으로 헛된 이름이나 얻고 세상을 속이는 짓이라고 여겼기 때문이다. 조식이 보기에 그것은 재물로 벼슬을 사는 매관매직보다 더 나쁜 선비의 악습이었다. 평소 아끼던 제자 오건에게 보낸 편지를 보면 그의 생각을 읽을 수 있다.

> "그대는 요즘의 선비들을 살펴보지 않았습니까? 손으로 물
> 뿌리고 비질할 줄도 모르면서 입으로 천상의 이치를 말하
> 는데, 그들의 행실을 공평하게 들여다보면 도리어 무지한
> 사람만도 못합니다. 이 점에 대해서 반드시 다른 사람의 꾸
> 지람이 있어야 한다는 것은 의심할 나위도 없습니다. 이런
> 때에 과연 현자의 지위를 외람되이 차지하고서 허위의 우
> 두머리가 되어야 하겠습니까?"
>
> — 조식, 《남명집南冥集》, 조식이 오건에게 보낸 편지, 1566년 12월 10일

옛사람들은 마당을 청소할 때 손으로 물을 뿌리고 비질했다. 일상 속
의 실천을 중시하는 조식으로서는 입으로만 천상의 이치를 따지는 선비
들이 무지한 사람만도 못해 보였을 것이다. 그런데 이러한 세태를 꾸짖
어야 할 사람이 오히려 현자의 지위를 차지하고 허위의 우두머리 노릇을
하고 있었다. 그이가 바로 기대승과 편지를 주고받으며 사단칠정 논쟁을
불러일으킨 퇴계 이황이었다. 조식은 이황에게도 편지를 보내 선비들의
문제점을 지적했지만 소용없었다.

남명은 조선 성리학의 변질을 안타까워하다가 선조 5년(1572) 2월에
세상을 떠났다. 산중의 처사로 살아가며 강건하고 독실하게 구도에 정진
했던 그는, 죽음을 앞두고 마지막 가르침을 달라는 제자의 요청에 이렇
게 답했다.

"우리 집에 경敬과 의義 이 두 글자가 있으니, 하늘의 해와 달이 만고萬古를 밝혀 변하지 않는 것과 같다. 성현의 천만 가지 말이 그 귀취歸趣(귀착되는 취지)를 요약하면 이 두 자 밖에 벗어나지 않는다."

— 《선조실록》 5년(1572) 2월 8일 '처사 조식의 졸기'

　조식이 수양의 척도로 삼은 경敬과 의義는 '깨어 있는 지성'으로서 '행동하는 양심'을 추구하라는 간곡한 당부였다. 당시 선비들은 물론 작금의 지식인들도 스스로를 돌아보며 곱씹어 볼 만한 말이 아닐 수 없다. 그가 세상에 남긴 울림은 과연 천 석들이 종소리처럼 시간이 흐르면 흐를수록 사람의 마음을 묵직하게 움직인다.

"범 꼬리 밟은 듯, 봄날 얼음 밟은 듯"
虎尾春氷

《논어論語》에서는 "세상에 도가 있으면 나아가 벼슬하고, 도가 없으면 물러나 은둔한다"고 했다. 이것이 바로 유자儒者의 출처관出處觀이다. 16세기 중반 무렵 조선의 선비들은 '출처出處', 즉 벼슬길로 나아가느냐 물러나 학문을 닦느냐에 대한 고민이 컸다. 기묘사화(1519), 을사사화(1545)의 여파로 외척들과 훈구파가 득세한 조정은 올바른 도가 행해지기 어려운 실정이었다. 이 때문에 뜻있는 선비들은 향촌에서 학문에 몰두했다.

바야흐로 조선 성리학은 백가쟁명百家爭鳴의 시대로 접어들었다. 서경덕, 이항, 노수신, 남언경, 조식 등 뛰어난 학자들이 쏟아져 나왔다. 남송 이학理學을 양분했던 주자와 육구연이 조선에서 되살아나 재조명되었다.

명나라에서 건너온 왕수인의 양명학陽明學과 나흠순의 이기일물론理氣一物論도 각광을 받았다. 조선 선비들의 사랑방에서는 다양한 철학 논의들이 넘실대고, 독창적인 학설들이 선비들의 서신에 담겨 경향 각지로 퍼져 나갔다.

그 가운데 선비들의 마음을 사로잡은 것은 단연 '이기심성론理氣心性論'이었다. 당시 선비들은 자기수양의 성리학 공부를 '도학道學'이라고 불렀다. 그들은 이理와 기氣, 본성(性)과 마음(心)을 탐구하여 자기수양의 이론적 토대를 쌓으려 했다. 이에 따라 이기심성이 어떻게 발동하고 작용하는지를 놓고, 치열한 논쟁을 벌였다. 많은 도학자들이 학설을 냈는데 점차 논의를 주도한 인물이 바로 퇴계退溪 이황李滉(1501~1570)이다.

> "흐트러지는 마음을 거둘 줄 알면, 늘 공경하고(持敬) 항상 정성스럽고(存誠) 기미를 사전에 막고(防微) 홀로 있을 때 삼가서(愼獨), 욕심으로부터 몸을 지킬 수 있게 됩니다. 주자 같은 분도 평생을 호랑이 꼬리를 밟은 듯 봄에 풀리는 얼음을 밟은 듯 지내셨다고 했으며, 항상 눈이 녹기도 전에 돋아난 풀과 같이 경계하는 마음을 지니셨다고 합니다. 그렇다면 우리들은 어떻게 해야 되겠습니까?"
>
> – 기대승, 《고봉집高峰集》, 이황이 기대승에게 보낸 편지, 1560년 11월 5일

이황은 남송의 주자朱子를 계승한 이기심성론을 펼쳤다. 그것은 단지 이론적인 차원이 아니었다. 이황은 주자를 삶의 모델로 삼고 사려 깊은

행보를 이어 나갔다. 벼슬과 학문 사이에서 호랑이 꼬리를 밟은 듯 봄날의 살얼음을 밟은 듯 신중하게 처신했다. 흐트러지기 쉬운 마음을 다스리며 세상 만물의 이치와 인간의 심성을 탐구하여 덕을 높이려 했다. 이황의 이러한 면모는 향촌의 선비들에게 폭넓은 공감을 얻었다. 그를 존경하는 선비들이 제자가 되겠다며 사방에서 모여들었다. 엄격한 자기수양과 수준 높은 교육, 그 바탕 위에서 '이황의 도덕'은 '조선의 도덕'으로 나아갔다.

"학문을 이루지도 못했으면서 자신을 높이고"

"내가 어려서부터 학문에 뜻을 두었으나, 깨우쳐 줄 만한 스승이나 벗이 없었다. 그래서 수십 년 간을 헤매면서도 어디로 들어가서 어디서부터 손대야 할지를 알 수가 없어 헛되이 마음과 생각만 써 버리고 말았다. 그래도 탐구하는 일을 그만두지 않고 밤새도록 고요히 앉아 있으면서 잠을 자지 않다가 결국에는 마음의 병을 얻어 여러 해 동안이나 학문을 중지하지 않으면 안 되었다. 그때 만약 참된 스승과 벗을 얻어 미로에서 길을 지시받았더라면, 어찌 이처럼 심력心力만 허비하고 늙도록 아무 소득이 없는 지경에까지 이르렀겠는가."

― 이황, 《퇴계집退溪集》 '언행록言行錄'

퇴계 이황은 오늘날의 안동에서 7남 1녀의 막내로 태어나 아버지를 일찍 여의고 홀어머니 슬하에서 자랐다. 기록에는 그의 부친 이식의 벼슬이 의정부좌찬성(종1품)에 이른 것으로 나오는데, 이는 후일 이황이 사림의 종주로 떠오르면서 추증된 것이다. 이식은 이황이 태어나던 해(1501)에 뒤늦게 진사시에 합격했지만 이듬해 세상을 떠나고 말았다. 홀로 남은 모친 박씨는 직접 농사와 양잠을 하며 어렵사리 자식들을 교육시켰다.

집안 사정 때문인지 이황은 어린 시절 체계적인 학업의 기회를 갖지 못했다. 나이 열두 살 무렵 숙부인 이우에게 《논어論語》를 배웠는데 이는 임시방편적인 공부였던 것으로 보인다. 보통 사서四書(《대학》,《논어》,《맹자》,《중용》)를 들어가기 전에 《소학小學》부터 떼는 게 정석이지만 그에게는 이 단계가 빠져 있었다. 이황이 《소학》을 들여다본 건 스무 살을 훌쩍 넘어서였다.

> (퇴계 선생이) 스물세 살 때 여러 벗들과 영천榮川의 의원醫院에 모여서 공부하였다. 한 벗이 《소학》을 읽고 있다가 선생의 동정을 살피며 물었다. "공은 전에 이 책을 읽었습니까?" 이에 선생은 안 읽었다고 답하였다.
>
> ─ 김성일, 《학봉집鶴峯集》 '퇴계선생사전退溪先生史傳'

그러나 학문에 대한 이황의 열정은 뜨거웠다. 《논어》는 장구章句뿐 아니라 '집주集註'(주자가 선대 학자들과 자신의 주석을 모아 엮은 것)까지 달달 외웠다. 또 약관의 나이로 《주역周易》을 읽고 그 뜻을 강구하다가 먹고 자는 것까지 잊었다. 이때 심기心氣가 상해 건강을 해친 이황은 평생 병으로 고생하게 된다. 이런 모습을 보면 그는 아마도 과거시험 공부보다는 학문 자체를 즐겼으리라 짐작된다. 읽고 생각하기를 오래 하며 차츰 그 의미를 깨닫고 기쁨을 느꼈던 것이다.

이황이 성리학의 세계에 눈뜬 것은 그의 나이 19세 때였다.《성리대전性理大全》을 처음 접하고 자신도 모르게 눈이 열리면서 학문으로 들어가는 길을 얻은 것 같았다고 한다.《성리대전》은 명나라 영락제의 명으로 송나라와 원나라의 성리학설을 수집하여 편찬한 70권의 전서다. 북송오자北宋五子(주돈이, 정호, 정이, 소옹, 장재)와 주자를 포함해 성리학자 120여 명의 학설을 망라했으며 이기理氣, 성리性理, 도통道統, 치도治道 등 성리학의 핵심개념들이 주제별로 담겼다. 조선 땅에는 세종 1년(1419)에 전해져 보급되었다.

《성리대전》은 이후 경연과 성균관의 교과목으로 쓰이며 향촌 선비들에게 널리 퍼져 나갔다. 이 책은 학문적 깊이를 추구하기보다 교재처럼 폭넓은 지식으로 채워져 있었다. 과거시험을 통과해 벼슬길에 나서려면 이 책에 소개된 성리학설을 두루 알아야 했다. 이황도 이 전서 덕분에 성리학에 눈을 떴다고는 하나 실제의 쓰임은 과거시험과 무관치 않았을 것이다. 그는 홀어머니의 뜻에 따라 20대 이후 과거시험 준비에 매진했고 결국 서른네 살이 되던 중종 19년(1534) 문과에 급제하였다.

이황의 벼슬살이는 겉으로는 순탄한 듯 보였지만 속내는 고뇌의 연속이었다. 기묘사화(1519) 이후 조정과 선비의 풍속은 날이 갈수록 문란해졌다. 남명 조식이 '을묘사직소'에서 개탄한 명종 대의 타락상도 이미 이

때 징후가 나타나고 있었다. 관료들은 주색에 빠져 재물과 세력을 늘리는 데 혈안이 돼 있었고, 유생들은 날마다 농담으로 소일하며 예법과 도학을 비웃었다. 퇴계는 홍문관수찬(정6품), 성균관사성(종3품) 등을 역임하였으나 중종 말년에 나라가 더욱 어지러워지자 성묘를 핑계 삼아 고향으로 돌아갔다.(1543)

1545년 명종 즉위 후 이황은 성균관대사성(정3품), 홍문관부제학(정3품), 공조참판(종2품) 등 요직에 임명되었으나 번번이 관직을 사퇴하거나 아예 응하지 않았다. 그 횟수만 무려 20여 회에 이르렀다. 그나마 풍기군수로 짧게 재임하며(1548~1549) 소수서원 사액을 청원한 일이 눈에 띄는 업적인데, 이 자리마저 1년여 만에 그만두고 고향 땅에서 칩거에 들어갔다. 대체 이 무렵 이황은 심중에 어떤 고뇌를 담고 있었을까? 을사사화(1545)와 훈척 세력의 득세 때문에 벼슬살이의 의미를 찾기 어려웠던 것일까?

"저는 일찍이 우리나라의 선비 중에 조금이나마 뜻을 가지고 도의를 좇은 사람들 거의가 세상의 환란에 걸린 것을 이상하게 여겼습니다. 이것은 비록 땅이 좁고 인심이 박한 까닭이기는 하지만, 역시 그들 스스로를 위한 계획이 미진했기 때문에 그러했습니다. 이른바 미진했다 함은 다름이 아니라 학문을 이루지도 못했으면서 자신을 높이고, 시대를 헤아리지도 못했으면서 세상을 일구는 데 용감했던 것입니다. 이것이 바로 실패한 까닭이니, 큰 이름을 걸고 큰일

　이황은 나중에 고봉 기대승에게 자기가 벼슬에서 물러나려 한 속내를 밝힌다. 일찍이 학문에 뜻을 뒀으면서도 과거를 보고 벼슬을 구하는 바람에 꼬였다는 것이다. 벼슬살이를 시험해 보고 아니다 싶으면 물러날 계획이었으나 뜻대로 되지 않더라는 것이다. 벼슬길로 나아가면 어지러운 조정에서 이름에 허물만 깊어지고, 또 물러나려 하면 나라를 저버렸다 하여 비방만 쌓이니 실로 처신하기 어렵다. 결국 나아갈 수도 물러날 수도 없는 처지에 놓였다며 기대승으로 하여금 이황 자신의 경험을 경계로 삼도록 했다.

　그것은 '출처지도出處之道'(나아가고 물러나는 도리)에 대한 이황의 자기 성찰이었다. 학문을 이루지도 못했으면서 자신을 높이고, 시대를 헤아리지도 못했으면서 경세에 용감했던 것이 전대의 사림이 실패할 수밖에 없었던 이유다. 그 미진한 계획이 자기 자신의 실패도 불러왔다는 것이다. 실패를 되풀이하지 않으려면 학문을 기준으로 삼아야 한다고 이황은 역설했다. 조정의 벼슬아치든, 산중의 처사든 먼저 학문을 이루면서 시대를 헤아려야 한다. 시대의 새로운 물결은 학문에서 발원하여 큰 흐름을 이룬다.

"평생 힘 얻은 책은 《주자전서》, 공경한 책은 《심경》"

그렇다면 이 시점에서 이황이 지향한 학문의 길은 무엇이었을까? 그것은 송대宋代 이후 지속된 성리학의 확장과 변주를 부인하고, 다시 주자의 성스러운 학문으로 돌아가려는 '주자학 근본주의'였다. 이와 같은 결심에는 두 종의 책이 영향을 미친 것으로 보인다. 바로《주자전서朱子全書》와 《심경心經》이다.

> 퇴계 선생은 학문하는 공정工程을 일체 주자朱子로써 표준을 삼았다. 일찍이 주자서朱子書를 구해서 마음을 가라앉힌 채 강론하고 연마하기를 여러 해 동안 계속하였다. 고개를 숙여 읽고 머리를 들고 생각하여 침식寢食을 잊기까지 하였다. 이에 후련하게 깨닫고 패연沛然(비나 폭포가 세차게 쏟아지는 모양)스레 실행하였는데, 평생에 힘을 얻은 곳이 대부분이 주자서에 있었다. ─ 김성일, 《학봉집鶴峯集》 '퇴계선생사전退溪先生史傳'

학봉 김성일은 퇴계의 학문이 주자서朱子書에서 힘을 얻었다고 증언한다. 김성일은 이황의 학통을 이어받은 대표적인 제자이므로 그의 증언은 신뢰할 만하다.

여기서 주자서라 함은 《주자전서朱子全書》를 가리키는 것으로 보인다. 《주자전서》는 주자의 시문과 사상을 수록한 121권의 방대한 저작이다. 우리나라 성리학도 안향이 원나라에서 이 책을 필사해 오면서 시작되었다는 게 통설이다. 하지만《주자전서》가 이 땅에서 정식으로 간행된 것은 중종 38년(1543)에 이르러서였다. 흥미롭게도 이황이 처음으로 벼슬을 버리고 낙향한 바로 그해였다. 이 책이 이황의 결심에 영향을 미쳤을 것이다.

남송의 대학자 주자는 공자-증자-자사-맹자로 이어지는 유가의 내성파內省派에 뿌리를 두고 주돈이, 정호, 정이, 소옹, 장재 등 북송오자北宋五子의 이학理學을 집대성했다. 공자의《논어論語》, 증자의《대학大學》, 자사의《중용中庸》, 맹자의《맹자孟子》에 그가 주석을 달면서 유학의 중심은 '오경五經'에서 '사서四書'로 이동하였다. 주자는 또 북송오자를 아우르며 '성즉리性卽理'(인간 본성이 곧 이)의 이기심성론을 설파하였는데 이것이 성리학性理學의 원형이 되었다.

그런 의미에서 주자학朱子學은 주자 개인의 학문이라기보다 이런 유가의 계보를 포괄하는 개념이라고 볼 수 있다. 주자학을 정주학程朱學(정자와 주자의 학문)이라 부르는 것도 그래서다. 정자程子(정호와 정이 형제)가 주자가 걸어간 성리학의 길을 개척했다고 볼 수 있기 때문이다. 하지만 주자학은 혹세무민의 위학僞學(거짓학문)이라 하여 남송 조정으로부터 정치적 탄압을 받았고 이후 서서히 쇠퇴하였다. 이황은 중국에서 끊어진 그 계보를 자신의 손으로 다시 잇고자 했다. 이는 도의 계보, 즉 도통道統을 조선에 접목하는 작업이기도 했다.

이를 위해 퇴계는《주자전서》를 반복해서 읽고 깊이 생각하며 그 가운데서 얻은 깨달음을 널리 공유하기로 했다. 그 결과물이 바로《주자서절요朱子書節要》이다.

《주자서절요》는《주자전서》본편 중 거의 절반에 이르는 서간문에 특히 주목했다. 주자는 남송의 학자, 문인, 대부 등 각계 인사들과 서신으로 다양하고 깊이 있는 의견을 교환했다. 그이의 서간문은 단편적이기는 하지만 자신의 생각을 집약해서 상대방에게 전달한 것이므로 그 안에는 주자의 학문과 사상이 함축되어 있었다. 이황은 그 가운데서 주자학의 정수가 녹아 있는 내용만을 추려《주자서절요》를 편찬하였다.

《주자서절요》는 명종 16년(1561)에 출간되었지만 그전에 이황의 제자들에 의해 경향 각지로 퍼져 나갔다. 주자를 계승한 이황의 가르침은 사대부들에게 큰 호응을 얻었다. 이 책은 향촌의 사대부들을 주자학으로 이끄는 길잡이가 되었고, 이 사대부들의 결집은 얼마지 않아 조선의 운명을 바꾸는 밑거름이 된다.

한편《주자전서》와 더불어 이황에게 양분을 공급한 또 하나의 책은《심경心經》이었다.《주자전서》가 이론적 표준이었다면《심경》은 실천의 잣대 역할을 했다.

> "나는《심경心經》을 얻고 나서, 비로소 심학心學의 근원과
> 심법心法의 정밀하고 미묘함을 알았다. 그러므로 나는 평생
> 이 책을 신명神明(신령스럽고 이치에 밝음)하게 믿었고, 엄한
> 아버지처럼 공경하였다."   – 이황,《퇴계집退溪集》'언행록言行錄'

《심경》은 원래 남송의 주자학파 학자인 진덕수가 경전과 도학자들의 저술에서 심성 수양에 관한 격언을 모아 편집한 책이다. 그 후 명나라 때

정민정이 이 책에 주註를 붙여 《심경부주心經附註》를 편찬하였는데, 조선에서는 이 주석서를 원전과 아울러 《심경》이라 불렀다.

진덕수는 순 임금이 우 임금에게 전해 준 16자의 말씀이 만세토록 전해 오는 심학心學의 근원임을 강조했다. "사람의 마음은 위태롭기만 하고, 도를 따르는 마음은 지극히 희미하니, 오직 정밀하게 하고 한결같이 하여, 그 중용을 잡을 수 있어야 한다(人心惟危, 道心惟微, 惟精惟一, 允執厥中)"는 것이다. 여기서 '심학'이란 육구연과 왕양명의 그것과 다른 개념으로 도학의 심성 수양 공부를 말한다. 정민정은 "사람이 사람 된 것은 마음(心)을 잃지 않는 것일 뿐이며, 성학聖學의 시작과 끝을 이루는 요령은 공경함(敬)에 있다"고 하여 '심心'과 '경敬'을 《심경》의 핵심 개념으로 제시하고 있다.

이황이 《심경》을 손에 넣은 것은 벼슬길에 나서기 전인데, 그는 이후 이 책을 끼고 살다시피 했다. 엄한 아버지처럼 공경했다고 하니 얼마나 중시했는지 짐작할 수 있다. 제자 김성일의 증언에 따르면 이황은 닭이 울면 일어나서 반드시 어떤 글을 엄숙하게 외웠다고 한다. 자세히 들여다봤더니 《심경부주》였다. 퇴계가 평소 흐트러지기 쉬운 마음을 다스리는 데 심혈을 기울인 것도 《심경》에서 비롯되었다. 그는 남명 조식처럼 '경敬'과 '의義' 두 글자를 벽에 써 붙이는 대신 숨 쉬는 사이에도 자신의 마음을 성찰하며 도학에 정진했다.

"집에서도 반드시 의관을 바로하고"

학문을 위해 고향으로 돌아간 퇴계 이황은 《주자전서》와 《심경》을 밑거름 삼아 '주자학 전도사'로 거듭났다. 기대승, 이이 등 젊은 선비들을 중심으로 강력한 결속력을 가진 '주자학 그룹'이 형성된 것도 이즈음이다. 그는 정밀한 학문으로 그들에게 영감을 주었고, 엄격한 자기수양으로 흠모의 대상이 되었다.

주자학을 본격적으로 강론하면서 이황은 임금의 부름에도 한결 자유로워졌다. 그의 명성이 높아지면서 조정에서도 함부로 대하기 어려웠을 것이다. 이황의 집은 본디 청빈하여 거처가 겨우 비바람을 가릴 정도였지만 마음은 편안했다고 한다. 그는 고향의 서재에서 학문을 이루며 시대를 헤아렸다.

> 선생은 집에 있을 적에도 반드시 의관을 바로하고 책상에 마주 앉아 글을 읽거나 향불을 피운 채 고요히 생각에 잠겼다. 연세가 점점 많아지고 병은 깊어 갔지만, 학문을 진전시키기 위해 더욱 힘쓰고, 도를 지키는 데 더욱 무거운 책임을 느꼈다.
> — 김성일, 《학봉집鶴峯集》 '퇴계선생사전退溪先生史傳'

김성일이 전하는 퇴계의 모습은 공자의 학문을 왜 '위기지학爲己之學'(자기 자신의 본성을 밝히는 학문)이라 부르는지 보여 준다. 사람을 대할 때는 공경하면서도 예의가 있었고, 처신에 있어서는 간략하면서도 도리를 다

하였다. 기쁘거나 노한 감정을 얼굴에 나타내지 않았고, 황급한 지경에 처해도 평정심을 잃지 않았다. 평소에는 몸에 걸친 옷조차 버거워 보였으나, 일에 임해서는 확고부동하여 맹분孟賁(중국 전국시대의 장사)이라 할지라도 그 뜻을 빼앗을 수 없었다. 이는 흐트러지기 쉬운 마음을 다스리는 자기수양의 결과였다.

후학을 가르치는 데 있어서도 항상 정성을 기울였다. 이황은 몸에 병이 들어도 강론을 빼먹지 않았다. 아무리 어린 제자라도 이름 대신 '너'라고 부르는 법이 없었다. 선비를 맞이하거나 전송할 적에는 반드시 섬돌 아래에 내려와서 하였다. 멀리서 찾아오면 비록 거친 밥에 나물국이라도 반드시 함께 숟가락을 떴다. 무엇보다 후학에게 스승의 도를 자처하지 않고 시종일관 친구처럼 대했다. 퇴계는 학문뿐 아니라 인격까지 두루 갖춘 시대의 스승이었다.

의심나는 것을 물으면서 가르쳐 주기를 청하면 조예의 깊고 얕음에 따라서 가르쳐 주되, 반드시 뜻을 세우는 것으로 급선무를 삼았다. 지경持敬(공경함을 지님)과 궁리窮理(도리를 추구함)로써 공부하는 첫머리를 삼아, 간곡하게 타이르고 이끌어서 계발시킨 뒤에야 그만두었다.

— 김성일, 《학봉집鶴峯續集》 '퇴계선생사전退溪先生史傳'

20

"사단의 발동은 순수한 이理인 까닭에 언제나 선하고"

四端之發 純理 故無不善

　《삼국지연의三國志演義》는 "천하는 나누어지면 합쳐지고, 합쳐지면 다시 나누어진다"는 구절로 시작한다. 학문의 세계도 마찬가지다. 16세기 조선 성리학도 백가쟁명으로 나누어졌다가 (좁은 의미의) 주자학으로 합쳐지기 시작했다. 나누어졌다가 합쳐지려면 준거가 있어야 한다. 누군가 운동장에서 손을 들고 "기준!"이라고 외쳐야 한다는 말이다. 16세기 중반 이후 조선에서는 이황이 그 역할을 했다.

　이황이 조선 선비들의 큰 스승으로 자리매김한 데는 나이와 지위와 지역을 뛰어넘은 소통의 힘이 컸다. 주자가 그랬던 것처럼 이황도 각지의 선비, 도학자, 관료들과 서신으로 교류하며 자신의 사상을 다듬어 나갔다. 특히 후학들에게 귀 기울이고 그들과 대등한 입장에서 의견을 주고받았다. 젊은 선비들은 차츰 이황의 학문적 우산 아래로 모여들었다. 대표적인 인물이 바로 고봉 기대승이다.

> "선비들 사이에서 그대가 논한 사단칠정四端七情의 설을 전해 들었습니다. 저는 이에 대해 스스로 전에 한 말이 온당하지 못함을 근심했습니다. 다만, 그대의 논박을 듣고 나서 더욱 잘못되었음을 알았습니다. 그래서 그것을 다음과 같이 고쳐 보았습니다. '사단의 발동은 순수한 이理인 까닭에 언제나 선하고, 칠정의 발동은 기氣와 겸하기 때문에 선악이 있다.' 이렇게 하면 어떨지 모르겠습니다."
>
> — 이황, 《퇴계집退溪集》, 이황이 기대승에게 보낸 편지, 1559년 1월 5일

명종 14년(1559) 이황은 기대승에게 위 편지를 보내 사단칠정四端七情 논쟁을 촉발시켰다. 두 사람의 논변은 단숨에 장안의 화제로 떠오르며 사대부들의 이목을 사로잡았다. 이황과 기대승이 처음 만난 것은 그 전해인 1558년으로 이때 퇴계가 58세, 고봉이 32세였다. 이후 그들은 13년 동안 편지를 주고받으며 이 땅에 주자학의 이기심성론이 꽃피는 데 크게 기여했다. 스물여섯의 나이 차, 대사성 출신과 신출내기 관료의 지위 간극, 영호남 간의 지리적 장벽 등은 문제가 되지 않았다.

"처음에는 달랐으나 끝내는 모아졌다"

그럼 사단칠정 논쟁이란 대체 무엇이고 역사적으로 어떤 의미가 있을까? 비판적인 입장에서 보면 이 논쟁은 말장난에 불과할지도 모른다. 당대에도 남명 조식은 이기심성론에서 파생된 이러한 논변을 "손으로 물 뿌리고 비질하는 절도도 모르면서 입으로 천상의 이치를 말한다"며 우려한 바 있다. 더구나 백성이 산과 들로 뿔뿔이 흩어져 신음하고 울부짖는 시대였다. 현실과 동떨어진 관념적인 사변은 오늘날 우리의 눈에도 곱게 보이지 않는다.

그럼에도 불구하고 16세기 중반 이후 사단칠정 논쟁을 비롯한 이기심성론의 개화가 조선의 운명을 바꾼 것은 엄연한 사실이다. 이로 인해 사대부들이 주자학의 기치 아래 결집하고 그것이 신진사림의 정권교체로 이어진다. 이후 조선에서는 도학적 경세론에 따라 '수기치인修己治人'의 도덕정치가 본격화된다. 그 새로운 패러다임의 철학적 뿌리가 이기심성론에 닿아 있음은 누구도 부인하기 어려울 터. 그런 의미에서 비록 관념적인 사변이기는 하지만 사단칠정 논쟁을 한 번쯤 짚고 넘어갈 필요가 있다.

사단四端은 《맹자孟子》 '공손추公孫丑' 상편에 나오는 말로 측은지심惻隱之心(남을 불쌍히 여기는 마음), 수오지심羞惡之心(옳지 못함을 부끄러워하는 마음), 사양지심辭讓之心(겸손하여 남에게 양보하는 마음), 시비지심是非之心(잘잘못을 분별하여 가리는 마음)을 가리킨다. 칠정七情은 《예기禮記》와 《중용中庸》이 출처로 희喜(기쁨), 노怒(노여움), 애哀(슬픔), 구懼(두려움), 애愛(사랑),

오惡(미움), 욕欲(욕망)을 일컫는다.

원래 사단과 칠정은 각기 다른 맥락의 개념이었으나 송나라 때 성리학이 일어나면서 함께 논의되기 시작했다. 사단은 인仁(어짊), 의義(의로움), 예禮(예의바름), 지智(지혜로움)의 인간 본성이 바깥사물의 영향을 받지 않고 드러난 도덕적 감정을 뜻한다. 반면 칠정은 인간 본성이 바깥사물과 감응하면서 나타난 자연적 감정이다. 송대 성리학자들은 인간의 도덕적 감정과 자연적 감정이 어떻게 생기는지 묻고 이理와 기氣에서 답을 찾으려 했다.

그 사변철학을 수백 년이 지난 후 조선 선비들이 받아안았다. 명종 13년(1558) 고봉 기대승은 과거를 보러 상경하는 길에 마침 한양에 머물고 있던 이황을 만나 도학의 쟁점들을 놓고 의견을 나눴다. 나이는 젊지만 고봉은 이미 잘나가는 선비였다. 이항, 김인후 등 당대 최고의 도학자들과 교류하며 자신만의 명석한 이기심성론을 펼치고 있었다. 당시 기대승이 비판한 논변 중의 하나가 바로 정지운의 '천명도天命圖'에 언급된 사단칠정의 설이었다.

"사단은 이에서 생겨나고, 칠정은 기에서 생겨난다.(四端發於理 七情發於氣)"

이 설이 담긴 천명도를 정지운이 이황의 감수를 받아 1554년《천명도설서天命圖說書》에 실었다. 사상사에서는 그것을 '천명구도天命舊圖'라고 부르는데 사실상 정지운과 이황의 합작품으로 볼 수 있다. 따라서 고봉의 비판은 이황과 무관치 않았다. 이황은 1559년 기대승에게 편지를 보내 천명구도의 사단칠정설에 문제가 있었음을 인정하고 다음과 같이 수정하는 성의를 보인다.

> "사단의 발동은 순수한 이理인 까닭에 언제나 선하고, 칠정
> 의 발동은 기氣와 겸하기 때문에 선악이 있다." 四端之發 純理
>
> 故無不善 七情之發 兼氣 故有善惡

사단칠정 논쟁은 그렇게 막이 올랐다. 기대승은 이황의 서신을 받자 기다렸다는 듯이 날선 대립각을 세웠다. 기대승은 사단과 칠정을 이理와 기氣에 나누어 붙이는 것에 반대했다. 주자학에서 이는 세상 만물의 원리요, 기는 그 원리가 구현되는 실체다. 그런데 현실세계에서 이와 기는 만물 안에 같이 존재하며 서로 떨어질 수 없다. 즉 이와 기는 논리적 측면에서는 둘이지만, 현상적으로 볼 때는 하나라는 것이다. 따라서 사단과 칠정, 즉 도덕적 감정과 자연적 감정도 칼로 자르듯 나눌 수 없다는 것이 그의 견해였다.

기대승의 주장은 주자학의 기본 원칙에 충실한 것이었다. 하지만 이황은 사단과 칠정을 이와 기에 나누어 붙이는 입장을 고수했다. 아니, 오히려 기존의 주장들보다 더 과격한(?) 설을 들고 나왔다. 이황은 기대승과의 사단칠정 논쟁 도중 《주자어류朱子語類》에서 찾아냈다며 "사단은 이의 발동이고, 칠정은 기의 발동(四端理之發 七情氣之發)"이라는 새로운 설을 제시했다. 사단과 칠정을 별개의 정으로 본 것은 물론 이와 기까지 완전히 분리시키는, 어떤 면에서는 대단히 도식적인 견해였다.

이황도 이 설이 주자의 이기론과 충돌한다는 점을 모르지 않았던 것 같다. 《주자어류》를 방패막이로 내세운 이유 또한 여기에 있었을 터. 그러나 《주자어류》는 주자가 강론하며 제자들의 질문에 답한 어록 모음집

이다. 주자의 문인들이 편찬한 책으로 스승의 본뜻인지 의심스러운 대목도 적지 않다. 이 때문에 당시 조선에서 존경받는 도학자였던 노수신은 《주자어류》를 학설의 논거로 삼는 것에 대해 부정적이었다. 《주자어류》와 무관하게 기대승 역시 이황의 새로운 설을 받아들이지 않았다.

결국 이황은 다시 수정설을 내놓을 수밖에 없었다. 이번에는 "사단은 이가 발동하고 기가 그것을 따르며, 칠정은 기가 발동하고 이가 그것에 탄다(四端理發而氣隨之 七情氣發而理乘之)"고 바꿨다. 자신의 학설을 견지하되 세상 만물을 이와 기의 합으로 보는 주자학의 대전제를 슬쩍 녹인 것이다. 이 사단칠정설은 《퇴계집退溪集》의 천명도에 담겨 있는데 이를 '천명신도天命新圖'라고 한다. 이황은 이 설을 사단칠정 논쟁의 결실이라고 여겼던 모양이다. 기대승에게 보낸 편지에서도 "처음에는 달랐으나 끝내는 모아졌다"며 만족스러워했다.

그러나 기대승은 이 설도 수긍하지 않았던 것으로 보인다. 이황과 서신으로 사단칠정 논쟁을 벌이며 인간적인 신뢰를 쌓긴 했지만 아닌 건 아닌 거다. 주자학을 추종하는 선비들도 탐탁지 않아 했다. 이理가 과연 발동의 주체가 될 수 있는지가 그들의 문제의식이었다. 주자학에서 이는 물질적 실체가 없고 따라서 운동성도 없다. 뭔가를 발동시킬 수 있는 주체가 아닌 것이다. 훗날 율곡 이이가 이황의 사단칠정설을 '이기호발理氣互發'(이와 기가 각기 따로 발동함)이라 지칭한 것은 이와 같은 비판적 맥락에서였다.

"사단칠정 논쟁은 의리를 분석하여 밝히는 일"

그렇다면 '주자학 전도사' 이황은 왜 주자학의 기본 원칙을 거스르면서까지 '이기호발'을 거듭 주장했을까? 그는 사단, 즉 도덕적인 감정에 대한 이理의 발동을 유독 강조했다. 논리적 정합성을 해치는 근원인 이 주장을 다소 억지스럽게 변명하고 지켜냈다.

여기에는 학문 이외에 다른 의도가 숨어 있었을 가능성이 크다. 비록 학문에 투신하긴 했지만 이황은 당상관을 지낸 정치가 출신이었다. 사단칠정 논쟁이 일으킨 파급력을 절감하면서 이것이 조선의 언로를 새로이 열고 암울한 시대를 바꿀 견인차임을 알아챘을 것이다.

이황과 기대승의 사단칠정 논쟁은 실제로 향촌의 사대부들을 주자학의 기치 아래 결집시켰다. 이렇게 큰 호응을 얻게 된 데는 두 사람의 소통방식도 긍정적으로 작용했다. 고봉은 대학자에 대한 예의를 갖추면서도 자신의 학설을 명석하고 호기롭게 펼쳤으며, 이황은 아들뻘인 어린 학자의 견해를 너그럽게 포용하고 성심성의껏 답하였다. 특히 이황의 태도는 당대의 젊은 선비들에게 감동을 주기에 충분했다.

> 책을 보다가 의심이 나거나 어려운 부분에 이르면 자신의 견해를 주장하지 않고 반드시 여러 사람들의 의논을 널리 채택하였다. 장구章句의 해석이나 일삼는 선비의 말이라도 자세히 듣고 마음을 비워 이해하였다. (또 이치에 어긋나면) 반복해서 관여하고 바로잡아 마침내 바른 데로 귀결한 다

'퇴계 선생'의 명망은 하늘을 찔렀고 선비들의 사랑방은 그가 불을 지 핀 이기심성론으로 후끈 달아올랐다. 하지만 사단칠정 논쟁은 뜨거운 호 응과 함께 만만치 않은 역풍도 불러왔다. 사대부들의 결집에 놀란 조정 에서는 그 동태를 예의주시하는 한편 이기심성론을 '공리공담空理空談'(헛 된 말)이라고 깎아내렸다. 조식을 비롯한 재야의 도학자들도 관념적인 사변의 유행에 호의적이지 않았다. 젊은 선비들이 헛된 이름을 추구한다 는 비판이었다. 신중한 성격인 이황은 완급 조절에 나섰다. 사단칠정 논 쟁의 중단을 제안한 것도 그래서다.

> "전일에 왕복하던 사단칠정 논쟁이 저에게 이르러 그쳤으 나 아직 결론이 나지 않았습니다. 그러던 중에 다시 생각해 보니 '의리義理를 분석하여 밝히는 일'은 지극히 정밀하고 해박해야 하는데, 제 논술은 조리가 번잡하고 사설이 방만 하며 견해가 넓지 않고 조예가 미치지 못합니다. 털끝만큼 터득한 것도 없이 쓸데없는 다툼으로 '성스러운 학문(聖門)' 의 큰 금기를 범하는 것이 될 뿐입니다."
>
> – 기대승, 《고봉집高峰集》, 이황이 기대승에게 보낸 편지, 1562년 10월 16일

여기서 유의할 점은 이황이 비판을 겸허히 받아들이면서도 이기심성 론의 필요성을 언급하고 있다는 것이다. 그는 사단칠정 논쟁에 대해 '의

리를 분석하여 밝히는 일'이라는 관점을 내비쳤다. 전대의 사림이 조정에서 행한 일은 왕과 권신에 맞서 도덕적 의리를 주장하고 이를 명분 삼아 언로를 넓힌 것이었다. 이황의 화두는 이제 그 의리가 어디서 비롯되고 어떻게 작용하는지를 규명함으로써, 사화를 딛고 새로운 언로를 열어야 함을 암시했다.

그런 의미에서 퇴계의 이기호발설은 학문적 오류에도 불구하고 시대상황에 부합하는 것이었다. 그는 고집스럽게 사단을 이理의 발동으로 규정했다. 주자학에서 이는 세상 만물을 주관하는 원리이다. 그런데 이가 사단을 발동하는 주체가 되는 순간 '원리'에서 '존재'로 화한다. 이는 다분히 종교적 메타포를 띤다. 그것을 기독교《성경》의 한 대목과 비교해 보자.

"태초에 말씀이 계시니라. 이 말씀이 하나님과 함께 계셨으니 이 말씀은 곧 하나님이시니라. 만물이 그로 말미암아 지은 바 되었으니 지은 것이 하나도 그가 없이는 된 것이 없느니라."(《성경》'요한복음' 1장)

《성경》은 '말씀'을 '하나님'과 동격으로 만든 후 '창조의 주체'로 묘사한다. 이황 역시 '이'를 '신적인 존재'로 격상시켜 '발동의 주체'에 정당성을 부여한다. 이로써 이의 발동인 사단四端, 즉 도덕적 감정에 종교적 권능이 실리고, 그리 되면 사림이 주장해 온 의리義理 또한 신성불가침의 힘을 갖는다. 도덕적 의리가 군주도 함부로 할 수 없는 성역으로 발돋움하는 것이다.

퇴계의 이기호발설은 사실 단순논리다. 어찌 보면 학설보다는 교리에 더 가깝다. 하지만 향촌의 사대부들에게는 정교한 논리에 기초한 기대승의 학설보다 더 잘 먹혔을 것이다. 예로부터 사람을 모으는 것은 이와 같은 단순논리요, 종교적 믿음이다.

공자가 제자에 따라 맞춤형 교육을 했다면, 이황은 시대를 헤아리고 맞춤형 학설을 내놓았다. 한 걸음 더 나아가 오늘날의 미디어 전략과 같은 교묘한 대중화법을 구사했다. 그의 학설에는 이런 메시지가 숨어 있다.

"사대부들이여, 이理를 받들고 의리를 높이면 새 세상이 온다. 주자천국 불신지옥!"

조선의 사대부들은 대대로 《맹자》의 '구방심求放心'(잃어버린 마음을 회복하는 것)과 《대학》의 '명명덕明明德'(밝았던 덕을 다시 밝히는 것)을 학문하는 도리로 삼았다. 이른바 '위기지학爲己之學'(자기 자신의 본질을 밝히는 학문)이다. 이황은 거기에 종교적 메타포를 심어 사대부들에게 시대적 소명을 일깨우고 '수기치인修己治人'(자신을 닦아 사람을 다스림)의 도덕정치를 뒷받침했다.

이제 임금이라 해도 종교적 권능을 가진 의리를 함부로 무시해서는 안 되며, 성스러운 학문을 하는 선비들을 마구 죽일 수도 없다. 도덕적 의리는 그 자체로 권력이 되고, 언로는 그 권력에 무소불위의 힘을 실어 준다.

"평이하고 명백한 것으로 도를 삼다"

의리와 언로를 권력화하려면 사대부들을 결집시켜야 한다. 이황은 이기심성 논변을 거치며 형성된 사대부들의 공감대를 자신의 주자학 근본주의로 묶어 낼 심산이었던 것 같다. 그러려면 주자학의 정통성부터 확립하지 않으면 안 된다. 백가쟁명의 성리학에 스며든 이단을 배격하고 주자학이 유일한 정통임을 설파하는 것이다.

이황은 위 편지에 나오는 '성스러운 학문(聖門)'을 내세워 주자학을 '초월적 진리'로 포장함으로써 조선의 사대부들을 줄 세웠다. 이는 학문적인 한편 종교적이며 동시에 정치적인 행보였다.

16세기 명나라에서는 주자학이 쇠퇴하고, 대신 주자의 라이벌이었던 육구연의 심학心學이 왕수인에 의해 양명학陽明學으로 발전하며 크게 유행했다. 이를 육왕심학陸王心學이라 일컫는다. 하지만 조선 사대부들은 주자에게 돌아가려는 이황의 근본주의에 동참했다. 여기에는 (주자가 활약했던) 12세기 남송과 16세기 조선의 사회적 요구가 시공을 초월해 닮아 있었다는 것이 주요한 요인으로 작용했다.

12세기에 송나라가 이민족에게 밀려 남쪽으로 도읍을 옮기자 황제의 절대권력은 큰 상처를 입고 대신 지방에 할거한 사대부들의 발언권이 커졌다. 주자학은 바로 그 사대부들의 권익을 옹호하면서 그들의 호응 속에 성장하였는데, 이로 인해 정치적 탄압을 받았다. 주자는 지방의 사대부들이 조정에 참여하는 것을 권장하고 황제도 이들과 협력해 천하를 다스려야 한다고 했다. 이른바 '군신공치君臣共治'(임금과 신하가 협의해 나라를 다스림)가 황권에 대한 도전으로 비춰진 것이다.

16세기 조선의 상황도 비슷했다. 계속된 폭정으로 임금과 조정의 신뢰는 땅에 떨어진 반면 향촌의 사대부들은 지방에서 자수성가하였다. 그 힘을 바탕으로 사회적 발언권을 키우려는 사대부들의 요구가 고개를 들었다. 그들이 사대부 계층에 우호적인 주자학에 빠져드는 것은 자연스러운 일이었다. '수기치인'의 도덕정치는 임금이 자신을 닦는 대신 조정의 실제적인 일은 신하들이 맡아 보도록 한다. 결국 '군신공치'를 수반한다. 그렇게 되면 자연히 사대부들의 발언권도 커진다.

바로 그 향촌의 사대부들을 학문적으로 대변한 것이 이황과 주자학 그룹이었다. 이황과 기대승이 주고받은 편지를 읽어 보면 '우리의 도', '우리의 뜻', '우리의 미래'라는 표현이 자주 등장한다. 그들은 주자학 근본주의로 강력히 결속되어 있었다. 주자학에서 벗어난 학설과 철학 논의는 힘써 배척했다. 주자학만이 정통이요, 그 외의 것은 이단이었다. 이단에 대한 공세는 집요하고 조직적이었다.

> "요 근래 명색이 도학을 한다면서도 소견이 어긋나서 오히려 도를 해치는 이가 많아, 이루 다 분별할 수 없을 정도이니 어찌하면 좋겠습니까?"
>
> — 기대승, 《고봉집高峰集》, 기대승이 이황에게 보낸 편지, 1567년 1월 24일

> "이러한 현상은 대개 평소에 세심히 글을 읽지 않고 다만 억측과 상상만을 좋아한 데서 연유한 것입니다. 억측하고 상상한 것으로 화두話頭를 만들어 남을 속이고 자신도 속였으니, 이것이 무슨 기상이며 무슨 도리입니까. 가증스럽고 두렵습니다. 바라건대 통렬히 분석하시어 삿되고 비뚤어진 언행을 막는 계책으로 삼으시면 다행이겠습니다."
>
> — 기대승, 《고봉집(高峰集)》, 기대승이 이황에게 보낸 편지, 1566년 7월 15일

기대승은 도학자들 중에 도道를 해치는 이가 많다고 한탄한다. 이황과 사단칠정 논쟁을 벌이며 주자학 그룹의 대표 주자로 나선 그의 말은 울림이 컸다. 기대승은 특히 서경덕의 제자 허엽을 비롯해 독창적인 학설을 전개하던 인물들을 매섭게 질타했다. 비판의 핵심은 성현의 말씀을 허투루 읽고 억측과 상상으로 세상을 속인다는 것이었다. 고봉은 이를 삿되고 비뚤어진 언행이라 규정하고 퇴계에게 심판을 청한다.

이황은 어느덧 도학의 정통과 이단을 가늠하는 판관으로 자리매김했다. 김성일에 따르면 이황은 이단을 마치 여색과 같이 여겨서, 그것을 엄하게 끊지 못할까 걱정하였다. 그가 《이학통론理學通論》을 찬술하여, 주자 이래 중국 도학자들의 언행을 빠짐없이 모은 것도 이단을 경계하기 위함이었다. 이황은 육왕심학, 이기일물론 등 중국에서 건너온 신흥 학설에 대해 노장老莊(도가)과 선학禪學(불가)의 폐단을 들먹이며 비판했다.

"중국 학자들은 모두 불교의 기미를 띠고 있다."

– 이황, 《퇴계집退溪集》 '언행록言行錄'

서경덕, 노수신, 조식 등 당대에 일가를 이룬 도학자들도 예외가 될 수 없었다. 이황은 이理를 잘 모른다거나 성현(주자)의 말씀에 어긋난다거나 신기한 것을 숭상한다는 식으로 그들을 깎아내렸다.

"화담花潭(서경덕)의 학설을 보면 기氣를 논한 것은 매우 정밀하지만, 이理에 대해서는 그다지 정밀하지 못하였다. 기에 치우치기도 하고, 이를 기로 알기도 하였다."

"대개 세상에는 자기의 근본에 대하여 공부하는 사람이 없
는데, 소재穌齋(노수신)는 상산象山(육구연)의 의견을 지키니,
아주 두려운 일이다."

"남명南冥(조식)은 다만 일개 기이한 선비일 뿐이다. 그의 의
론이나 식견은 항상 신기한 것을 숭상해서 세상을 놀라게
하는 주장에 힘쓰니, 이 어찌 참으로 도리를 아는 사람이라
하겠는가."
— 이황, 《퇴계집退溪集》 '언행록言行錄'

조식에 대한 비판에서 보듯이 이황은 특히 색다르거나 괴상한, 달리
말하면 독창적인 논의를 좋아하지 않았다. 그것을 남의 이목이나 끌려는
욕심의 산물이라고 본 것이다. 대신 이황은 주자를 본받아 '평이하고 명
백한 것'에 힘쓰라고 가르쳤다. 그것은 보통 사람이 날마다 부딪히는 일
상사를 가리킨다.

"만일 학문하는 자가 남의 평가나 영욕에 얽매인다면 홀로
설 수 없다. 안으로 공부한 것은 없이 색다른 주장을 내세
워 괴상하게 보이려 하다가는 스스로를 보전하지 못할 것
이다. 요컨대, 배우는 자는 모름지기 확고하고 굳세어야 비
로소 그에 근거하여 지킬 수 있다."

"공자가 번지에게 이르기를, '거처할 때는 공손히 하고, 일
을 할 때는 공경히 하며, 사람을 대할 때에는 충실하게 하

라'고 하였으니, 이것이 모두 평이하고 명백한 것이다."

— 이황, 《퇴계집退溪集》 '언행록言行錄'

　김성일은 이황을 일컬어 "평이하고 명백한 것으로써 '도道'를 삼았지만 사람들이 미처 알 수 없는 묘리가 있었고, 겸허하고 사양하는 것으로써 '덕德'을 삼았지만 사람들이 어길 수 없는 실상이 있었다"고 회고한다. 이황이 추구하고 실천한 이 '도덕'은 조선 성리학의 표준으로 자리매김했고, 나아가 조선이라는 나라의 정체성이 되었다. 백가쟁명의 다양하고 독창적인 학풍은 그렇게 주자학 근본주의로 기울어져 갔다.

　이황은 생의 마지막 순간까지 낮은 자세로 선비들과 소통하며 자신의 학설을 가다듬었다. 1570년 11월 기대승에게 보낸 마지막 서신에서도 '격물格物'과 '태극太極'에 대한 자신의 견해가 잘못되었음을 고백하며 후학에게 시대의 소망에 부응해 줄 것을 당부한다. 이 편지를 보내고 한 달 후 이황은 70세의 나이로 세상을 떠났다.

　퇴계 이황은 주자학 근본주의를 조선 성리학의 정통으로 만들고 사림이 주장해 온 의리義理에 종교적 권능을 부여함으로써, 마침내 조선을 '도덕의 나라'로 이끈 일등공신이 되었다. 주자는 죽기 전에 거짓학문으로 몰려 위축된 자신의 이학理學에 대해 '언젠가 다시 빛을 볼 날이 올 것'이라고 낙관했다. 그의 예언은 450여 년 후 조선에서 이황에 의해 현실이 되었다. 이황이 '동방의 주자'로 칭송받는 이유다.

21

"중론은 선을 드러내고 악을 미워하는 것"

今日衆論 乃彰善癉惡之擧

주자학이 조선 성리학의 정통성을 거머쥐면서 일단의 젊은 선비들이 정치적으로 결집하였다. 이들 주자학 그룹은 학문적 승리에 만족하지 않았다. 향촌 사대부들이 사회적 지위에 걸맞는 발언권을 요구할 때 그들은 이기심성론으로 의리를 밝힘으로써 조선의 언로를 새로이 열었다. 이는 곧 새로운 정치 세력의 등장을 의미했다. 이 세력을 일컬어 '신진사림新進士林'이라고 부른다. 신진사림은 사대부 계층의 전폭적인 지지를 발판으로 명종 말년과 선조 초년 사이에 조정에서 약진을 거듭했다. 그들의 정신적 지주이자 강력한 후원자가 바로 퇴계 이황이었다.

퇴계와 신진사림은 도학적 경세론에 입각한 '주자학의 나라'를 꿈꿨다.

'수기치인修己治人'의 이상을 실현하려면 현실적으로 '레짐 체인지'가 절실했다. 그것은 기득권 세력으로부터 정치권력을 빼앗고 주류와 비주류를 전복하는 일이었다.

이를 위해 신진사림은 50년 전에 죽은 조광조를 부활시켜 자신들의 아이콘으로 활용한다. 정권교체를 겨냥한 고도의 정략이었다. 기묘사화에 대한 시비를 가리겠다는 명분으로 그들은 군자와 소인, 선과 악의 이분법적 구도를 짜고 기득권 세력을 궁지로 몰았다. 누구보다 이황이 앞장섰다. 다음은 선조 1년(1568) 한 경연 자리에서 그가 임금에게 올린 간언이다.

"지금까지도 사림士林 중에 학행學行에 뜻을 둔 자가 있으면 미워하는 자들은 곧 기묘년의 부류라고 지적합니다. 사람으로서 화를 무서워 않을 자 누가 있겠습니까? 선비의 풍토가 크게 오염되고 명유名儒가 배출되지 않은 까닭이 바로 여기에 있는 것입니다. 남곤南袞의 죄야말로 위로 하늘에 닿았다고 할 수 있습니다. 오늘날의 중론은 바로 선善을 드러내고 악惡을 미워하는 것입니다. 반드시 조광조에게 관직을 내리고 남곤의 죄를 밝혀야만 옳고 그름이 분명해질 것입니다."

– 《선조수정실록》 1년(1568) 8월 1일

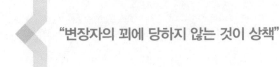

"변장자의 꾀에 당하지 않는 것이 상책"

그럼 먼저 신진사림이 어떻게 정치 세력화하였는지 살펴보자. 여기에는 명종 말년의 시운이 적지 않게 작용했다. 순회세자가 열세 살의 나이로 요절하며 명종의 후사가 끊겼다.(1563) 연이어 문정왕후가 세상을 떠나고 윤원형 등 훈척 세력이 쫓겨났다.(1565) 신진사림은 그 힘의 공백을 빠른 속도로 채워 나갔다. 그들은 삼사와 육조, 의정부 등의 청요직淸要職을 차지하고 대신들과 각을 세웠다.

기득권 세력은 견제에 들어갔다. 신진사림이 떠받드는 이황은 자신의 뜻과 상관없이 정치적 표적이 돼 가고 있었다. 그가 벼슬과 은둔의 경계에서 완전히 나아가지도 물러나지도 못한 채 애매한 처신을 거듭한 이유 중 하나다. 이황은 아직 세상물정에 어두운 젊은 관료들에게 연륜이 묻어나는 조언을 아끼지 않았다. 힘을 갖기 전에는 경솔한 언행으로 견제 세력에게 빌미를 주지 말라고 당부했다.

> "모두 남을 이기기 위해서 애쓸 뿐 다시 옳은 곳으로 돌아가려 하지 않으니, 공연히 그들과 논쟁하여 남들에게 손가락질 받을 필요가 있습니까. 차라리 그들에게 많은 말을 하지 말도록 권하여 변장자卞莊子의 꾀에 당하는 근심이 없도록 하는 게 상책上策일 것입니다."
>
> – 기대승, 《고봉집高峰集》, 이황이 기대승에게 보낸 편지, 1567년 3월 18일

이 편지가 오갈 무렵에는 명종의 비인 인순왕후 심씨를 축으로 형성된 또 다른 훈척 세력이 권토중래의 기회를 노리고 있었다. 그들로서는 신진사림을 희생양 삼아 권력을 틀어쥐는 시나리오도 검토해 봄직했다. 실제로 명종 18년(1563)에 인순왕후의 외숙이자 왕실 종친인 이조판서 이량이 기대승, 윤두수, 허엽, 이산해 등 젊은 관료들을 제거하려다가 발각되기도 했다. 이황이 '변장자의 꾀'를 경계하도록 한 것은 이런 위협 때문이었다. 그는 후학들이 자중지란에 빠져 좌충우돌하다가 사화士禍를 입을까 우려했다.

변장자卞莊子는 《사기史記》에 나오는 노魯나라 대부다. 그는 소를 잡아먹으려는 두 마리의 호랑이를 보고 때를 엿봤다. 고기 맛을 본 두 놈은 소를 독차지하려고 싸우다가 큰 놈은 다치고 작은 놈은 죽는 지경에 이르렀다. 기다리던 변장자는 부상당한 큰 놈을 칼로 찔러 단번에 호랑이 두 마리를 잡는 성과를 거두었다. 이황은 신진사림이 작은 의견 차이 때문에 서로 다투다가는 변장자의 꾀에 빠진 호랑이 꼴이 된다고 경고한 것이다. 퇴계는 학문적으로는 주자에게서 벗어난 학설을 엄격히 배척했지만, 정치적으로는 서경덕과 조식의 제자들을 포함해 신진사림을 두루 넓게 아울렀다.

한편, 명종 말년 즈음에는 그동안 훈척 세력의 핍박을 받으면서도 조정에서 명맥을 유지해 온 선배 사림이 짧은 기간 실권을 잡고 있었다. 이들 '관변사림'의 리더는 조광조의 제자 이준경이었다. 그는 조정의 요직을 두루 거치며 경세의 능력을 길렀고, 불의와 타협하지 않는 성품으로 세간의 신망도 높았다. 훈척 세력이 밀려나며 영의정 자리에 오른 이준경은 조광조가 못다 한 개혁을 이어 나가려 했다. 특히 그는 백성의 원성이 자자한 고리채와 방납의 폐단을 제도적으로 근절하는 데 관심이 많았다.

하지만 명종이 협조하지 않았다. 왕실부터 그 폐단에 기대 부를 쌓아 나가고 있었기 때문이다. 당시 내수사(왕실 재정을 담당한 관서)는 백성의 피를 빨아먹는 거대한 악덕기업이었다. 고리채와 방납에 열을 올리고 상환 능력이 없는 농민의 땅을 서슴지 않고 빼앗았다. 그러니 임금이 볼 때 이준경의 노선은 왕권에 대한 도전이자 위협이었다. 명종은 이준경의 대항마를 찾았다. 누가 보더라도 이황과 신진사림이 적격이었다.

왕은 낙향하여 학문에 전념하고 있는 이황에게 손을 내밀었다. 명종 20년(1565) 12월부터 이듬해 3월까지 거의 간청에 가까운 명소命召(임금이 신하를 부름)가 이어졌다. 이황은 한사코 사양했지만 그럴 때마다 더 높은 벼슬이 내려졌다. 동지중추부사(종2품)에서 공조판서(정2품)로 품계를 높이더니, 다시 학자로서 최고의 영예인 양관대제학(홍문관과 예문관의 수장을 겸임)에 임명했다. 이황의 주가가 올라갈수록 신진사림의 목소리도 커졌다. 명종 22년(1567) 이황이 드디어 상경하자 기대승, 심의겸, 이이, 정철, 박순 등 소장파가 대거 모임을 갖고 세를 과시하기도 했다.

임금의 죽음도 대세를 막지는 못했다. 이황이 한양에 입성한 직후(1567년 6월) 명종이 갑작스레 세상을 떠났다. 2년 전 인순왕후와 이준경의 사전 합의에 따라 후사로 정해진 하성군이 보위를 물려받았다. 이 과정에서 이준경은 중대한 정치적 과실을 범한다. 하성군 즉, 선조 즉위에 대한 공신책봉을 불허한 것이다. 명종의 직계혈통이 아닌 왕위 계승이었으므로, 성종과 명종의 전례에 따르면 공신책봉이 가능했기에 많은 관료들이 내심 기대하고 있던 일이었다. 그러나 대쪽 같은 영의정 이준경은 그들의 여망을 무시했다.

원칙적으로는 이준경이 옳았다. 그간 무분별한 공신책봉이 훈구파를 양산하고 나라를 어지럽혀 왔기 때문이다. 그러나 정치는 엄연한 현실이다. 이 시점에서 공신책봉은 관료들의 욕망을 충족시키고 미래의 지지층을 규합함으로써 정통성이 약한 새 왕의 통치 기반을 두텁게 하는 효과를 가져올 수 있었다. 결국 공신책봉 불허로 새 집권세력은 사실상 '불임' 선고를 받게 된다. 관료들부터 등을 돌리고 앞다퉈 신진사림에 붙었다.

권력이 가시권에 들어오자 신진사림은 집단행동에 나섰다. 기대승 등은 회합을 열고 이황을 정승으로 추대하려 했다. 신진사림을 대표하는 인물로 이황을 전면에 내세우려 한 것이다. 이 소식은 이황의 귀에 들어갔다. "고봉과 여러 사람의 의견에 따르면 선생님이 정승으로 들어오셔야 우리의 도가 행해질 수 있다고 합니다. 조만간 임금에게 직접 면대를 청하고 글을 올릴 것 같습니다."(이황,《퇴계집》'언행록')

이황은 깜짝 놀랐다. 이미 이준경의 천거로 예조판서를 제수 받고도 사양하고 있던 차였다. 그는 명종의 국장이 마무리되지도 않았는데 황급히 고향으로 돌아갔다. 갑작스런 귀향은 논란을 불러왔다. 신병을 핑계 삼았지만 선왕이 산릉에 묻히지도 않은 때에 도성을 떠난 것은 신하된 자의 의리가 아니었다.

그가 이런 후폭풍을 예상하지 못했을까? 아마도 이황은 신진사림의 움직임이 성급하다고 판단했던 것 같다. 혈기 넘치는 후학들에게 때를 기다려야 한다는 무언의 메시지를 보낸 것이다. 때가 오기까지는 오랜 시간이 걸리지 않았다. 대비 인순왕후의 집안인 청송 심씨 가문은 명종이 그랬던 것처럼 이준경의 개혁책을 견제하기 위해 이황과 신진사림을 이용했다. 인순왕후는 선조로 하여금 고향에서 칩거 중인 이황을 또다시 명소하도록 했다. 대비의 동생 심의겸도 신진사림의 리더인 기대승, 이이 등과 활발히 교류했다. 조광조와 기묘사화를 둘러싸고 논쟁이 불거진 것은 이 무렵이었다.

"창을 거꾸로 잡고 치고자 하였으니"

"조광조는 착한 사람으로 사림에서 큰 기대가 있었고, 위에서도 성심으로 밀어 주었습니다. 그런데 조광조 등이 정국공신靖國功臣이 외람되다는 의논을 내자 남곤, 심정 등이 그 죄를 꾸며서 혹은 죽이기도 하고 혹은 멀리 유배 보내기도 했습니다. 반드시 시비가 분명해져야 인심이 기뻐하고 복종할 것입니다."
– 《선조실록》 즉위년(1567) 10월 23일

선조 즉위년(1567) 10월 고봉 기대승은 경연 자리에서 조광조를 거론하며 임금에게 시비를 분명히 해 달라고 요구했다. 기묘사화는 앞서 이야기한 대로 조광조 일파의 무리수가 중종의 역린을 건드려 일어난 일이다. 이황의 인식 또한 이와 크게 다르지 않았다.

"정암靜庵(조광조)은 타고난 자질이 비록 아름다웠으나 시행한 것에 지나침이 있었기 때문에 마침내 일에 패하고 말았다. 요순 때의 임금과 백성같이 되게 하는 것이 아무리 군자의 뜻이라 하더라도, 때를 헤아리지 못하고 역량을 헤아리지 못한다면, 어떻게 그런 일을 할 수 있겠는가. 기묘년의 실정失政도 여기에 문제가 있었던 것이다. 당시 정암은 이미 실패할 줄 알고 자못 스스로 억제하였지만 사람들은 도리어 잘못이라 하여 창을 거꾸로 잡고 치고자 하였으니, 정암은 그것을 어찌할 수 없었던 것이다."

– 이황, 《퇴계집退溪集》 '언행록言行錄'

기대승도 일찍이 이황과 주고받은 서신에서 이 부분을 수긍한 바 있다. 그러나 임금 앞에서는 남곤 등이 죄를 꾸몄다며 '소인배小人輩'의 음모로 몰아갔다. 이황 역시 중론衆論, 즉 언로를 통해 모은 의견임을 전제하고 기대승의 주장에 힘을 실어 줬다.

"당시 사류士類들이 좋은 정치를 실현하는 데 너무 급급했기 때문에, 구신舊臣으로서 물리침을 당한 자들이 실직失職을 하고 불평을 품은 나머지 망극한 화를 만들어 냈습니다. 그 화는 계속 이어지고 있습니다." – 《선조수정실록》 1년(1568) 8월 1일

남곤은 김종직의 제자로 조광조와 동문이며 사림으로 분류할 수도 있

는 인물이다. 위의 발언들은 그런 의미에서 이준경과 관변사림을 겨냥하고 있었다. 신진사림을 조광조와 동일시하고 당시의 조정 대신들을 남곤에 빗대어 '군자 대 소인', '선과 악'의 이분법 구도를 짠 것이다. 이는 매우 정략적인 발상으로 집권을 향한 신진사림의 욕망을 엿볼 수 있다. 이 구도에 김개, 홍담 등 노대신들이 걸려들었다.

> "기묘년의 일에 대해서 소신은 조광조의 학문과 마음이 진정 범연한 것이 아니었다고 생각합니다. 다만 사람을 지나치게 믿어서 비록 말만 능하게 하는 자라도 선인善人이라 하여 모두 끌어들이고 진출시키는 바람에 일이 벌어진 것입니다. 그때 소신은 어렸기에 그 시비를 몰랐습니다. 그런데 나중에 (중종의) 전지傳旨를 보니 '자기에게 붙는 자는 진출시키고 자기와 다른 자는 배척하였다'고 하였습니다."
>
> – 《선조실록》 2년(1569) 6월 9일

대사헌 김개의 이 발언도 언뜻 보면 기묘사화의 시비를 가리는 것 같지만 실상은 '연소배年少輩'를 질타하고 있다. 즉, 젊은 관료들이 날이면 날마다 노대신들을 비방하자 이를 다스리기 위하여 기묘사림의 나쁜 예를 든 것이다.

이 싸움의 본질은 위계질서를 고수하려는 관변사림과 그들에게서 실권을 빼앗으려는 신진사림의 투쟁이었다. 사림의 당쟁도 따지고 보면 1575년의 '동서분당東西分黨'이 아니라 '노당老黨'과 '소당少黨'의 이 싸움에서 발원했다고 볼 수 있다. 명분은 그럴싸하지만 실상은 권력투쟁의 성격이 강했다.

　같은 시기 이조판서 홍담과 이조정랑 정철의 갈등이 그 실상을 잘 보여 준다. 인사실무자인 정철이 과거시험을 통과하지 않은 인물을 청요직에 추천하자 부서책임자인 홍담이 시정을 요구했다. 정철이 그것을 거부하면서 이 문제는 노대신과 젊은 관료들의 대립으로 확산되었다.

　이조정랑의 추천권은 독립적인 권한이었지만 과거시험 경력을 참고하지 않은 점은 절차상의 하자로 볼 수 있었다. 하지만 신진사림은 현량한 선비이므로 꼭 그이를 써야 한다며 막무가내였다. 관변사림의 눈에는 그 방자함이 도를 넘어선 것으로 비추어질 수밖에 없었다. 조정의 수장인 영의정 이준경의 시각도 김개, 홍담과 크게 다르지 않았다.

> "지난 기묘년에도 선비의 풍조가 이러하였는데, 그 가운데 염소 몸에 호랑이 껍질을 뒤집어쓴 자가 있었으므로, 사화가 일어났습니다. 조광조 외에 누구도 나는 인정하지 않습니다."
> – 《선조수정실록》 5년(1572) 7월 1일 '영중추부사 이준경의 졸기'

　그러나 이 싸움은 결국 김개와 홍담의 사직으로 갈무리되었다. 노대신들이 조광조를 거론하면 할수록 신진사림이 짜 놓은 '군자 대 소인', '선과 악'의 이분법 틀이 옥죄어 왔다. 본의와 달리 조광조를 공격하는 '소인'이자 '나쁜 놈'이 되는 것이다.

　김개와 홍담은 명문가의 후손이긴 하지만 훈척 세력에 맞서 절의와 청렴을 지켜 온 선비들이었다. 훈구의 거두가 아니라 사림의 일원이라고 볼 수 있다. 그러나 신진사림은 사화의 피바람 속에서 사림의 명맥을 이어 온 노대신들을 도덕적으로 인정하지 않았다. 훈척 세력의 그늘에서 떳떳하지 못하게 연명해 왔다는 인식이 깔려 있었던 것이다.

중년까지만 놓고 보면 이황 역시 이준경, 김개, 홍담 등과 다를 바 없는 길을 걸었다. 그도 을사사화의 광풍에서 비껴선 내력이 있다. 하지만 이황은 옛 동료들이 아닌 후학들을 전폭적으로 밀었다. 그는 선조에게 사화土禍에 대한 경각심을 일깨우는 한편 좌충우돌하는 젊은 관료들을 다독여 노대신들을 쫓아내는 데 앞장섰다.

> "김개는 옛날에 (기묘사림을) 무고했던 죄를 끌어내어 (우리를) 함정 속으로 밀어 넣으려 합니다. 이런 무리는 예로부터 있어 왔으니 지금 이 사람 때문에 유독 놀라고 의아해할 필요는 없습니다. 제가 비록 외진 곳에 있지만, 여러분이 놓인 처지가 멀리 있는 저의 행적과 서로 관계가 없지는 않은 듯합니다. 그 때문에 저도 늘 마음을 쓰고 있습니다."
>
> – 기대승, 《고봉집高峰集》, 이황이 기대승에게 보낸 편지, 1569년 윤6월 27일

"염소 몸에 호랑이 껍질을 뒤집어쓴 자"

이황이 신진사림의 정치적 후원자로 나선 까닭은 무엇일까? 우선

그가 학문적으로 후학들과 긴밀하게 소통해 왔다는 점을 꼽을 수 있다. 퇴계는 수양과 교육을 통해 젊은 선비들과 신뢰를 쌓고 철학을 공유해 온 사이였다. 하지만 좀 더 근본적인 이유는 이황의 정치관에서 찾을 수 있다.

관변사림이 조광조의 '구폐救弊'(폐단을 고치는 일)를 물려받았다면, 신진사림은 조광조의 '도덕道德'을 계승했다. 도성 명문가의 후손인 관변사림은 정공도감正供都監(공납을 바로잡는 관청) 등을 추진하며 사회경제 개혁에 적극적이었던 반면, 오랜 세월 훈척 세력의 위협에 시달려 온 탓인지 정치개혁에는 몸을 사렸다. 그에 비해 향촌 사대부들의 지지를 받는 신진사림은 도덕정치를 내걸고 급진적인 정치개혁을 추구한 데 비해 사대부 일반의 특권을 침해하는 사회경제 개혁에는 상대적으로 신중했다.

이황은 학문과 정치가 일치하는 '주자학의 나라'를 추구했다. 그러려면 '수기치인修己治人'의 도학적 경세론을 현실 정치에서 펼칠 수 있어야 한다. 하여 신진사림과 마찬가지로 이황도 정치를 근본적으로 개혁하는 일이 우선이고 시급하다고 봤다. 사회경제 문제에 매달리는 것은 그가 볼 때 진정한 선비의 길이 아니었다.

22

"태평세상을 걱정하고
밝은 임금을 위태로이 여긴다"
憂治世而危明主

　　선조 2년(1569) 3월 4일 밤, 임금이 야대청夜對廳(조선시대에 왕이 특정한 신하를 청해 만나던 장소)으로 이황을 불러들였다. 고향으로 돌아가려는 그에게 마지막으로 충언을 청해 듣고자 함이었다.

　　"경이 아직 치사致仕(70세가 되어 벼슬에서 물러나는 일)할 때가 아닌데, 어째서 갑자기 귀향하고자 하는가?"

　　더 이상 붙잡을 수 없다는 걸 알았지만, 그래도 18세의 어린 왕은 만류하며 이유를 물었다. 이황은 자신을 낮추며 답하였다.

　　"소신은 가끔 경연에서 '현실에 맞지 않고 실상實狀이 없다'는 지적을 받습니다. 신이 늙고 둔하여 실무에 어둡고 남보다 뒤떨어지는데도 헛된 이름을 얻어 세상을 속였으며, 위로는 임금까지 속이게 되었습니다."

이황은 자신에 대한 비판을 겸허하게 받아들이는 인물이었다. 이황이 신진사림의 정신적 스승이자 최대 후원자로 떠오르면서 그를 폄하하는 의견 또한 적지 않게 제기되었는데, 대표적인 것이 '현실에 맞지 않고 실상이 없다'는 지적이었다. 이는 현실 개혁보다는 도덕정치를 우선시하는 이황의 정치관을 겨냥한 것이었다. 이황은 비판을 받아들이되 소신은 굽히지 않았다. 임금과의 독대에서도 자신이 믿는 치도治道(나라를 다스리는 도)를 간곡히 아뢰었다.

> "옛사람의 말에, '태평세상을 걱정하고, 밝은 임금을 위태로이 여긴다'고 하였습니다. 대개 밝은 임금은 남보다 뛰어난 자질이 있고, 태평한 세상에는 걱정거리에 대한 방비가 없게 마련입니다. 남보다 뛰어난 자질이 있으면 혼자의 지혜로써 세상을 주무르며 여러 신하들을 가벼이 여기는 마음이 생기게 됩니다. 걱정거리에 대한 방비가 없으면 임금은 반드시 교만한 마음에 빠지게 되는 것이니, 이것은 실로 염려스러운 일입니다. 학문 공부를 잠깐이라도 중단하지 않아야 이러한 사사로운 마음을 이길 수가 있습니다. 사사로운 마음을 이기는 공부는 성현들이 남긴 글에 밝혀져 있으니, '자기를 이겨 예로 돌아간다(克己復禮)'는 가르침 등이 그것입니다."
>
> — 이황, 《퇴계집退溪集》 '언행록言行錄'

이황은 밝은 임금이 태평세상을 다스려도 사사로운 마음을 이기지 못하면 화를 피할 수 없다고 했다. 이 대목은 향후 조선이 겪게 될 시행착오, 즉 당쟁과 전란을 예고한 것이기에 더욱 각별하다.

'밝은' 임금이 위태롭다는 것은 무슨 뜻인가. 밝은 임금의 뛰어난 자질은 교만을 부르기 쉽다. 이황은 선조의 성정에서 이미 그런 징후를 읽었다. 어린 나이에도 불구하고 옛글에 대한 이해가 빨라 신하들이 임금을 만족시키기가 어려웠다. 장성하면 신하들을 가벼이 여기고 혼자의 지혜로 국사를 주무를 가능성이 컸다. 신하들을 치우치게 총애하여 국정이 갈등과 분열에 발목 잡힐 수도 있었다.

실제로 이황의 우려는 나중에 현실이 되었다. 후일 교만에 빠진 선조는 이이李珥의 충정 어린 개혁안을 무시하고, 자신의 권위를 높이고자 편을 갈라 다투는 붕당정치를 이용했다. 이황은 어떻게 해서든 어린 임금에게 경각심을 심어 주고 싶었던 것 같다.

> "태평이 극에 이르면 반드시 난리가 일어날 징조가 생기는 것입니다. 이미 남쪽과 북쪽에는 분쟁의 조짐이 있습니다. 백성들은 살기에 쪼들리고 나라의 곳간은 비었습니다. 나라 꼴이 말이 아닙니다. 갑자기 전쟁이라도 터지면 토담처럼 무너지고 기왓장처럼 흩어질 형세입니다. 걱정하지 않아도 될 만큼 방비가 있다고 보십니까?"
>
> ― 이황, 《퇴계집退溪集》 '언행록言行錄'

이황은 왕이 교만에 빠지면 난리가 일어날 거라고 간곡히 조언했다. 마치 23년 후 일어날 임진왜란을 예감한 듯한 발언이다.

"왕의 다스림은 안에서 바깥까지 조그마한 가림도 없어야"

그렇다면 이황은 밝은 임금이 태평세상을 다스리는 방책이 무엇이라고 생각했을까? 그는 구체적인 개혁책보다 왕이 교만, 즉 독단이나 편벽에 빠지지 않는 것이 더 중요하다고 봤다. 그러려면 임금이 학문, 즉 도학道學에 힘써야 한다. 세상의 이치를 깨우치다 보면 자연히 인간이 마땅히 행해야 할 바를 익히게 된다. 그렇게 쌓은 덕으로 인심人心을 교화하는 것이 근본적이고 우선적이며 시급한 일이라고, 이황은 주장했다.

이것이 도덕정치의 핵심인 수기치인修己治人(자신을 닦아 사람을 다스림)이다. 이황이 선조를 위해 《성학십도聖學十圖》, 《심통성정도心統性情圖》 등을 남긴 것도 이를 위해서다. 하지만 이런 원론적인 가르침은 '현실에 맞지 않고 실상이 없다'는 비판을 피할 길이 없다. 이황이라고 그걸 몰랐을까. 어찌 보면 50여 년 전 조광조가 도덕정치에 실패한 이유도 여기에 있었다.

결국 임금이 독단으로 국사를 주무를 수 없도록 해야 한다. 왕이 편벽되게 치우치지 않도록 막는 장치가 필요하다. 이에 이황은 언로言路를 적극 활용했다. 언로를 활성화하고, 권력화하고, 이념화하여 군왕을 도덕정치로 견인하는 길을 연 것이다.

'현실에 맞지 않고 실상이 없다'는 비판을 받았지만, 이황은 원론만 주구장창 읊어 대는 사람은 아니었다. 그는 중년 이후 학문에 투신했는데 그전에 관직을 경험한 세월 또한 짧지 않았다. 겉모습은 순진한 학자 같았지만, 내면에는 노회한 정치가의 면모도 있었다. 도덕정치를 실현하는 데 현실적으로 필요한 것이 무엇인지, 이황은 꿰뚫어 봤다. 그것은 임금을 견인할 수 있을 만큼 "활기차고 힘세며 신성불가침인" 언로였다.

> 우리나라의 언로言路가 넓지 못한 것은 인원을 완비해야 하기 때문이다. 간관은 임금의 귀와 눈이 되어 마땅히 각기 듣고 본 바를 논계論啓해야 할 것인데, 반드시 인원을 완비해서 함께 논의한 뒤라야 비로소 임금에게 아뢴다. 만일 그 의견이 서로 맞지 않으면 아무리 바른 의논이라도 아뢸 수가 없으니 그 폐해가 어찌 크지 않겠는가. 옛날에는 저 밑의 여러 공장工匠(기술자)들까지도 제각기 직분에 따라 간했는데, 그때에도 인원을 완비해야 함이 있었던가.
>
> ─ 이황, 《퇴계집退溪集》 '언행록言行錄'

이황이 지적한 것은, 언론 삼사三司(사헌부, 사간원, 홍문관)의 언관들이 내부 합의를 거쳐 임금에게 아뢰는 '완의完議'였다. 아무리 언관이라 해도 완의, 즉 언론 전체의 조직논리 속에서 직분을 행사해야 했다. 이황은 이러한 조직논리가 언로를 왜곡한다고 생각했다. 언관 한 사람 한 사람이 각기 듣고 본 바를 아뢰어야 마땅하다는 것이다. 그래야 조직논리 대신 소신에 충실하게 되고, 조선의 언로가 구조적으로 활성화되지 않겠는가.

이황은 청요직淸要職(언관과 낭관)에 복무하는 신진사림 관료들이 노대신들의 통제에서 자유롭지 못한 현실도 고려했다. 조정의 위계질서를 흔들어 신진사림의 발언권을 키우려는 의도도 깔려 있었다.

'사림士林'은 원래 절의를 숭상하는 재야 선비들을 일컫는 말이다. 그들은 향촌에서 학식을 쌓고 인격을 닦으며 사회에 비판의 목소리를 냈다. 이런 의미에서 사림은 기본적으로 언로의 성격을 띠었다. 사림 자체가 언로 역할을 한 것이다. 그들은 사대부들의 의견이 오가는 말길인 동시에 백성의 민의를 대변하는 매체이기도 했다. 따라서 조정에서 이 역할을 공식 수행하는 신진사림 청요직의 발언권을 키우면 자연스레 언로가 활성화되는 것이다.

특히, 이황은 언로가 임금의 일거수일투족에 관여해야 한다고 믿었다. 신하들이 외정外政(조정의 일)은 물론 내정內政(궁중의 일)까지 간쟁할 수 있다고 본 것이다. 이는 신하가 언로를 권력화하여 임금과 전면적으로 시비를 다투는, 군신공치君臣共治(군왕과 신하가 협의하여 나라를 다스림)를 의미했다.

> "석 상궁의 일은 비록 사소한 일이지만, 그것으로 앞일을 미루어 볼 여지가 있습니다. 궁중의 일이라 핑계하여 외정에서 간쟁하는 것을 허락하지 않는다면 간사하고 아첨하는 자들이 영합하여 점차 패망의 화를 가져오게 될 것입니다. 옛날의 성군들은 궁 안의 일을 외정에서 모두 참여하여

알게 하였고, 환관과 궁첩까지도 총재冢宰(재상)에게 영솔되
지 않음이 없었습니다. 선왕의 다스림이 안에서 바깥까지,
작은 것에서 드러난 것에 이르기까지 조그마한 가림도 없
어야, 그 업적과 영향이 후세의 법이 되는 까닭입니다."

– 이황, 《퇴계집退溪集》 '언행록言行錄'

이 대목은 임진왜란과 병자호란으로 소실되어 지금은 전하지 않는
《승정원일기承政院日記》를 인용한 것으로, 이황이 경연經筵에서 선조에게
아뢴 말이다. 이황은 궁중 안에서 벌어진 상궁의 일까지 공론의 장으로
끄집어내어 임금과 신하가 협의해야 한다고 주청했다. 이때까지 궁중의
일은 군왕의 고유 영역이라 하여 신하들이 언급하길 꺼렸는데, 이황은
개의치 않았다.

이는 지극히 위험한 발언이었다. 조선의 왕들은 대대로 신하들이 내
정에 간섭하는 것을 월권으로 여겼다. 역대 사화만 봐도 알 수 있다. 연
산군은 집권 초 폐모의 사당을 짓겠다는 뜻을 사림이 정면으로 거스르자
앙심을 품었다. 이것이 무오사화, 갑자사화의 감정적 불씨가 되었다. 중
종 역시 소격서昭格署를 철폐하는 과정에서 조광조와 틈이 벌어졌다. 궁
중의 의례와 신앙은 내정, 즉 궁중의 일이었기 때문이다. 그렇게 벌어진
틈이 종국에는 기묘사화를 몰고 왔다.

그래서인지 이황도 만반의 준비를 했다. 그는 제갈량의 고사를 인용하
면서 환관과 궁첩의 일이라도 재상이 관여하지 못할 이유가 없다고 아뢰
었다. 또 주자가 효종孝宗(남송)에게 올린 상소를 소매에서 꺼내 읽으며,

군왕은 안에서 바깥까지 아무리 사소한 일이라도 가림이 없어야 한다고 역설했다. 성현의 말씀을 내정과 외정을 아우르는 전면적인 군신공치의 명분으로 내세운 것이다.

이황의 이 주장은 당시 힘의 역학관계를 반영하고 있다. 선조 초년의 신진사림은 과거 성종~연산군 무렵의 초창기 사림이나 중종 대의 기묘사림과 달랐다. 이 시점에는 주자학이 조선 사회에 널리 퍼져 있었고, 사대부 계층이 사회경제적인 힘을 쥐고 있었다. 신진사림의 저변은 과거와 비교할 수 없을 만큼 두터워진 상태였다. 반면, 어린 임금은 힘이 없었고 그 뒤를 받치던 훈척 세력도 밀려난 처지였다. 노대신들만 잘 요리하면 언로를 권력화하여 군신공치를 실현하는 일도 불가능하지 않았다.

뿐만 아니라, 이황은 언로의 활성화와 권력화를 뒷받침할 이념적 장치도 마련했다. 그가 신진사림의 문묘文廟 종사 요구에 힘을 실어 주며 도통론道統論을 확산시키는 데 기여한 배경에는 이런 의도가 담겨 있었을 것이다.

"우리 동방 이학理學(성리학)은 정몽주를 조종으로 삼고, 김굉필과 조광조를 우두머리로 삼는다. 이언적 또한 그 학문의 바름과 터득함의 깊이가 근세의 제일이라 할 수 있다."

"정자程子(정호 · 정이)와 주자 같은 큰 현인도 문묘에 종사한다고 일컫는다. 학문이 문묘에 들기에 부끄럽지 않더라도 다만 '종사'라 일컬을 것이요, '배향'이라고는 일컫지 않는

'도통론'이란 도의 정통성을 누가 계승했느냐 하는 논의다. 이황은 일찍이 공자 – 증자曾子 – 자사子思 – 맹자가 닦은 유가 내성파의 도가 송나라의 북송오자北宋五子 – 주자에 의해 성리학을 꽃피우고 다시 동방으로 건너와 정몽주 – 김굉필 – 정여창 – 조광조 – 이언적으로 이어진다고 보았다. 그리고 주자의 전례에 따라 문묘에 이름을 올리는 일을 '배향配享'이 아닌 '종사從祀'라고 못 박았다. 배향은 먼 옛날의 성인에 국한시키고, 명현은 격을 달리해 종사라고 정의한 것이다. 선비를 공자의 사당인 문묘에 종사함으로써 도의 정통성을 표방하는 것은 일찍이 조광조도 썼던 방책이다. 이는 사림의 도덕적 권위를 높이는 효과가 있다. 이황은 여기에다 중국에서는 끊어진 주자의 학맥을 동방에서 계승한다는 자부심까지 더했다. 문묘종사와 도통론이 언로를 활성화하고 권력화하는 이념적 버팀목이 된 것이다.

이황은 조광조가 그랬던 것처럼 수기치인의 도덕정치를 추구했지만, 조광조와 달리 임금을 믿지 않았다. 대신 언로를 활성화하고, 권력화하고, 이념화하는 데 심혈을 기울였다. 그가 주장한 언론 삼사의 조직논리 파괴와 내 · 외정을 아우르는 전면적 군신공치, 그리고 종교적 권능이 실린 도통론 등은 이후 조선의 언로를 활짝 열어 임금을 도덕정치로 견인하는 토대가 되었다. 이황은 조광조의 실패를 타산지석 삼아 학문을 이루고 시대를 헤아리며 치밀하게 조선을 도덕의 나라로 인도해 나갔다.

"근심 가운데 즐거움 있고, 즐거움 속에도 근심 있네"

이황은 사후에 문묘종사의 영광을 누리고 사림의 종주로 추앙받는다. '이황의 도덕'은 마침내 '조선의 도덕'이 되었다. 하지만 그 이면에는 짙은 그림자도 깔려 있다.

> "요사이 듣건대 남언경이 '이황은 자신을 위한 학문을 하고
> 자 하지 않았으나, 그의 행적을 살펴보면 마치 자신을 위하
> 는 듯했다'라고 말했답니다. 그 말을 들으니 저는 땀이 나
> 서 옷을 적실 정도였습니다."
>
> – 기대승, 《고봉집高峰集》, 이황이 기대승에게 보낸 편지, 1567년 9월 21일

조선 양명학의 선구자인 남언경이 이황을 비판한 대목이다. 그것이 이황의 서신에 수록돼 있는 것이 아이러니다. 아마도 이황 역시 자신의 '미필적 고의'를 성찰했을 터.

남명 조식도 한 마디 거들었다. 1570년 이황이 세상을 떠난 직후의 일화다. "내 비석에는 '처사處士'라고만 쓰라" 했다는 이황의 유언을 전해 듣고 조식은 이렇게 푸념했다. "할 벼슬은 다하고 처사라니, 평생 출사하지 않은 나도 이 칭호를 감당하기 어렵거늘." 진위 여부는 불분명하지만, 이황이 세상의 헛된 이름을 다 누리고선 처사의 절개까지 훔치려 한다는 일각의 인식을 드러낸다. 조식의 눈에 이황은 표리부동表裏不同한 인물로 보였을 수도 있다.

이황은 선조에게 작별을 고하며 오랜 세월 필담을 나누면서 신뢰를 쌓아 온 기대승을 천거했다. 하지만 그가 귀향한 후 신진사림을 이끌고 정국을 주도한 사람은 율곡 이이였다. 주역에 정통한 이황은 죽기 전 어느날 제자 이덕홍에게 걱정을 털어놓았다.

"요새 '효상爻象'(주역의 괘로서 변화의 형상을 뜻함)이 매우 우려스럽다."

"선생님은 이미 산림에 계시는데 무엇이 두렵다는 말씀입니까?"

"내 한 몸이야 상관없지만 저 사람의 위태함이나 나라의 쇠잔함이라면 어쩌겠느냐?"

퇴계 이황의 유지가 담긴 묘표墓表(죽은 이의 행적을 적은 글)는 그래서 더 와 닿는다. 시대의 소임을 마친 자가 느끼는 홀가분함과 아쉬움이 교차하고 있기 때문이다.

나의 회포 여기에서 막히었으니	我懷伊阻
나의 패옥 누가 있어 어루만지랴	我珮誰玩
옛사람들 모습을 떠올려 보니	我思古人
실로 이런 나의 마음을 먼저 얻었네	實獲我心
그러나 후세 사람들은 어찌 알리오	寧知來世
오늘의 이내 마음 알지 못할 걸	不獲今兮
근심 가운데도 즐거움 있고	憂中有樂
즐거움 속에서도 근심이 있네	樂中有憂
조화를 따라서 사라짐이여	乘化歸盡
다시 또 무엇을 구하겠는가	復何求兮

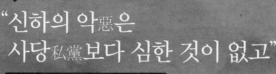

23

"신하의 악惡은
사당私黨보다 심한 것이 없고"

人臣之惡 莫甚於私黨

　퇴계 이황이 언로를 새로이 열어 조선을 '도덕의 나라'로 이끌었다면,
율곡栗谷 이이李珥(1536~1584)는 신진사림으로의 '레짐 체인지'를 주도하
고 도덕정치의 실상을 보여 줬다. 이상이 현실로 닥쳤을 때 이를 제대로
구현하는 것은 쉬운 일이 아니다. 이이와 그의 시대 역시 들뜬 논의 속에
갈피를 잡지 못하고 소용돌이쳤다.

　이 시점에서 붕당朋黨의 등장은 진즉부터 예고돼 있었다. 이는 신진사
림의 행태와 관련이 깊었다. 이준경은 죽기 전에 올린 유차遺箚(유서 형식
의 상소)에서 다음과 같이 붕당정치의 폐단을 경고했다.

"붕당朋黨의 사론私論(사사로운 논의)을 없애야 합니다. 지금의 사람들은 잘못한 과실이 없고 또 법에 어긋난 일이 없더라도 자기와 한마디만 서로 맞지 않으면 배척하여 용납하지 않습니다. 그리고 자신의 행동을 단속한다든가 독서하는 데에 힘쓰지 않으면서 고담대언高談大言(고상한 이야기와 큰소리)으로 친구나 사귀는 자를 훌륭하게 여김으로써 마침내 허위虛僞의 풍조가 생겨났습니다. 군자는 함께 어울려도 의심하지 마시고, 소인은 저희 무리와 함께 하도록 버려 두는 것이 좋습니다. 이 일은 바로 전하께서 공평하게 듣고 보신 바로써 이런 폐단을 제거하는 데 힘쓰셔야 할 때입니다."

— 《선조실록》 5년(1572) 7월 7일

이준경의 유차를 접한 이이는 분노했다. 《연려실기술練藜室記述》에 따르면 그는 즉각 임금에게 상소를 올려 이준경의 말이 "음해하는 표본"이라고 공격했다. "귀신이나 불여우처럼 지껄였다"는 표현을 서슴지 않을 만큼 격렬한 반박이었다. 여기에는 붕당정치에 대한 그의 소신도 한몫했다.

"신이 생각건대, 신하의 악惡은 사당私黨(사사로운 당)보다 더심한 것이 없고, 임금이 몹시 미워하는 것도 그보다 더 심한 것이 없습니다. 소인이 군자를 모함하는 데는 반드시 이것을 효시嚆矢로 삼으니, 그저 임금이 살피지 못할까 염려

될 뿐입니다. (중략) 임금을 바르게 하고 나라를 다스리는 선비는 도를 함께하는 사람들과 붕당을 짓기 때문에 당이 성할수록 임금도 더욱 성스러워지고, 나라도 더욱 편안해집니다. 임금은 오히려 그러한 당이 적을까 염려할지언정 어찌 그 무리 지어 모여드는 것을 근심하겠습니까."

— 이이, 《성학집요聖學輯要》 '위정爲政' 편

이이는 붕당을 군자당君子黨과 사당私黨으로 구분하고, 사당은 경계해야 하지만 군자당은 권장해야 한다고 주장했다. 이는 주자의 견해에 기초한 것이었다. 주자는 붕당에 대해 염려하지 않았다. 오히려 "군자의 당이라면 임금도 그 당의 일원이 되게 이끌어야 한다"고 가르쳤다. 하지만 조선판 붕당정치의 양상은 이이의 원론적인 생각과 적지 않게 차이가 났다.

"요순의 정치를 당장 이룰 수는 없다"

신진사림은 선조 즉위 직후 조광조에 대한 추숭 논쟁으로 노대신들을 '군자와 소인', '선과 악'의 이분법 구도에 가두며 득세했다. 이어서 선조 5년(1572)에 벌어진 을사삭훈乙巳削勳 운동은 정권교체의 변곡점이 되었다.

을사삭훈은 1545년 을사사화 때 부당하게 책봉한 공신녹훈을 삭제하자는 것으로 이이가 적극 제기하고 나섰다. 노대신들은 희생자를 신원하는 선에서 절충하려 했지만 타협은 없었다. 대비 인순왕후가 반대하자 이이는 전국의 유생들에게 통문을 돌리고 대궐 앞에 엎드려 임금의 결단을 촉구했다. 을사삭훈 요구는 비록 원하는 비답을 얻어 내지는 못했지만 조선의 주류가 신진사림으로 바뀌었음을 만천하에 드러냈다.

정권교체는 그렇게 이루어졌다. 권력은 도덕정치를 신봉하는 젊은 관료들에게 넘어갔다. 그 신진사림을 이끈 인물이 바로 '구도장원九度壯元'(과거시험의 아홉 차례 관문에서 모두 장원을 차지함)에 빛나는, 불세출의 천재 이이였다. 이이는 청요직淸要職(언관 및 낭관)을 두루 거치며 높은 학식과 밝은 소견으로 선조의 신임을 듬뿍 얻었다. 그가 경연 자리에서 임금에게 아뢴 말들은 며칠 후면 천리 밖까지 퍼져 나가 세간의 화제가 되었다.

"옛날부터 선비들은 세속적인 관리들과 함께 일을 도모하기 어렵습니다. 선비들은 '요순의 정치를 당장 이룰 수 있다'고 하는데 관리들은 '옛날의 도는 반드시 행하기 어렵다'고 합니다. 그래서 관리는 유학자를 비난하고 유학자는 또 관리를 비난하는데, 공평하게 말한다면 양쪽 말이 모두 그른 것입니다. 정치를 하는 데는 '삼대三代'(고대중국의 하, 은, 주 시대)를 본받아야 하지만 일은 모름지기 점차 진취시켜야 합니다. 신이 삼대를 말하는 것은 한 발걸음에 바로 도달하자는 것이 아니라 오늘 한 가지 선한 정사를 행하고 내일도 한 가지 선한 정사를 시행하여 점차 '지치至治'(지극한 다스림)에 이르자는 것입니다." – 이이, 《율곡전서栗谷全書》 '어록語錄'

도덕정치에 대해 이이는 이런 낙관론을 갖고 있었다. 그는 이상과 현실의 충돌을 인정하면서도 합리적인 논변으로 조선이 나아갈 길을 제시했다. 하지만 (대개의 천재들이 그렇듯이) 이이가 일을 추진하는 방식은 폭넓은 공감을 얻어 내지 못했다.

이이는 심의겸, 정철, 윤두수, 송익필 등 일부 동료들과 함께 사적으로 조정의 대소사를 주물렀다. 이런 작풍은 '사랑방 공론'이라는 비판을 받으며 반대 세력을 키워 나갔다. 신진사림 내에서도 소외된 사람들이 적지 않았는데, 그들이 점차 정적으로 변해 갔다. 조선 당쟁사의 공식적인 출발점인 '동서분당東西分黨'은 여기서 비롯되었다.

임금인 선조와의 관계도 문제였다. 이이는 기본적으로 똑똑한 사람이었다. 선조 역시 나름 명석하다는 자부심이 있었다. 그런데 이이가 자꾸 임금을 훈계하려 드니 서로 부딪히는 일이 적지 않았다. 《경연강의經筵講義》를 저술한 김우옹은 이이에 대해 "말이 지나치게 통쾌하고 강력했으며 건의나 조처가 성급하였다"고 평한 바 있다.

"기러기발을 아교로 붙이고 어찌 거문고를 연주할까"

그럼 이이는 신진사림의 리더로서 '도덕의 나라' 조선을 어떻게 경영하려 했을까? 그는 '수기치인修己治人'의 도학적 경세론을 내세워 나라를 근본적으로 바꾸려 했다. 그러려면 먼저 새로운 시대에 맞는 새로운 인재를 수혈할 필요가 있었다. 새로운 조선을 이끌어 갈 적임자의 조건으로, 이이는 무엇보다 능력을 꼽았다. 그는 능력만 있다면 나이나 신분은 개의치 않았다.

하루는 선조가 대신들에게 이조吏曹의 관직 임용에 관한 의견을 구했다. 이조는 문관의 인사를 담당하는 중요한 부서로 그 자리에 누가 앉을지, 조정에서도 초미의 관심사였다. 문제는 임용후보자의 나이가 어렸다는 점이다. 대신들은 대체로 부정적인 의견을 내놨다. "이조에 연소한 사람을 등용해서는 안 됩니다." 신진사림의 맏형 격인 박순이 말했다. 대사헌 구봉령도 맞장구를 쳤다. "오늘날 유생들은 글 읽기는 게을리하고 고담高談(고상한 이야기)과 대언大言(큰소리)만 일삼습니다." 하지만 이이는 생각이 달랐다.

> "이조의 관원은 인재만을 택해야 하니, 나이가 젊더라도 쓸만한 재주가 있으면 임용해도 불가할 것이 없습니다. 또 선비의 습관이 바르지 않다면 조정에서 어진 스승을 뽑아 교화하고 중정中正한 데로 돌아가게 해야 할 것입니다."
>
> – 이이, 《율곡전서栗谷全書》 '어록語錄'

이이는 능력이 뛰어나지만 신분이 미천한 인재를 애석하게 여겼다. 그는 특히 서얼들에 대해 전향적인 시각을 가지고 있었다. 양반가의 혼외자식인 서얼은 나라를 위해 일하고 싶어도 뜻을 펼 수 없었다.

율곡이 말하기를, "우리나라는 서얼庶孼을 벼슬길에 나오

지 못하게 하기 때문에, 김훈도金訓導나 이훈도 같은 이가

있어도 쓰이지 못하고 죽었으니 아까운 일이다" 하였다.

— 이이, 《율곡전서栗谷全書》 '어록語錄'

이이는 비록 서얼들에게 벼슬길은 열어 주지 못했지만 개인적으로는
스스럼없이 교류했던 것으로 보인다. 이는 그의 '평생지기'인 구봉 송익
필과 무관치 않았을 터. 송익필은 서얼인 아버지가 주인을 역모로 고변
한 덕분에 양반 신분을 얻었다. 그런데 후일 그것이 무고로 밝혀지면서
옛 주인 일가에 쫓기는 도망자 신세가 되었다. 어려서부터 구봉과 학문
을 논하며 우정을 키운 이이는 죽을 때까지 불우한 벗을 감싸며 물심양
면으로 도움을 줬다. 후일 송익필이 기축옥사己丑獄死(1589)를 배후조종하
여 서인의 복권을 획책한 데는 이이에 대한 의리도 작용했을 것이다.

용인술 못지않게 시무책도 이이가 강조한 항목이다. 연산군부터 명
종 대까지 임금의 폭정과 훈척 세력의 전횡이 이어지면서 조선 땅에서는
백성의 신음소리가 들끓었다. 이이는 '교주고슬膠柱鼓瑟'(기러기발을 아교
로 붙이고 거문고를 연주함)을 인용하며 근본적인 개혁의 필요성을 역설했
다. 기러기발은 거문고 줄을 지탱하는 기둥이다. 그것이 부러졌는데 아
교풀로 붙이고 연주하면 제대로 소리를 낼 수 없다.

"백성들의 시급한 폐단을 구제하려면 낡은 법을 경장更張
(개혁)하지 않을 수 없습니다. 공안貢案은 폐왕조廢王朝(연산
군 재위기) 때 제정된 것이니, 법도를 지키지 않고 포악하게

다스리던 임금이 한 짓이라 참으로 고치지 않을 수 없습니다. 전하께서 낡은 법규를 그대로 지키고 경장하려 하지 않는다면 참으로 좋은 정치를 할 희망이 없습니다."

— 이이, 《율곡전서栗谷全書》 '어록語錄'

선조 7년(1574) 2월 경연 자리에서 이이가 임금에게 건의한 내용이다. 그는 향촌의 풍습을 교화하는 '향약鄕約'보다 백성의 고통을 줄이는 '구폐救弊'가 먼저라고 간곡히 진언한다. 그리고 구체적인 대책으로 제시한 것이 바로 '공안貢案'의 개정이었다.

공안은 공납에 쓰이는 장부로서, 고을별로 징수할 공물이 명시돼 있었다. 연산군 7년(1501)에 제정된 공안이 백성의 부담을 크게 늘려 놓았는데, 이것이 70여 년이 지난 뒤까지도 고쳐지지 않았다. 이이는 백성의 고통을 야기하는 진원지를 꿰뚫어본 것이다. 그는 공납뿐 아니라 군역과 사노비 문제도 거침없이 치고 들어갔다.

"군액軍額을 감하여 백성의 괴로움을 풀어 준다면 그들이 생업에 종사해 번성할 길을 찾을 것입니다. 백성이 점차 생업을 회복한 연후에 다시 옛 군액을 회복하는 것이 옳습니다."

— 이이, 《율곡전서栗谷全書》 '어록語錄'

'군액軍額'이라 함은 군인의 숫자를 말한다. 당시 군사를 소집하는 사자들이 상부의 눈치를 살피며 과장하는 일이 많아서 실상과도 맞지 않고 백성의 원성을 샀다. 이에 이이는 백성이 편안히 생업에 종사할 수 있도록 한시적으로 군액을 줄이자고 건의한 것이다. 또한 그는 민간의 '사천私賤', 즉 사노비도 부모 중 한 쪽의 신분만 대물림하는 방안을 주장했다. 사노비 증가 추세에 제동을 걸어 양민 인구를 일정하게 유지하려는 고육책이었다. 양민은 세금을 내고 군역을 제공함으로써 나라의 경제와 국방을 짊어진다. 따라서 양민의 사노비화를 통제하는 것은 조선의 미래와 직결된 주요 의제였다.

> "나라에서 사천私賤에 대하여 법을 만들 때에 유독 치우치게 하여, 어머니의 신분을 따르고 또 아버지도 따르게 했습니다. 그 폐단으로 양민이 모두 사가私家에 들어가게 되고, 군인이 날로 적어졌습니다." — 이이, 《율곡전서栗谷全書》 '어록語錄'

"붕당을 짓기에 나라도 더욱 편안해진다"

이이의 용인술과 시무책은 '도덕의 나라'로 거듭난 조선의 인재를 양성하고 민생을 돌본다는 의미에서 높이 평가받을 만하다. 하지만 당시에는 신진사림 내부와 사대부 계층의 반발을 부르며 원치 않는 결과로 치달았다.

이이가 견지한 능력 본위의 용인술은 덕을 중시하는 유학자들의 비판을 받았다. 더 큰 문제는 공납, 군역, 사노비 등 사회경제 문제를 파고든 시무책이었다. 이는 신진사림의 지지층인 향촌 사대부들의 이해관계와 정면으로 충돌했다. 공납과 군역의 폐단을 바로잡으면 사대부들의 특권이 축소되고 부담이 커진다. 소중한 재산인 사노비를 줄이는 것은 더더욱 받아들일 수 없었다. 향촌 사대부들은 점차 이이를 외면했다.

결국 나라와 백성만 바라보고 일하려 한 이이의 뜻은 오히려 반대 세력을 결집시키는 빌미가 되었다. 이를 꿰뚫어 보고 십분 활용한 사람이 바로 선조였다. 1575년 대비 인순왕후가 세상을 떠나자 젊은 임금은 본격적으로 자신의 세상을 열려고 했다. 그러려면 드세진 사림의 기를 누를 필요가 있었다. 이때 선조가 꺼내든 카드가 바로 분열책이었다. 이이 일파의 독주에 제동을 걸고 반대파를 등용한 것이다.

그런 의미에서 같은 해에 일어난 신진사림의 동서분당東西分黨은 재해석의 여지가 있다. 일반적으로 동서분당은 이조전랑 자리를 둘러싸고 심의겸과 김효원이 반목하면서 두 사람을 각각 지지한 사류士類가 분열한 일을 일컫는다. 도성의 서쪽인 정동에 살았던 심의겸에게 동조한 세력은 서인西人이라 불렸고, 도성의 동쪽인 건천동에 살았던 김효원을 옹호한 세력은 동인東人이라 분류했다. 이것을 서인과 동인의 유래로 보는 것이 조선 당쟁사의 통설이다.

그러나 동서분당에는 또 다른 일면이 숨어 있다. 심의겸은 선조 초년에 국정을 이끌던 이이 일파의 핵심 인물이었다. 그는 인순왕후의 동생으로 율곡이 신진사림의 세력화를 주도하고 경세의 뜻을 펴는 데 적지 않은 힘을 실어 줬다. 그런데 이는 선조와 반대파 입장에서 보면 이이가 외척을 등에 업고 위세를 부렸다고 낙인찍을 수 있는 대목이다. 대비가 세상을 떠나고 이이가 사대부들의 지지를 잃자, 권력에서 소외되어 있던 그들은 '외척 청산'을 명분으로 힘을 합쳐 조정을 장악했다. 권력구도의 변화에 따른 정치의 비정한 단면이 동서분당을 통해 드러난 것이다.

동서분당과 함께 이이와 성혼은 동인의 집중적인 표적이 되었다. 두 사람을 탄핵하는 상소가 끊임없이 올라왔다.

> 이발이 심의겸의 당파에 누락되었다고 하여 이이와 성혼을 더 넣어서 왕께 아뢰었다. 이에 율곡이 구봉龜峰(송익필)에게 이르기를, "지금 내가 죄를 입으면 저 무리들이 공신이 되고자 할 것이다. 반드시 이준경으로 원두原頭(근원)를 삼으려 하는 모양인데, 그 의논하는 말에서 기축機軸(중심)이 환히 드러났으니 속일 수 없다" 하였다.
>
> ― 이이, 《율곡전서栗谷全書》 '어록語錄'

동인은 서인을 '심의겸의 당'으로 몰아붙였다. 외척 심의겸이 사사로이 당을 만들어 조정을 어지럽혔고 이이가 그 앞잡이 노릇을 했다는 것이다. 앞서 언급한 이준경의 유차가 근원지였다. 붕당정치의 쓴맛을 본 이이는 그러나 감정적으로 대처하지 않았다. "동인은 대부분 연소한 신진이므로 배척해서 뜻을 저지하지 말라"는 입장이었다. 선배인 서인이 감싸야 한다는 뜻이었다. 율곡은 뒤늦게 동서화합을 위해 노력했다. '사사로운' 붕당이 창궐하게 된 데는 자신의 책임도 컸기 때문이다.

신진사림의 지도자로서 이이는 늘 올바른 결론을 도출하기 위해 동분

서주했다. 하지만 국정은 당위만으로 굴러가지 않는다. 서로 다른 이해 관계를 조정하고 설득하는 과정이 더 중요하다. 그것이 바로 '소통疏通'이다. 결국 소통의 부재가 분열의 정치를 불러온 것이다.

그렇다면 임금과의 소통은 어땠을까?

"좋아하고 싫어하는 바를 내보여 뜻을 알게 하소서"

> "소신이 병으로 오래 물러가 있다가 오늘 옥음玉音(왕의 목소리)을 들어보니 낭랑하지 않으십니다. 무슨 까닭입니까? 듣건대 전하께서는 여색을 경계하는 말을 즐겨 듣지 않으신다고 합니다. 그런 일이 없으면 더 힘쓰실 것이요, 듣기 싫어하지는 않으셔야 합니다." — 《선조실록》 6년(1573) 9월 21일

이이는 임금 앞이라고 돌려 말하지 않았다. 목소리가 탁한 것은 여색을 밝힌 탓이라며 왕의 사생활을 비판했다. 김우옹의 《경연강의》에 따르면 그때 왕의 안색이 상당히 거슬려 하는 듯 보였다고 한다. 20대에 접어들어 한창 혈기 왕성한 선조였다. 은밀한 잠자리의 일을 꼬치꼬치 따지는 신하가 곱게 보일 리 없었다. 보다 못한 김우옹이 이이에게 충고를 건넸다.

"말을 음식에 비유한다면 비위脾胃가 약하여 목으로 넘기지 못하는 것과 같소. 음식이 신체와 생명에 관계됨을 누가 모르겠소. 다만 지금은 비위에 대한 약을 써서 원기를 돕고 음식이 생각나도록 하는 게 먼저요. 무조건 밥이나 고기를 가져다 강권하는 것이 능사가 아니란 말이오."

– 이이, 《율곡전서栗谷全書》 '어록語錄'

일방적으로 임금을 훈계하려 드는 율곡의 소통방식에 문제제기를 한 것이다. 아무리 좋은 음식이라도 비위가 약한 사람은 삼키지 못한다. 신하가 만고의 진리를 간해도 임금이 교만하면 아무 소용이 없다. 도리어 불신만 쌓일 뿐이다. 그러나 이이는 막무가내였다. 그럴수록 더욱 과감하게 간하는 것이 절의를 위해 죽는 선비의 도리라고 믿었다.

"아무쪼록 좋아하고 싫어하는 바를 분명히 내보여 사람들로 하여금 임금이 지향하는 바를 알게 해야 합니다. 요순堯舜이 천하를 인仁으로 통솔하니 백성이 그대로 따랐고, 걸주桀紂가 천하를 폭력으로 통솔하니 백성이 또한 그대로 따랐습니다. 지금은 좋아하고 싫어하는 바가 분명하지 않기에 전하께서 요순이 되실지 걸주가 되실지 알기 어렵습니다. 정치의 효과가 나타나지 않는 것은 이 때문입니다."

– 《선조실록》 14년(1581) 2월 10일

좋아하고 싫어하는 바가 분명치 않다는 것은 원칙 없이 즉흥적으로 처결한다는 의미다. 이 무렵 선조는 대간이 진언을 해도 한 귀로 듣고 한 귀로 흘리기 일쑤였다. 이를 테면 비리가 적발된 재상을 탄핵해도 "사사로운 청탁은 시류가 그러하니 어쩔 수 없다"며 받아들이지 않았다. 심지어 "재상의 은밀한 일을 들추어 공격한다"고 나무라기까지 했다. 이쯤 되면 임금과 신하 사이의 소통이 사실상 막혀 있었다고 볼 수 있다. 언로는 열려 있었지만 불통으로 인해 작동하지 않았다.

바야흐로 "태평세상을 걱정하고 밝은 임금을 위태롭게 여긴다"던 이황의 예고가 돌이킬 수 없는 실제 상황으로 굳어지고 있었다. 선조의 교만은 하늘을 찔렀다. 국정을 독단에 따라 편벽되게 처결하는 일이 다반사였다. 비판적인 언로는 붕당 간의 정쟁을 이용해 무력화시켰다. 정여립의 난을 빌미로 기축옥사를 일으켜 동인의 씨를 말리는가 하면, 얼마 후에는 세자책봉 건의를 트집 잡아 서인을 조정에서 축출하는 식이었다. 그것이 왕권을 강화하는 길이라고 선조는 착각했다.

언로는 소통에 의해 최종적으로 실현된다. 하지만 이이는 결론에 집착하고 소통을 소홀히 하는 병폐를 지니고 있었다. 잘난 사람이 대개 그렇듯이 타인을 굽어보았기 때문이다. 율곡의 소통 실패는 도덕정치의 앞날에 먹구름을 드리웠다. 바야흐로 당쟁과 전란의 소용돌이가 '도덕의 나라' 조선을 덮쳐 오고 있었다.

임금 앞에서 과감히 간하는 '어진' 인물

성리학은 '수기치인'에 지나지 않는다

《성학집요聖學輯要》는 선조 8년(1575) 이이가 임금을 위해 지어 바친 제왕학 교과서다. 도입부인 '통설統說' 편에서 율곡은 성리학에 대해 다음과 같이 간략한 정의를 내린다.

> "신이 생각건대, 성현의 학문은 '수기치인修己治人'에 지나지 않습니다."
>
> — 이이, 《성학집요聖學輯要》 '통설統說' 편

이이는 '수기치인修己治人'이 성리학의 본령이라고 생각했다. 성현의 모든 말씀은 결국 자신을 닦아 사람을 다스리는 것으로 귀결된다. 성리학적 지배 질서, 즉 '도덕의 나라'는 '수기치인'을 빼고 논할 수 없다.

하지만 율곡의 '수기치인'은 퇴계의 그것과는 달랐다. 그가 추구한 시무책들을 보면 알 수 있다. 이이는 공납과 군역을 줄여 백성이 편안하게 생업에 종사할 수 있도록 하는 데 관심이 많았다. 사회경제 문제에 무심했던 이황과는 대조적이다. 이로 인해 사대부들에게 욕을 먹었지만 이이는 물러서지 않았다. 그것은 학문적 소신이었기 때문이다.

퇴계가 '수기修己'(자신을 닦음)에 방점을 찍었다면, 율곡은 '치인治人'(사람을 다스림)에 무게를 실었다. 이 때문에 이이의 학문은 '위인지학爲人之學'(남을 위하는 학문)이라는 평가를 받는다. '위기지학爲己之學'(자신의 본질을 밝히는 학문)을 숭상하던 당시 선비들의 학풍을 감안하면 폄하의 의미가 담겨 있다. 도덕정치는 학문적 정통성 위에 존립한다. 자신의 정치적 자산이 사라질 수 있음에도 그는 왜 생각을 바꾸지 않았을까?

생업이 없으면 도덕도 없다

"임금이 있으려면 먼저 나라가 있어야 하고 나라가 있으려면 먼저 백성이 있어야 합니다. 임금은 백성을 하늘처럼 여겨야 하지만 백성이 하늘로 여기는 것은 먹을 양식입니다. 그렇기 때문에 백성이 그들의 하늘, 즉 먹을 것을 잃으면 나라가 의지할 곳이 없게 되는 것입니다. 이것은 불변의 진리입니다."   – 이이, 《성학집요聖學輯要》 '위정爲政' 편

백성에게는 먹을 것이 하늘이다. 그것을 잃으면 임금도, 나라도 없다.

이이가 '불변의 진리'라고 못 박은 대목이다. 전후 맥락을 살펴보면 백성의 먹을 것은 '생업生業'을 일컫는다. 율곡은 백성의 생업을 안정시키는 일이야 말로 도덕적 교화의 전제조건이라고 봤다. 그는 맹자와 주자를 인용해 자신의 주장을 펼쳐나간다.

백성은 '항산恒産'(일정한 생업)이 있어야 '항심恒心'(착한 마음)을 보존할 수 있다. 학문을 닦는 선비는 일정한 생업이 없어도 착한 마음을 지닐 수 있지만, 먹을 것이 하늘인 백성은 그렇지 않다. 곤궁한 백성은 먹고살기 위해 도적이 되기도 한다. 백성이 죄를 범한 뒤 붙잡아 벌한다면 이는 덫을 놓아 그물질하는 것과 같다. 임금이 할 일은 백성의 생업을 안정시킴으로써 착한 본성대로 살 수 있게 하는 것이다.

착한 마음을 보존하려면 생업은 어떤 수준이어야 할까? 이이는 요순과 삼대의 어진 임금을 기준으로 삼았다. 위로는 부모를 섬길 수 있고, 아래로는 처자를 먹여 살릴 수 있으며, 풍년이 들면 1년 내내 배불리 먹을 수 있고, 흉년이 들더라도 죽음을 면할 수 있어야 한다. 그런 뒤에 백성을 선한 길로 인도하였기에 백성이 임금을 따라가기가 쉬웠다.

죽도록 고생해도 부모와 처자를 굶기고 연명조차 어렵다면 어느 겨를에 도덕을 닦겠는가? 그러나 불행히도 당시 조선 백성들이 이런 지경에 처해 있었다. 이이가 공납, 군역, 사노비 등에 대한 시무책을 거듭 주장하고 나선 이유다. 그는 임금이 백성의 고통을 덜어 주어 생업을 안정시키면, 백성이 그 본연의 착한 마음을 보존하고 비로소 '도덕의 나라'로 나아갈 수 있다고 믿었다.

그러려면 군주가 어진 신하를 파트너로 삼아야 한다. 임금은 도를 닦고 덕을 길러 백성을 올바른 길로 이끌고, 신하는 나라의 대소사를 챙기며 백성을 편안하게 하는 것이 이이가 생각한 '수기치인'의 성리학적 지배 질서였다. 그는 도덕정치의 성패가 어진 인물을 제대로 등용하느냐 못하느냐에 달려 있다고 봤다.

> "공자께서 말씀하시기를, '정치는 인재를 얻는 데 달려 있으니, 어진 사람을 기용하지 않고 정치를 잘하는 이는 없다'고 하였습니다. 신이 생각건대, 임금과 신하가 서로 잘 만나야 정치를 잘할 수 있습니다. 임금의 직책은 오직 어진 이를 알아보고 그이에게 맡기는 것을 선무로 삼아야 합니다."
>
> — 이이, 《성학집요聖學輯要》 '위정爲政' 편

어진 인물을 쓰고 소인을 내치면 민심을 얻고, 그 반대로 하면 민심이 떠난다. 동서고금을 막론하고 국가 지도자라면 누구나 수긍할 만한 이야기다. '인사가 만사'라는 말이 괜히 나온 게 아니다. 하지만 그것을 실천하는 것은 또 다른 문제다. 어진 인물과 소인을 판별하는 일이 쉽지 않기 때문이다. 이를 참작해 이이는 조언을 곁들였다.

> "옛날 송宋나라 효종이 절의를 위하여 죽는 선비를 얻기 어렵다고 탄식하니, 장남헌이 말하기를 '절의를 위하여 죽는 선비는 마땅히 임금 앞에서 과감히 간諫하는 사람 중에서 구해야 합니다' 하였습니다. 이 말은 간략하고도 적절하니,

임금께서는 알아 두지 않아서는 안 됩니다."

— 이이, 《성학집요聖學輯要》 '위정爲政' 편

임금 앞에서 과감히 간諫하는 선비! 이이는 이런 인물을 놓치면 안 된다고 했다. 율곡 자신도 나라와 백성을 위해 과감하게 간하려고 했다. 하지만 선조는 아랫사람의 의견을 귀담아 듣는 군주가 아니었다. 그는 '도덕의 나라'에서 비판적인 언로가 왜 중요한지 알지 못했다. 교만과 편벽, 사욕이 임금의 귀를 꽉 막은 것이다.

날마다 새로이 언로를 열라

선조 16년(1583) 2월 병조판서 이이가 와병 중에 상소를 올렸다. 임진왜란이 터지기 9년 전의 일이다.

> "우리나라가 오래도록 승평昇平(나라가 태평함)을 누려 태만함이 날로 더합니다. 안팎이 텅 비고 군대와 식량이 모두 부족하여 하찮은 오랑캐가 변경만 침범하여도 온 나라가 놀라 술렁입니다. 혹시 큰 적이 침범해 오기라도 한다면 아무리 지혜로운 자라도 어떻게 계책을 쓸 수가 없을 것입니다. 옛말에, 먼저 적이 나를 이기지 못하도록 대비한 다음에 적을 이길 기회를 기다리라고 하였는데, 지금 우리는 하

나도 믿을 것이 없어 적이 오면 반드시 패하게 되어 있습니다. 생각이 여기에 미치니 한심하고 간담이 찢어지는 듯합니다."

— 《선조실록》 16년(1583) 2월 15일

흔히 이이 하면 '십만양병설'을 떠올리지만 이는 그의 사후에 제자 김장생 등이 지어낸 신화神話일 가능성이 크다. 실제로 이이가 임금에게 고한 것은 위 상소에 나오는 다음 조목들이다. 첫째 현명하고 능력 있는 자를 임용할 것, 둘째 군인과 백성을 기를 것, 셋째 재화와 식량을 비축할 것, 넷째 변방의 감영과 병영을 튼튼히 할 것, 다섯째 전쟁에 쓰일 말을 갖출 것, 여섯째 교화敎化를 밝힐 것 등이었다. 아마도 그는 이때 불길한 조짐을 읽었는지도 모른다. 이이는 그렇게 나라를 걱정하다가 1년 후 세상을 떠났다.

그리고 선조 25년(1592) 왜적 16만 대군이 조선 땅에 들이닥쳤다. 일본의 오랜 전국시대를 평정한 정예병들이었다. 조선은 무력했다. 개전 20일 만에 도성 한양이 함락당하고 선조는 피난길에 올랐다. 그로부터 7년간 조선은 왜란의 소용돌이에 휩싸였다. 다행히 바다를 지켜낸 이순신 장군과 들불처럼 일어난 의병들의 활약으로 물리치기는 했지만 전란의 피해는 끔찍했다. 도덕정치는 시행착오를 거듭했고 그 대가는 백성이 치러야 했다.

이후 인조반정이 일어나고 호란까지 터지며 조선의 왕권은 추락했다. 자연스레 임금과 붕당이 결탁해 나라를 다스리는 기형적인 군신공치君臣共治가 등장했다. 조선 중기 이래 붕당정치의 양대 축은 서인과 남인이었다. 서인은 율곡학파, 남인은 퇴계학파에 뿌리를 둔다. 이들은 도덕정치의 근간인 학문적 정통성을 놓고 치열하게 싸웠다. 그 과정에서 퇴계학파는 이이가 이理를 잘 몰라 기氣에 집착했다며 깎아내렸고, 율곡학파는 이황이 첩을 둔 일이나 을사사화에 관여한 허물을 물고 늘어졌다.

하지만 그들의 종주인 이황과 이이는 서로를 아끼는 사이였다. 이황은 이이와 더불어 주자학의 학설들을 논하고 그의 학문적 역량을 높이 평가한 바 있다. 이이 역시 이황의 허물을 덕을 이루기 전의 일이라며 감싸고 그이에 대한 추숭사업을 지원했다. 이황과 이이는 이처럼 상대방을 존중하고 화합했지만 후예들은 이 아름다운 미덕을 계승하지 못했다.

언로는 '일방통행'이 아니라 '쌍방소통'이 이루어질 때 존재 의의를 갖는다. 소통이 가로막히면서 조선의 도덕정치는 엉뚱한 방향으로 흘러갔다. 언로가 열려 있어도 서로 귀를 막고 있으면 정치는 분열하고 민생은 피폐해질 따름이다.

언로에 죽은 성현의 말씀만 가득 차고 살아 있는 백성의 마음이 흐르지 못하는 것도 문제였다. 16세기 들어 사대부들이 향촌의 지배자로 위상을 굳히면서 언로가 변질되었다. 사대부와 백성의 이해관계가 충돌하며 언로는 민의를 왜곡하는 수단이 되었다. 이로써 조선은 '반쪽짜리' 도덕의 나라로 전락했다. 이황이 토대를 닦고 이이가 실현한 도덕정치의 '완성판'은 조선의 설계자인 정도전의 '초판'과 큰 차이가 있었다.

언로는 도덕과 현실을 아우르고 조율하는 것이다. 도덕론에 경도되면 분열과 무능으로 이어진다. 사림처럼 깨끗할지는 몰라도 당쟁에 빠져 민생을 피폐하게 만든다. 현실론으로 치우치면 탐욕과 부패를 낳는다. 훈구파처럼 유능할지는 몰라도 자신의 배만 불리다가 나라를 말아먹는다. 결국 중용中庸에 이르도록 날마다 언로를 새로이 여는 수밖에 없다. 그래야 도덕과 현실이 조화를 이룰 수 있다. 이것이 '수기치인'의 성리학적 지배 질서를 떠받치는 힘이었다.

"언로를 다시 열라"는 조광조의 외침이 '도덕의 나라' 조선을 거쳐 오늘날 우리에게 메아리쳐 오고 있다.

참 고 문 헌

사료

- 《조선왕조실록朝鮮王朝實錄》
- 《경국대전經國大典》
- 《악장가사樂章歌詞》

- 기대승, 《고봉집高峰集》
- 김성일, 《학봉집鶴峯集》
- 김수장, 《해동가요海東歌謠》
- 김시양, 《자해필담紫海筆談》
- 김천택, 《청구영언靑丘永言》
- 남효온, 《육신전六臣傳》
- 박세채, 《남계집南溪集》
- 박효관 외, 《가곡원류歌曲源流》
- 서거정, 《동인시화東人詩話》
- 서거정 외, 《동문선東文選》
- 서경덕, 《화담집花潭集》
- 성현, 《용재총화慵齋叢話》
- 신용개 외, 《속동문선續東文選》
- 이긍익, 《연려실기술燃藜室記述》
- 이이, 《석담일기石潭日記》
- 이이, 《성학집요聖學輯要》

- 이이,《율곡전서栗谷全書》

- 이정형,《동각잡기東閣雜記》

- 이황,《주자서절요朱子書節要》

- 이황,《성학십도聖學十圖》

- 이황,《퇴계집退溪集》

- 인수대비,《내훈內訓》

- 정도전,《삼봉집三峰集》

- 정도전,《조선경국전朝鮮經國典》

- 정도전,《경제문감經濟文鑑》

- 정약용,《다산시문집茶山詩文集》

- 정인지 외,《훈민정음訓民正音》

- 조광조,《정암집靜庵集》

- 조식,《남명집南冥集》

- 허균,《지소록識小錄》

- 《근사록近思錄》

- 《논어論語》

- 《대학大學》

- 《맹자孟子》

- 《명사明史》

- 《사기史記》

- 《서경書經》

- 《성경Bible》

- 《성리대전性理大全》

- 《소학小學》

- 《심경부주心經附註》

- 《주례周禮》
- 《주자어류朱子語類》
- 《춘추春秋》
- 《한비자韓非子》

단행본

- 강문식 외,《민음한국사 - 15세기》, 민음사, 2014
- 기시모토 미오 외,《조선과 명청》, 너머북스, 2014
- 김권섭,《선비의 탄생》, 다산초당, 2008
- 김기현,《선비 - 사유와 삶의 지평》, 민음사, 2009
- 김만선,《유배》, 갤리온, 2008
- 김연수,《조선 지식인의 위선》, 앨피, 2011
- 김영두,《퇴계와 고봉, 편지를 쓰다》, 소나무, 2003
- 김용헌,《조선 성리학, 지식권력의 탄생》, 프로네시스, 2010
- 리쩌허우,《중국고대사상사론》, 한길사, 2005
- 박기현,《조선의 킹메이커》, 역사의아침, 2008
- 박성순,《선비의 배반》, 고즈윈, 2004
- 박영규,《조선의 왕실과 외척》, 김영사, 2003
- 박영규,《한권으로 읽는 세종대왕실록》, 웅진지식하우스, 2008
- 박홍갑 외,《승정원일기, 소통의 정치를 논하다》, 산처럼, 2009
- 배상열,《반역, 패자의 슬픈 낙인》, 추수밭, 2009
- 백승종 외,《조선의 통치철학》, 푸른역사, 2010
- 송웅섭 외,《민음한국사 - 16세기》, 민음사, 2014
- 신동준,《조선의 왕과 신하, 부국강병을 논하다》, 살림, 2007
- 신동준,《왕의 남자들》, 토네이도, 2009

- 오항녕,《조선의 힘》, 역사비평사, 2010

- 윤용철,《살기를 탐하고 죽기를 두려워하며》, 말글빛냄, 2008

- 윤정란,《조선왕비 오백년사》, 이가, 2008

- 이기백,《한국사신론 신수판》, 일조각, 1990

- 이덕일,《당쟁으로 보는 조선역사》, 석필, 1997

- 이덕일,《세상을 바꾼 여인들》, 옥당, 2009

- 이덕일,《조선왕을 말하다》, 역사의아침, 2010

- 이상수,《한비자, 권력의 기술》, 웅진지식하우스, 2007

- 이이화,《한국사 이야기》, 한길사, 2000

- 이정철,《대동법, 조선 최고의 개혁》, 역사비평, 2010

- 이종오,《후흑열전》, 아침, 1999

- 이지양,《나 자신으로 살아갈 길을 찾다》, 글항아리, 2009

- 이 한,《서얼 - 새로운 세상을 꿈꾼 사람들》, 청아, 2010

- 이한우,《조선사 진검승부》, 해냄, 2009

- 이호선,《왕에게 고하라》, 평단문화사, 2010

- 정은임 외,《궁궐 사람들의 삶과 문화》, 태학사, 2007

- 최래옥,《한국구비문학대계 - 전라북도 남원군 편》, 한국학중앙연구원, 1994

- 표정훈,《HD 역사스페셜》, 효형출판, 2006

- 한국인물사연구원,《기묘사화》, 타오름, 2011

기타

정지영, 〈조선후기의 여성호주 연구 :『경상도단성현호적대장』의 분석을 중심으로〉, 서강대학교 박사학위 논문, 2001

고우영, 〈연산군〉, 애니북스 장편만화, 2006

정현민, 〈정도전〉, KBS 드라마, 2014

조선을 만든 위험한 말들

2015년 11월 25일 초판 1쇄 발행

지은이 | 권경률
펴낸이 | 노경인 · 김주영

펴낸곳 | 도서출판 앨피
출판등록 | 2004년 11월 23일 제2011-000087호
주소 | 우)120-842 서울시 영등포구 영등포로 5길 19(37-1 동아프라임밸리) 1202-1호
전화 | 02-336-2776 팩스 | 0505-115-0525
전자우편 | lpbook12@naver.com
홈페이지 | www.lpbook.co.kr

ISBN 978-89-92151-90-0